Power Golf

조영복의 파워골프

by Teaching Pro Young Bok Jo

조영복 지음

전원문화사

조영복의 **파워골프**
P O W E R G O L F

조 영 복 지음

1판 5쇄   2003. 10. 25.

발행처 / 전원문화사
발행인 / 김철영
등록 / 1977. 5. 23. 제 6-23호
157-033 서울시 강서구 등촌3동 684-1
　　　　에이스 테크노타워 203호
☎ 6735-2100~2 / Fax 6735-2103

ⓒ 1997, 조영복

정가 20,000원

ISBN 89-333-0133-X 03690

* 잘못된 책은 바꾸어 드립니다.
이 책은 저자와의 협약에 의해 인지를 생략합니다.

크렉 페리(Craig Parry) ‥‥▸
호주 출신 선수로서
체격이 작으면서도
좋은 성적을 내는
크렉 페리 프로와 함께

◂‥‥ 데이비드 레드베터
(David Leadbetter)
박세리 선수를 지도했던
세계에서 가장 유명한 티칭프로,
데이비드 레드베터와 함께

마크 오메라(Mark O' Meara) ‥‥▸
조용하면서 점수 관리를
가장 잘하는 '98년 매스터스,
'98년 브리티시 오픈 챔피언
마크 오메라와 함께

···▶ 잭 니클러스(Jack Nicklaus)
    골프의 황제, 잭 니클러스와 함께

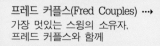

···▶ 필 미켈슨(Phil Mickelson)
    왼손잡이 선수로 유명한 필 미켈슨과 함께

프레드 커플스(Fred Couples) ···
가장 멋있는 스윙의 소유자,
프레드 커플스와 함께

존 데일리 ⋯
(John Daly)
세계적인 장타,
존 데일리와 함께

⋯ 스티브 페잇(Steve Pate)
한때 명성을 날렸던 선수,
스티브 페잇과 함께

이안 우스남(Ian Woosnam) ⋯
역도 선수를 했던 작은 체격의 선수,
이안 우스남과 함께

⋯ 퍼지 젤러(Fuzzy Zoeller)
가장 낭만적인 골퍼,
퍼지 젤러와 함께

···▶ P. G. C. C. 학교
스탭진들과 함께
⋮

···▶ 핑 골프클럽 제조회사 회장
칼스틴 솔하임(Karsten solheim)과 함께

P. G. C. C. 골프 대학 졸업식 ···▶

그립 GRIP

🔆 1 그립의 종류(3가지 타입)

오버랩 그립

오른손 새끼손가락을 왼손의 검지와 중지

사이에 올려놓은 것으로, 가장 많이 사용하

는 그립이다. 비거리와 방향성이 좋아 일반

골퍼와 프로골퍼 모두에게 적합하다.

인터로킹 그립

오른손의 새끼손가락과 검지를 중지 사이에

끼워 넣어서 잡은 그립이다. 손이 작은 사

람이나 팔에 힘이 약한 어린이, 혹은 여성

골퍼에게 유리한 그립이다.

베이스볼 그립 또는 내츄럴 그립

야구 방망이를 쥐는 모양으로 그립을 잡는

것을 말한다. 힘은 강하나 안정성이 부족하

므로 별로 사용하지 않는 그립이다.

❷ 잡는 방법에 따른 3가지 타입

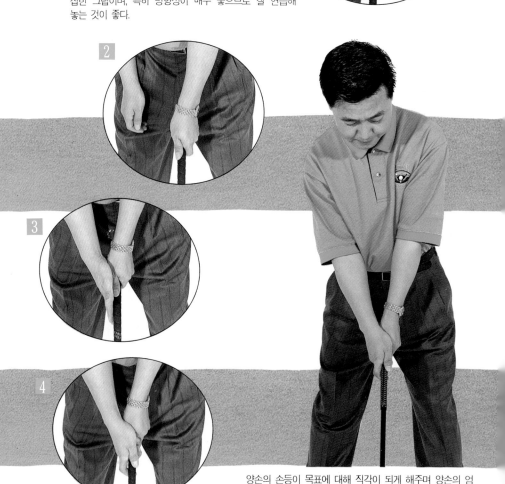

1 스퀘어 그립(Square Grip) 잡는 순서

이 그립은 프로 골퍼들뿐만 아니라 일반 골퍼들에게도 적합한 그립이다. 그것은 공의 컨트롤이 가장 쉬운 밸런스가 잡힌 그립이며, 특히 방향성이 매우 좋으므로 잘 연습해 놓는 것이 좋다.

양손의 손등이 목표에 대해 직각이 되게 해주며 양손의 엄지와 검지가 만드는 V자는 오른쪽 어깨 쪽을 가리키도록 해준다(왼손의 손등 손가락 관절이 2개 보인다).

2 스트롱 그립(훅 그립) 잡는 순서

이 그립은 비거리를 내거나 혹은 훅성 구질의 샷을 하고자
할 때 사용하는 것이 좋다. 그러나 비거리에 비해 방향성
이 좋지 않으므로 프로 골퍼들에게는 좋으나 일반 골퍼
들이나 초보자들에게는 적합하지가 못하다.

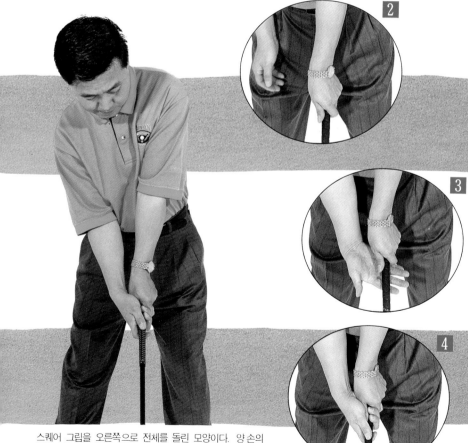

스퀘어 그립을 오른쪽으로 전체를 돌린 모양이다. 양 손의
엄지와 검지 사이에 만들어진 V자는 오른쪽 어깨의 바깥
쪽을 가리킨다(왼손의 손등 손가락 관절이 3개 보인다).

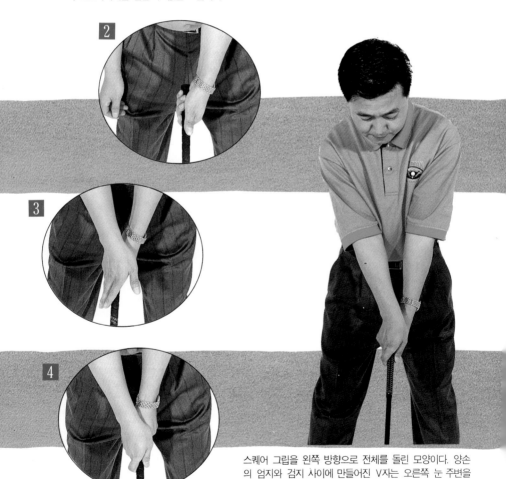

3 위크 그립(슬라이스 그립) 잡는 순서

이 그립은 슬라이스성 구질로 샷을 하고자 할 때에만 사용하는 것이 좋다. 그러나 훅성 구질 때문에 시달리는 골퍼라면 한번 시도해 보는 것도 좋다. 그러나 일반 골퍼들이나 초보자에게는 권할 수 없는 그립이다.

스퀘어 그립을 왼쪽 방향으로 전체를 돌린 모양이다. 양손의 엄지와 검지 사이에 만들어진 V자는 오른쪽 눈 주변을 가리키게 된다(왼손의 손등 손가락 관절이 1개만 보인다).

❸ 그립을 가장 편하게 잡는 요령

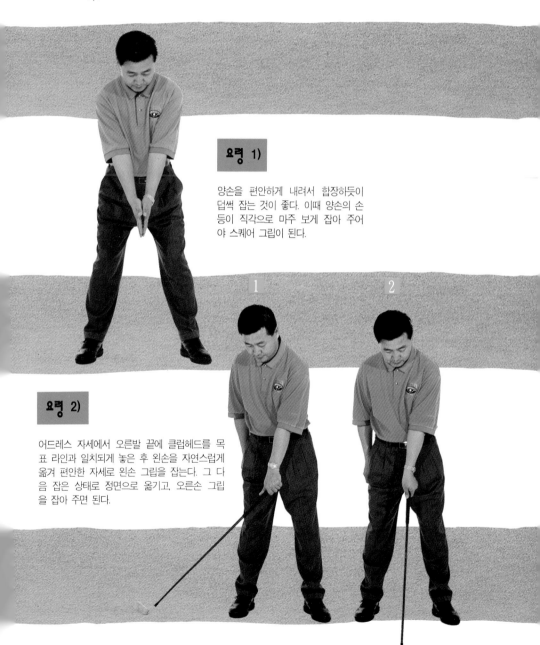

요령 1)

양손을 편안하게 내려서 합장하듯이 덥썩 잡는 것이 좋다. 이때 양손의 손 등이 직각으로 마주 보게 잡아 주어 야 스퀘어 그립이 된다.

요령 2)

어드레스 자세에서 오른발 끝에 클럽헤드를 목 표 라인과 일치되게 놓은 후 왼손을 자연스럽게 옮겨 편안한 자세로 왼손 그립을 잡는다. 그 다 음 잡은 상태로 정면으로 옮기고, 오른손 그립 을 잡아 주면 된다.

4 그립을 잡았을 때의 힘의 분배(강도)

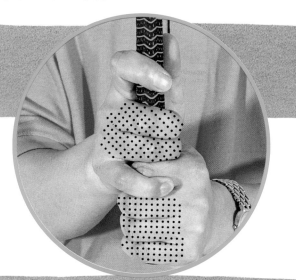

손가락의 힘의 분배(강도)

〈왼손〉
중지, 약지, 새끼손가락 등 3개에 힘이 들어가도록 한다. 즉 손아귀로 잡아 주는 느낌이면 좋다.

〈오른손〉
중지와 약지만으로 부드럽게 잡아 주도록 한다.

손바닥의 힘의 분배(강도)

〈왼손〉
엄지와 검지 부분만 제외한 나머지 부분에 힘이 있어야 하며, 특히 새끼손가락 뿌리 부분인 손아귀에 힘이 가장 많이 있어야 한다.

〈오른손〉
중지와 약지 부분에만 힘이 있어야 하며, 다른 부분에 힘이 들어가서는 안 된다.

어드레스 ADDRESS

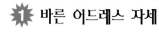

🟊 1 바른 어드레스 자세

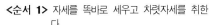

<순서 1> 자세를 똑바로 세우고 차렷자세를 취한다.

<순서 2> 정중하게 인사를 하는 것같이 상체를 편의에 따라 25~45° 정도 앞쪽으로 숙여준다.

<순서 3> 양발을 어깨 넓이만큼 벌리고 양 무릎에 탄력을 주면서 약간 구부려 주고 상체의 가슴을 펴서 등허리 부분이 펴지도록 해준다.

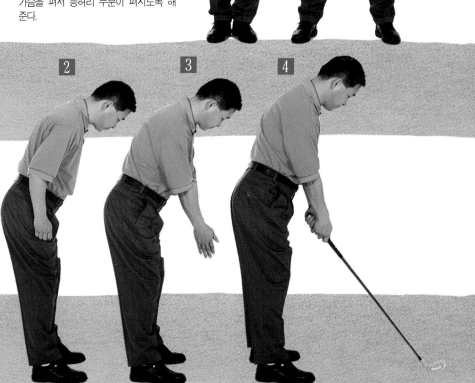

<순서 4> 무릎을 약간 안쪽으로 죄어 주듯이 하면서 양팔을 자연스럽게 떨어뜨려서 그립을 잡아 주면 된다.

● 위의 자세들은 모두 편안하면서도 자연스런 동작이 되어야 한다. 가령 어느 한 부분에 힘을 가하거나 모양을 이상하게 해서는 안 된다.

❷ 스탠스의 폭

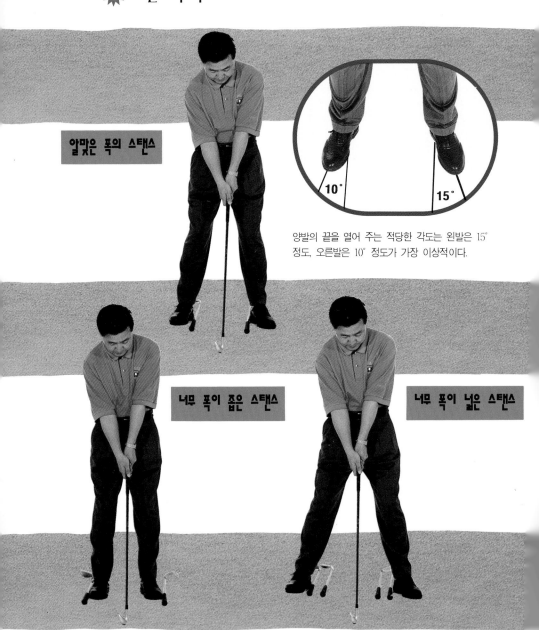

알맞은 폭의 스탠스

10°   15°

양발의 끝을 열어 주는 적당한 각도는 왼발은 15°
정도, 오른발은 10° 정도가 가장 이상적이다.

너무 폭이 좁은 스탠스   **너무 폭이 넓은 스탠스**

스탠스의 폭은 자신의 어깨 넓이만큼 벌려 주는 것을 기본으로 한다. 양발의 중앙을 가로
지르는 선을 위쪽으로 했을 때 어깨 넓이와 폭이 같으면 된다.

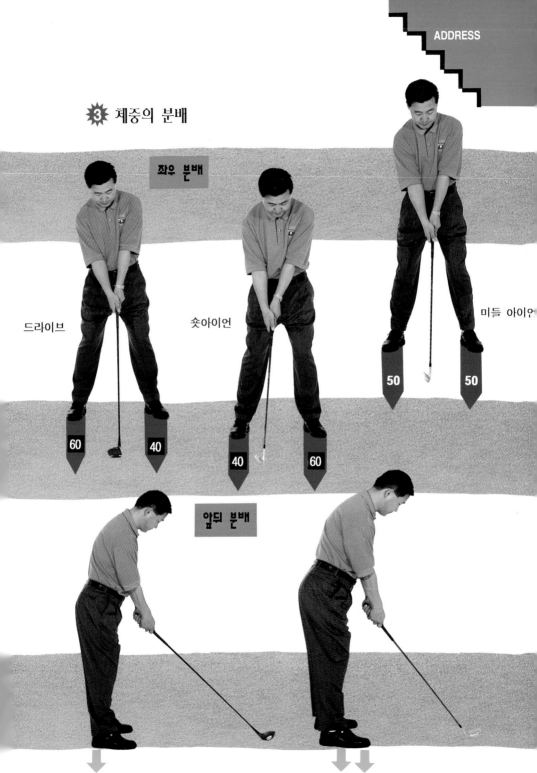

❸ 체중의 분배

좌우 분배

드라이브

숏아이언

미들 아이언

50

50

60

40

40

60

앞뒤 분배

드라이브(발뒤꿈치 쪽)

미들아이언(발 중앙)   숏아이언(발 앞쪽)

4 세트업

*세트업을 했을 때
양 어깨를 서로 잇는 선, 가슴, 허리,
양팔의 팔꿈치의 선, 무릎, 양발의 발
끝을 잇는 선, 이 모두가 목표 라인과
평행으로 일치되게 서주어야 한다.

5 양팔의 바른 위치

백스윙　BACKSWING

백스윙의 전체 동작을 4등분으로 나누어 부분 동작으로 기술을 익혀 두는 것이 바람직하다.

백스윙의 첫번째 동작

이드레스 자세에서 상체를 오른쪽으로 회전시켜 주면서 정면에 있는 클럽헤드를 오른발 앞쪽과 왼발 뒤꿈치 쪽의 연결선의 연장선과 일치되게 해주는 것이다.

● 9

● 8

● 7

● 6

백스윙의 두 번째 동작

하체를 단단히 고정시켜 준 상태에서 체중을 오른발 무릎 위에 실어 주고 상체를 계속하여 오른쪽으로 회전시켜 주면 된다. 이때 클럽의 샤프트는 지면과 수평을 이루고 클럽헤드의 끝부분은 하늘을 향하도록 해주어야 한다. 이때 머리는 어드레스 때의 위치를 지키고 있어야 한다.

백스윙의 세 번째 동작

두 번째 동작의 연속되는 동작으로서 계속해서 상제가 오른쪽으로 회전하면서 손목의 코킹이 이루어지게 된다. 이때 왼팔은 지면과 수평이 되며 클럽의 샤프트는 지면으로 수직 상태가 된다.

백스윙의 네 번째 동작

백스윙의 마지막 동작으로써 백스윙의 정상이 된다. 오른발의 축을 단단히 해준 상태에서 상체가 충분히 회전되어 몸의 꼬임(Coil)이 좋아야 한다. 이때 클럽의 샤프트와 클럽페이스는 목표 라인과 일치된다.

백스윙 때 잘못된 동작들

백스윙시에는 오른쪽 무릎이 스윙의
축이 되어야 하는데 축이 무너지는
현상, 즉 스웨이(Sway) 현상. →

상체를 오른쪽으로
회전을 시켜 주면서
백스윙을 해야 하는
데 몸의 회전 없이
팔만 들어올린 잘못
된 동작.

오른팔 팔꿈치는 지면을 향하도록 해
주어야 하는데 그러지 않고 치켜든
잘못된 동작.

백스윙시 상체가 오른쪽으로 회전하면서 몸을 꼬아(Coil)
주어야 하는데, 그러지 못하고 뒤쪽으로 넘어지는 현상.

다운스윙

다운스윙의 전체 동작을 3동작으로 구분해서 기술을 익혀 두는 것이 좋다.

다운스윙의 첫번째 동작

다운스윙의 첫번째 동작은 백스윙의 정상에서 체중 이동을 위한 중심 이동을 하는 것이다. 왼발 뒤꿈치를 누르듯 하면서 오른발의 축을 왼발로 옮겨 주는 동작이다.

다운스잉의 두 번째 동작

다운스윙의 첫번째 돈작에서 계
속해서 허리가 왼쪽으로 회전하
면서 클럽을 끌어내리는 동작이
다. 이때 클럽의 샤프트는 지면
과 수평 관계를 이루면서 목표
라인과 일치해야 한다.

다운스윙의 세 번째 동작

임팩트 바로 직전 동작으로써 공을
맞히기 위한 모든 준비가 끝난 상태
이다. 몸의 체중이 왼발에 실려 있으
면서 허리는 45° 이상 열려 있는 상
태이며 상체는 어드레스 때의 모양으
로 다시 돌아온 상태이다.

임팩트 **IMPACT**

모든 힘을 한곳에 모아 공을 맞히는 순간의 동작이다. 가슴은 어드레스 때와 같이 목표선으로 일치되어야 하며, 허리는 왼쪽으로 45° 이상 회전되어 있어야 한다. 어드레스에서 허리가 45°로 회전하면서 체중만 왼발로 이동되어 있는 것과 같다. 그래서 임팩트는 어드레스 자세의 재현이라고 말하기도 한다.

폴로스루 **FOLLOW-THROUGH**

폴로스루 동작 역시 3동작으로 구분해서 연습해 두는 것이 좋다.

폴로스루의 첫번째 동작

폴로스루 동작은 임팩트시 폭파된 힘
을 오랫동안 지속시키기 위한 것이다.
임팩트 동작에서 손목이 회전되면서
클럽의 헤드만 목표선으로 빠져나가
야 한다. 이때 머리와 상체의 가슴은
임팩트 때의 자세와 같아야 한다.

폴로스루의 두 번째 동작

폴로스루 첫번째 동작과 연결되는 동작으로 계속 허리가 회전되면서 양팔을 잘 펴주어 긴 폴로스루를 해야 한다. 이때 클럽의 샤프트는 지면과 수평이 되며 클럽헤드의 끝은 하늘을 가리키게 된다. 그리고 머리와 상체의 가슴은 임팩트 순간의 모양을 유지해야 한다.

폴로스루의 세 번째 동작

폴로스루가 끝나는 동작이다. 몸의 체중이 모두 왼발에 실려 있어야 하며, 상체가 회전하여 피니시 동작에 가까운 모양을 하여야 한다.

피니시 FINISH

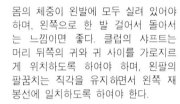

몸의 체중이 왼발에 모두 실려 있어야 하며, 왼쪽으로 한 발 걸어서 돌아서는 느낌이면 좋다. 클럽의 샤프트는 머리 뒤쪽의 귀와 귀 사이를 가로지르게 위치하도록 하여야 하며, 왼팔의 팔꿈치는 직각을 유지하면서 왼쪽 재봉선에 일치하도록 하여야 한다.

풀 스윙 FULL SWING

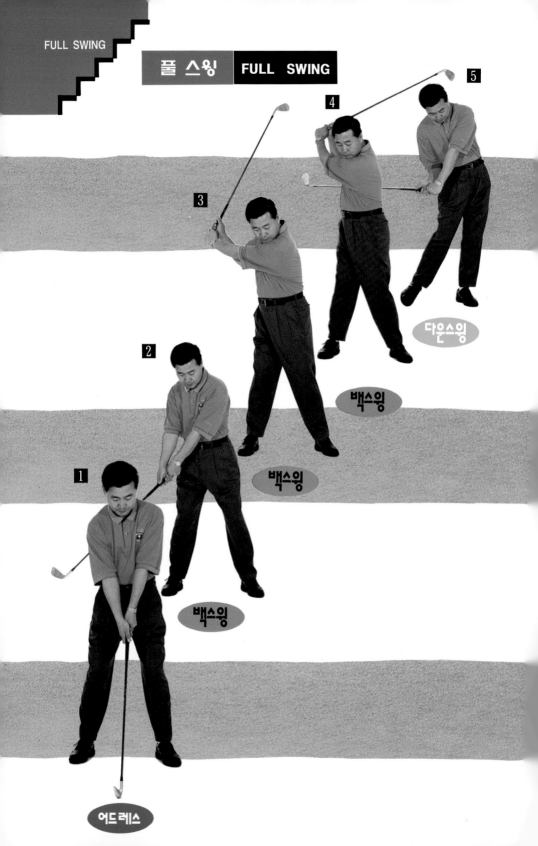

1 어드레스

2 백스윙

3 백스윙

4 백스윙

5 다운스윙

6

7

8

임팩트

폴로스루

9

폴로스루

10

폴로스루

피니시

올바른 몸의 움직임

1 어드레스   **2 백스윙**   **3 다운스윙**

4 임팩트   **5 폴로스루**   **6 피니시**

조영복의

파워 골프

(Power Golf)

전원문화사

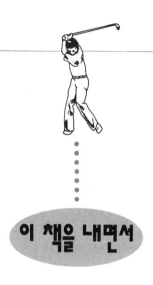

이 책을 내면서

어렸을 때부터 운동을 좋아하고 일단 한번 시작한 일에는 열중하는 성격 때문이었는지, 골프를 접한 후부터는 상당히 깊이 빠져 있었다. 쉽게 생각했던 골프가 제대로 잘되지 않을 때에는 무력해지기조차 했었던 적이 있었다. 그러다가 더욱더 깊이 빠져들면서부터 어떻게 해서라도 제대로 한번 해봐야겠다는 생각이 들기 시작하면서 틈만 있으면 열심히 배웠고, 팔이 아파서 움직이지 못할 정도로 열심히 연습을 했다. 점점 실력이 향상되어 가면서 골프의 최강대국인 미국에서 골프를 제대로 가르치는 학교에서 공부를 하고 싶은 생각이 들기 시작했다.

골프 전문 교육기관을 열심히 찾다 보니 P.G.C.C.(Professional Golfers Career College ; 캘리포니아 소재)란 학교를 알게 되었고, 그 학교에서 남달리 열심히 배우고 연습했다. 그때의 나의 닉네임은 벤 호겐(Ben Hogen) 스윙을 가장 많이 닮았다 하여 이름의 첫자를 따서 영 호겐(Young Hogen)이라 불리기도 했고, 체격이 좋은 학생들을 다 물리치는 키 작은 동양인이라 하여 자이언트 킬러(Giant Killer)라고 불렸다.

나의 손에는 항상 골프 클럽이 들려 있었으며, 새벽에 나가서 늦도록 연습을 하였으며, 조금이라도 궁금한 것이 있으면 늦은 밤이라 하더라도 학교 티칭 프로에게 전화로 물어보면서 주어진 일에 최선을 다했다. 그러다 보니 많은 것을 배우게 되었으며, 어떤 것이 미국의 정통 골프인지를 알게 되었다. 그 당시 배웠던 기술들을 하나하나 노트에 필기를 해두었으며, 책이나 골프 잡지를 보면서 새로운 기술들을 보완해 왔었다.

졸업 후 학생들에게 골프를 가르치면서 소수에게만 그 기술을 소개하기에는 너무나 안타까워, 보다 더 많은 골퍼들에게 그 동안 배우고 익힌 기술들을 함께 나누고 싶은 마음으로 신문에 연재를 해보면 좋겠다는 생각이 들었다.

어느 날 뉴욕 중앙일보 박군배 사장님을 뉴저지 중앙일보 이경숙 지사장님의 소개로 알게 되어 본격적인 연재가 시작되었다. 그러나 지면에 글을 싣는다는 것은 벅찬 일이었으며, 더구나 골프에 관한 연재이다 보니 이해에 도움이 되는 사진이나 삽화 등의 자료 구입은 더욱 만만치 않았다. 그러나 하나님께서 지혜를 주셔서 부족한 중에도 2년 이상의 시간이 지나면서 500회가 넘게 연재되었다.

처음부터 읽어 오던 독자들은 별문제가 없었지만 중간부터 읽기 시작한 독자들은 궁금한 것을 묻기 위해 전화를 많이 주시기도 하시며, 혹시 출판된 책이 없는지도 물어오셨다. 이와 같은 기대에 부응하여 아는 지식과 기술들을 함께 나누어야겠다는 바람으로 책을 출판하게 되었다.

이 책이 읽는 모든 이들에게 꼭 맞는 책은 아닐지 모르지만, 뜻이 같은 많은 골프를 즐기는 사람들에게 다소나마 도움이 되기를 진심으로 바란다.

이 책이 나올 수 있도록 축복해 주신 하나님께 감사를 드리며, 지금까지 많은 고생과 수고를 묵묵히 감당해 준 내 사랑하는 아내 미애, 그리고 두 딸 은총과 은애에게 감사하는 마음이다.

특별히 이 책을 출판해 주신 전원문화사 김철영 사장님께 진심으로 감사드린다.

차례 2

차례 8 ■■■■■||||

PART 8

실전 골프(ACTUAL GOLF)

어드레스(Address) 요령

어드레는 스윙의 첫 단추이다.

어드레스(address)는 스윙을 시작하기 위한 준비 자세이며, 자연스러움을 가장 중요시한다.

그래서인지 많은 프로 골퍼들은 어드레스에서 이미 샷이 결정된다고 주장하기도 한다.

그리고 공을 치면 칠수록 어드레스의 중요성을 더 절실히 느낄 수 있는 것도 이것을 뒷받침해 주는 좋은 예라 할 수 있다.

올바른 어드레스는 기본적으로 양 다리를 자신의 어깨 넓이만큼 벌리

46

고, 허리를 가볍게 굽혀 공손히 절을 하듯 한다.

양 무릎은 탄력 있게 조금 굽혀진 상태로, 허리부터 목덜미까지의 등허리 부분은 자연스럽게 펴진 상태가 되어 있어야 한다.

또 그 상태에서 양팔은 자연스럽게 아래로 늘어뜨려야 하며, 이때 양손이 머무는 곳에서 그립을 잡아 주어야 한다.

왼팔은 곧게 펴지만 지나치게 힘이 들어가지 않도록 유의하여야 하며, 오른팔은 팔꿈치가 약간 구부러진 상태에서 오른쪽 어깨 부분이 낮아지지 않도록 그립을 잡아 주어야 한다.

이때 왼팔을 너무 똑바로 펴주려고 하다 보면, 왼쪽 어깨 부분이 올라가면서 힘이 잔뜩 들어가게 되고, 오른쪽 어깨 부분이 낮아지는 경우가 생기게 되므로 유의해야 한다.

또 양쪽 무릎 부분을 너무 꼭 죄어 주려고 하거나, 엉덩이 부분을 지나치게 뒤쪽으로 빼면서 허리의 척추 부분에 힘이 잔뜩 들어가게 해서는 곤란하다.

어드레스는 스윙의 준비 자세이므로, 첫 단추를 끼우는 것과 같다고 생각하면 된다.

만약 몸에 힘이 들어가는 부분이 있다면 좋은 스윙을 기대할 수가 없으며, 자연스럽고 편안한 자세에서 위에서 언급한 대로 잘 지켜 주기만 하면 좋은 어드레스가 될 것이다.

NOTE | 어드레스(address) : 스윙을 하기 위해 자세를 취함.

체중의 좌우 분배

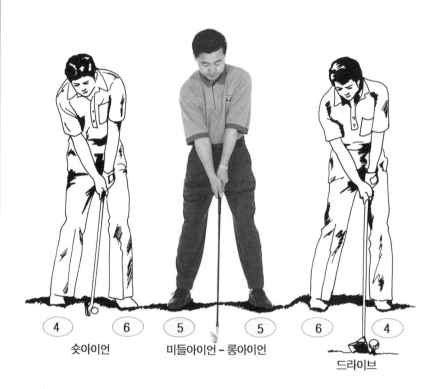

숏아이언   미들아이언 – 롱아이언   드라이브

어드레스는 스윙을 시작하기 위한 준비 자세라 할 수 있으므로 첫 단추를 끼우는 것에 비유된다.

그것은 어드레스가 그만큼 중요하며, 어드레스를 올바르게 취하지 않은 상태에서는 좋은 샷을 기대할 수 없다는 뜻이다.

그리고 어드레스 때의 체중 분배 또한 상당히 중요하다고 볼 수 있다. 왜냐하면 체중을 어느 쪽에 실어 주느냐에 따라서 샷이 달라지기 때문이다.

체중의 분배는 우선 앞뒤의 분배와 좌우의 분배, 이렇게 두 가지로 나눌 수 있다. 우선 좌우의 분배에 대해서 알아보기로 한다.

클럽의 길이에 따라서 또한 자신이 원하는 샷의 탄도의 높이에 따라서 체중의 분배는 달라져야 한다.

가령, 숏아이언 샷을 하려고 할 때에는 대체적으로 체중을 왼발에 더 많이 싣게 되며, 반대로 롱아이언이나 드라이브인 경우에는 체중을 오른발에 더 많이 실어야 한다.

또한 탄도가 낮은 샷을 하려고 할 때에는 체중을 왼발에 더 많이 실리도록 하는 것이 좋으며, 반대로 탄도가 높은 샷을 할 때에는 체중을 오른발에 더 많이 실어 주는 것이 좋다.

자세히 설명하면, 왼발과 오른발의 체중 분배가 어드레스 때에는 숏아이언의 경우, 6 : 4 정도로, 그리고 미들아이언부터 롱아이언에 이르기까지는 5 : 5 정도로 분배하는 것이 좋다.

페어웨이 우드나 드라이브인 경우에는 4 : 6 정도가 알맞고, 탄도가 낮은 샷에는 6 : 4, 반대로 탄도가 높은 샷에는 4 : 6 정도가 적당하다.

이러한 체중의 분배는 자연스럽게 이루어지는 것이 좋으며, 이것은 공의 위치에 따라서 몸의 체중이 자연스럽게 분배되는 것을 의미하기도 한다.

드라이브인 경우에는 공이 왼쪽에 놓이게 되므로, 자연스럽게 오른쪽 부분이 낮아지면서 체중이 오른쪽에 더 많이 오는 것과 같은 그러한 자연스러운 체중 분배를 하는 것이 최상이라고 할 수 있다.

체중의 앞뒤 분배

　시간이 지나면서 모든 유행이 바뀌듯 골프의 스윙도 예외는 아닐 것이다. 예전의 클래식 스윙에서 모던 스윙으로 그 유행이 바뀌고 있다. 그것은 시니어 P.G.A. 프로들의 스윙과 P.G.A. 프로들, 특히 젊은 프로들의 스윙을 비교해 보면 쉽게 느낄 수가 있다.

　그중의 하나를 소개하자면, 정통 클래식 스윙에서는 몸의 모양을 인위적으로 만들려는 경향이 강했다.

　그것은 특히 어드레스에서 가장 두드러지게 나타나는데, 어드레스 때 엉덩이 부분을 뒤로 쭉 빼면서 왼팔을 일자로 쭉 펴주고, 오른쪽 팔꿈치를 몸에 붙이듯 하면서 머리를 오른쪽으로 약간 돌려 주며, 양 무릎 부분은 단단하게 죄어 주기를 좋아하는 자세이다.

그리고 이러한 동작들은 상당히 인위적이라 할 수 있다. 그러나 모던 스윙에서는 이러한 동작들을 피하고 자연스럽게 상체를 굽혀서 양팔을 자연스럽게 늘어뜨리는, 자연스럽게 자세가 이루어지는 것을 선호한다.

또 이때에는 체중의 분배 또한 다르다고 볼 수 있다. 클래식 스윙에서는 체중을 뒤쪽에 더 많이 싣기를 요구한다. 그러나 최근의 스윙에서는 양발 가운데 싣거나 약간 앞쪽으로 실어 주는 것을 선호하는 것이다.

가령 다른 스포츠와 비교해 본다면, 몸의 중심을 잡아 주어야 하는 운동이나 힘을 써야 하는 운동들은 대부분 체중을 앞쪽으로 실어 주게 된다. 마찬가지로 골프에서도 몸의 중심을 잘 잡으면서 스윙을 해야 하므로, 몸의 중앙에 싣거나 아니면 약간 앞쪽으로 싣는 것이 좋다.

그러나 클럽의 길이에 따라서 체중의 분배는 자연스럽게 달라질 수도 있다.

가령 미들아이언인 경우에는 체중을 중앙에 싣고, 숏아이언인 경우에는 약간 앞쪽으로, 드라이브인 경우에는 약간 뒤쪽으로 실리게 하는 것이 좋다.

이러한 현상은 자연스럽게 이루어져야 하는 것이지, 인위적으로 만들려고 해서는 결코 안 된다.

스탠스(Stance)의 폭

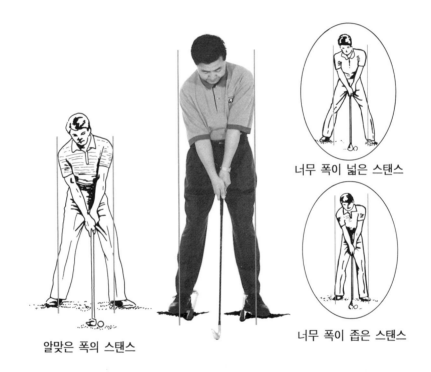

너무 폭이 넓은 스탠스

너무 폭이 좁은 스탠스

알맞은 폭의 스탠스

올바른 어드레스는 자연스러움을 전제로 한다. 가령 어드레스 때 자연스럽게 스탠스를 취하면 몸의 불편을 느끼지 않는다.

그러나 스탠스를 좁게 서거나 혹은 넓게 서서 어드레스를 취하면 금방 몸이 불편해지는 것을 느낄 수가 있다.

그러므로 적당한 스탠스, 즉 편안한 스탠스를 취한다는 것은 자신의 어깨 넓이만큼 발을 벌려 주는 것을 의미한다.

그러나 이러한 스탠스는 클럽의 길이에 따라서 조금씩 달라진다. 왜냐하면 클럽의 헤드가 그리는 원의 크기가 달라지면서 몸의 중심을 자연스럽게 잡아 주기 위해서이다.

예를 들자면, 미들아이언은 자신의 어깨 넓이만큼 스탠스를 벌려 주는 것이 좋으며, 숏아이언인 경우에는 자신의 어깨 넓이보다 조금 더 좁게 서주는 것이 스윙을 하기에 유리하다.

이런 현상들은 클럽의 헤드가 그려 주는 원의 크기가 다르기 때문이며, 드라이브인 경우에는 스윙 원의 크기에 비해 스탠스가 좁게 되면 몸이 쉽게 흔들릴 수밖에 없다.

그러므로 스탠스의 폭을 조금 더 넓게 취해야 할 것이다.

반대로 숏아이언인 경우에는 공을 멀리 보내기보다는 정확하게 보내는 데 그 목적이 있으므로, 스윙의 크기를 작게 하는 것이 좋다.

그러기 위해서는 스탠스의 폭을 약간 좁게 하는 것이 유리하다. 미들아이언인 경우에는, 스탠스의 폭이 너무 넓게 되면 다운스윙을 할 때 체중 이동이 잘 이루어지지 않으며, 또 너무 좁으면 몸의 스웨이(sway) 현상이 쉽게 일어날 수도 있다.

그러므로 알맞은 스탠스의 폭은 미들아이언인 경우에는 자신의 어깨 넓이, 드라이브는 약간 더 넓게, 그리고 숏아이언은 약간 좁게 취하는 것이 최상이라 할 수 있다.

NOTE 스탠스(stance) : 스윙 자세를 취하기 위해 양발을 적당한 위치에 놓아 주는 것.
스웨이 : 스윙할 때 허리 부분이 좌우로 흔들리는 것.

스탠스(Stance)의 종류

1. 스퀘어 스탠스

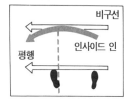

2. 오픈 스탠스

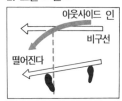

3. 클로즈드 스탠스

　어드레스에서는 양 어깨를 잇는 선과 허리 부분, 무릎 부분, 그리고 양 발 앞쪽 끝을 잇는 선 모두가 목표선과 평행으로 일치되는 것이 기본으로 한다.

　이러한 동작은 언뜻 보기에는 쉬운 것 같지만 생각처럼 쉬운 일만은 아니다.

　올바른 동작을 하기 위해서는 연습장에서 연습할 때에 목표선과 평행되게 클럽을 하나 놓고 연습을 해주면 극복할 수 있는 일이다.

어드레스 때의 스탠스의 종류는 세 가지로 구분할 수가 있다.

그것은 스퀘어 스탠스(square stance)와 오픈 스탠스(open stance), 그리고 클로즈드 스탠스(closed stance)이다. 이러한 세 가지 중에서 기본은 바로 스퀘어 스탠스라고 할 수가 있으며, 샷의 종류에 따라서 스탠스가 달라질 수도 있다.

가령, 공의 구질이 왼쪽으로 휘어지면서 날아가게 하는 드로 샷이나 훅 샷을 하기 원할 때에는 클로즈드 스탠스를 취하는 것이 좋다.

또 공의 구질이 오른쪽으로 휘어져 날아가는 페이드 샷이나 슬라이스 샷을 하기를 원할 때에는 오픈 스탠스를 취하는 것이 유리하다. 그것은 클럽의 헤드가 움직이는 방향을 다르게 하기 위해서이다.

가령, 드로 샷이나 훅 샷은 클럽의 헤드가 인사이드에서 아웃사이드로 움직이면서 손목의 롤에 의해 오버스핀이 걸리므로, 클로즈드 스탠스를 취하는 것이 좋다.

그러나 페이드 샷이나 슬라이스 샷은 클럽의 헤드가 아웃사이드에서 인사이드로 움직이면서 컷으로 공을 때리게 되고, 공이 백스핀이 걸리게 되어 오른쪽으로 휘어지며 날아가게 된다.

이런 특별한 경우를 제외하고, 일반적으로는 어드레스 때에 스퀘어 스탠스를 취하는 것이 좋다.

하지만 스탠스는 클럽의 길이에 따라서 조금씩 바뀌게 된다. 드라이브는 약간의 클로즈드 스탠스, 숏아이언은 약간의 오픈 스탠스를 취하고, 미들아이언은 스퀘어 스탠스를 취하는 것도 좋은 요령이라 하겠다.

NOTE | 컷(cut) : 공을 깎아 치듯이 스윙하는 것.

양 어깨의 높이

어드레스의 중요성은 앞에서도 계속 강조했었다. 이렇듯 중요한 부분이기에 보다 더 확실하게 해두는 것도 좋을 듯싶다.

클래식 스윙에서는 어드레스 때에 오른쪽 팔꿈치를 구부리면서 몸 쪽에 붙여 주라고 권한다. 그리고 왼쪽 어깨를 올리고, 오른쪽 어깨를 낮추라고 한다.

그러나 요즈음 모던 골프 스윙에서는 그렇게 하는 것을 반대하고 있다.

골프의 스윙은 양 어깨가 상하로 움직이는 상하 운동이 아니라 좌우로 회전하는 수평 운동이므로, 양 어깨의 높이가 크게 달라져서는 안 된다. 그러므로 어드레스 때 양발을 어깨 넓이만큼 벌리고, 상체를 자연스럽게 앞으로 숙이면서 편안하게 팔을 늘어뜨려서 그립을 잡아 주게 되면 오른쪽 어깨는 왼쪽 어깨보다 자연스럽게 낮아지게 된다.

모던 스윙에서는 이렇게 자연스러운 스윙을 원하고 있다.

또 양 어깨의 위치는 클럽의 길이에 따라서 조금씩 달라진다. 가령 드라이브인 경우에는 스탠스의 폭을 조금 넓게 서야 하고, 공의 위치를 왼쪽 발꿈치 일치선상에 놓아야 하므로, 오른쪽 어깨는 자연히 낮아질 수밖에 없다.

그리고 이러한 현상은 공을 어퍼 블로 샷(upper blow shot)으로 칠 때에 유리한 동작이 될 수 있다.

그러나 미들아이언과 숏아이언인 경우에는 양쪽 어깨의 높이가 크게 달라지지 않는다. 그렇다고 양 어깨의 높이를 같게 하라는 뜻은 결코 아니며, 자연스럽게 어드레스를 취했을 때 오른쪽 어깨가 편안하게 낮아지는 것을 권하는 것이다.

그것은 어드레스 때 그립을 잡은 손이 왼손보다는 오른손이 더 아래쪽을 잡고 있기 때문에 자연스럽게 낮아지는 것을 말한다.

이때의 느낌을 보다 더 쉽게 느끼기 위해서는 오른쪽 신발을 벗은 상태에서 어드레스를 취해 보면 보다 더 확실히 이해될 것이다.

올바른 얼라인먼트(Alignment)

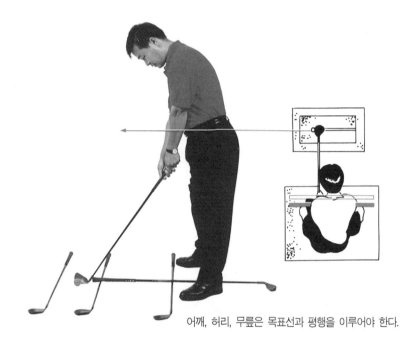

어깨, 허리, 무릎은 목표선과 평행을 이루어야 한다.

기본을 무시한 스윙 연습은 아무런 의미가 없을 뿐만 아니라 오히려 스윙을 더 나쁘게 하는 요인이 될 수 있다.

그러므로 모든 스윙은 기본을 바탕으로 이루어져야 하며, 기본을 무시한 스윙은 아무리 많은 노력을 하여도 좋은 결과를 기대할 수가 없다.

일반 골퍼들 중에서는 자신의 구질에 스윙을 맞추려고 애쓰는 사람이 많다.

즉, 슬라이스(slice) 구질로 공을 치는 사람은 공이 오른쪽으로 휘어져

58

서 날아갈 것을 미리 예상하여 왼쪽으로 돌아선 채 공을 치기도 하고, 또 클럽페이스나 그립을 조작하여 자신이 개발한 이상한 스윙을 하기도 한 다.

그러나 이러한 방법은 순간적으로 당면하고 있는 문제점에는 조금은 도움이 될지도 모르지만, 결과적으로 좋은 방법은 결코 아니다.

어드레스 때 몸의 어깨, 허리, 무릎 부분은 목표선과 평행을 이루면서 하나의 선을 이루어야 한다.

즉, 편안한 자세로 어드레스를 취했을 때에 두 발의 앞쪽 끝부분의 일 치선과 양 무릎 부분을 잇는 선, 허리 부분, 그리고 가슴 부분에 이르기 까지 모두 일치되어야 하며, 이 일치선은 목표선과 평행을 이룬다는 뜻이 다.

다시 설명을 하자면, 철길 위에서 어드레스를 취했다고 할 때, 이때 앞 쪽의 레일은 목표 방향을 향해야 하지만 몸 쪽의 레일은 목표선과 안쪽 으로 평행선을 이룬다는 뜻이다.

일반 골퍼들은 어드레스에서 얼라인먼트를 할 때, 과정에 왼쪽 눈과 왼 쪽 어깨를 기준으로 목표물과 일치되게 하는 것이 일반적인 방법이라 생 각하지만, 이 방법은 잘못된 것이다.

어드레스 때 얼라인먼트를 제대로 하려면 왼쪽 눈을 사용하지 말고, 오 른쪽 눈과 오른쪽 어깨가 목표물과 일치되게 하는 것이 바람직하다.

NOTE | 얼라인먼트(alignment) : 스윙을 하기 위해 목표 방향과 일치되게 서주는 것.

클럽(Club)의 세트업(Set-up)

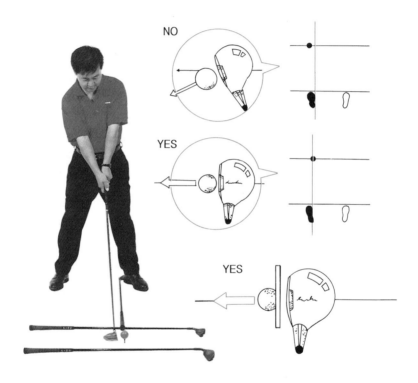

골프는 선과 각도를 매우 중시한다. 클럽헤드의 각도로부터 시작하여 공이 날아가는 비구선의 각도, 그린의 경사와 공이 굴러갈 가상선 등이 있다

이에 못지않게(사실은 모두 연관되어 있지만) 중요한 것은 목표점과 공을 잇는 선이 클럽헤드의 밑바닥 선과 이루는 각도이다.

일반 골퍼들은 보통 클럽페이스를 스퀘어(square)보다는 클로즈(close)

로 놓고 스윙하는 경우가 많다. 이는 대부분 클럽페이스를 직각으로 하여 스윙한다고 생각하기 때문이다. 또 구질이 슬라이스 구질이라고 생각하여 공의 구질을 어떻게 해서라도 고쳐 보려는 생각에서 일어나는 현상이기 도 하다.

그러나 클럽페이스는 항상 목표선과 직각으로 놓는 것이 기본이다. 클럽페이스가 닫힌 상태에서 스윙을 하게 되면 풀 샷 또는 미스 샷을 발생시킬 소지가 많다.

클럽페이스를 직각으로 놓는다는 것은, 바로 클럽페이스의 리딩에지 (leading edge), 즉 클럽페이스 밑바닥 앞면이 공에 대해 직각으로 놓여지는 것을 말한다.

하지만 리딩에지를 기준으로 하지 않고 클럽페이스의 윗부분 끝을 직각으로 맞히고, 그것이 클럽페이스가 직각으로 놓인 줄로 잘못 알고 있는 경우가 많다.

위의 사진을 참조해 보면 쉽게 이해할 수 있을 것이다.

클럽페이스의 정면 밑바닥 부분의 선과 클럽 샤프트가 일치되게 놓여야 직각이 되는 것이다. 때로는 클럽페이스를 클로즈로 놓고 스윙을 할 경우에 더 많은 비거리를 내는 경우도 있다.

그것은 클럽의 각도를 줄였기 때문에 일어나는 현상이다. 그러나 그렇게 해서 비거리는 더 많이 낼 수 있을런지 모르지만, 더 큰 위험이 따를 수도 있음을 알아야 한다.

몸도 목표선과 일치되게 서는 것이 기본이며, 클럽페이스를 목표선과 직각되게 놓는 것 역시 골프의 기본이므로, 기본 동작을 제대로 익히는 것이 좋은 샷을 하는 지름길이다.

NOTE 클럽(club)의 세트업(set-up) : 공을 치기 위해 클럽을 공 앞에 목표 방향으로 직각되게 놓아 주는 것.

클럽(Club)과 몸 사이의 적당한 거리

클럽과 몸 사이의 간격은 주먹 한 개 반이 적당하다.

어드레스 때의 스탠스 폭은 자신의 어깨 넓이 정도를 기본으로 한다. 그러나 비거리에 너무 신경을 쓰다 보면 자신도 모르게 스탠스의 폭이 넓어지기도 한다.

스탠스의 폭이 자신의 어깨 넓이보다 더 넓어지면 백스윙 때에 상체를 충분히 움직이지 못하게 되며, 또 다운스윙 때에도 체중 이동을 원활히 할 수 없게 된다.

뿐만 아니라 스탠스가 넓어짐에 따라 몸과 공 사이의 거리 역시 멀어져 손으로만 스윙을 하는 결과를 초래하게 될 것이다.

그러므로 이상적인 스탠스의 폭은 자신의 어깨 넓이 정도라고 할 수 있으며, 이상적인 공과 몸 사이의 간격은 클럽의 끝부분이 왼쪽 허벅지로부터 주먹 하나 반 정도의 간격이라 할 수 있다.

즉, 주먹을 쥔 손에서 엄지손가락을 펴서 왼쪽 허벅지 부분에 놓았을 때, 그립을 잡은 클럽의 끝부분이 엄지손가락의 끝부분과 일치하면 가장 이상적이다.

또 다른 방법으로는, 클럽의 그립 부분의 **끝부분과** 스탠스의 양발의 앞쪽을 잇는 일치선이 수직으로 일치하게 하는 방법도 있다.

즉, 어드레스의 옆 방향에서 보았을 때, 어드레스 때 자연스럽게 그립을 잡은 상태가 **위에서부터** 수직으로 그립의 **끝부분과** 양발의 앞부분 끝을 잇는 선이 수직으로 일치되는 것을 말한다.

공과 몸 사이의 거리는 스탠스의 폭에 따라서 조금씩 달라질 수도 있다.

가령, 스탠스의 폭이 좁으면 손이 몸 쪽으로 자연히 붙게 되면서 공이 몸 쪽에 가깝게 된다.

반대로 스탠스의 폭이 넓어지면 자연히 손이 몸에서 떨어지게 되며 공이 멀어지게 된다.

그러므로 올바른 공과 몸 사이의 간격을 잘 유지하기 위해서는 먼저 올바른 어드레스가 선행되어야 한다는 것을 명심해야 한다.

상체의 릴랙스(Relax)

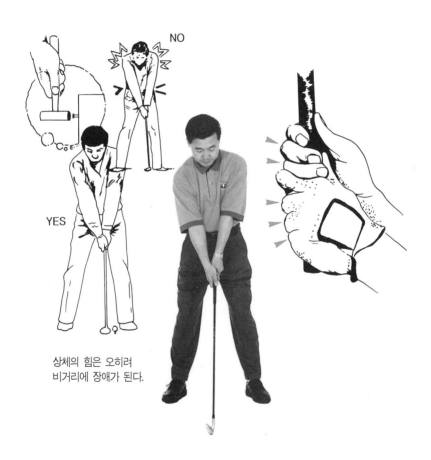

YES

NO

상체의 힘은 오히려
비거리에 장애가 된다.

일반 골퍼들은 자신의 상체에 얼마나 많은 힘이 들어가 있는지를 잘
느끼지 못한다.
"힘을 빼라."는 말은 많이 들었지만, 정작 어떻게 힘을 빼야 하는지도

잘 모르며, 또 힘을 뺀 상태에서도 어떻게 공을 쳐야 하며, 그렇게 공을 쳤을 때 과연 비거리가 날까 하는 의구심이 생기기도 한다.

골프의 스윙은 몸의 축을 중심으로 상체가 회전하는 힘으로 이루어지는 스윙의 스피드만 요구되는 것이지, 상체의 힘이 필요하지는 않다.

즉, 스윙의 스피드를 내기 위해서는 상체가 최대한으로 릴랙스되어야 한다. 그러므로 어드레스 때 하체의 양발은 지면을 누르듯 단단히 몸의 중심을 잡고, 그 상태에서 허리를 구부리게 된다.

그런 후에는 양 어깨와 양팔, 그리고 목덜미에서부터 허리 부분까지 모두 힘을 빼주면서 아주 편안한 자세를 취하는 것이다.

이때 그립을 잡는 강도에 유의해야 한다. 아무리 좋은 자세를 취했다 하더라도 그립을 잡는 과정에서 너무 강하게 잡으면 자연히 어깨 부분에 힘이 들어가게 되면서 양팔에도 힘이 들어가게 된다.

그립을 잡을 때에는 열 손가락을 모두 다 사용하지만, 실제 골프에서는 그중에서 다섯 개만 사용한다. 그것은 왼손 새끼손가락부터 안쪽으로 세 손가락과 오른손 가운뎃손가락부터 새끼손가락 쪽으로 한 개 더하여 모두 다섯 손가락이 그립을 이루게 된다.

이렇게 부드럽게 그립을 잡게 되면 자연히 상체는 힘이 많이 빠지게 된다. 공은 몸의 힘으로만 멀리 날아가는 것이 절대 아니므로 어깨와 팔, 상체에 힘을 빼고 하체의 리드에 따라 상체를 부드럽게 회전시키면서 스윙을 해야 한다. 그러면 자연히 클럽의 헤드가 스피드를 낼 수 있게 되면서 그 원심력이 강해져 공을 멀리 날려 보낼 수 있게 된다.

공의 높이

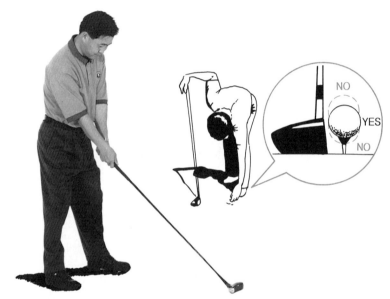

공의 중간 부분이 클럽헤드 끝에 닿아야 한다.

골프는 자신과의 싸움이다. 본인 스스로 자신을 잘 컨트롤할 수 있어야
좋은 스코어를 낼 수가 있기 때문이다. 갑자기 흥분을 한다거나, 혹은 당
황하여 어쩔 줄 모른다거나, 또 지나치게 긴장을 하는 것은 좋은 스코어
를 내는 데 방해가 되는 요소라고 할 수 있다. 그러므로 항상 침착하고,
온몸의 신경을 샷에만 쏟아야 한다.
　골프는 다른 스포츠와는 달리 한자리에서 한 스윙으로 공을 치기 때문
에 자신의 노력만 있으면 위에서 언급한 모든 장애 요소들을 충분히 이
겨낼 수 있을 것이다.

우리는 가끔 1번 홀, 1번 티에서 공중볼로 티 샷을 하거나, 아니면 공이 너무 낮게 날아가는 미스 샷을 하는 경우가 있다. 이는 너무 긴장된 상태에서 쳤던 잘못된 스윙에서 오는 경우도 있지만, 티업을 하는 과정에서 잘못된 공의 높이에서도 일어날 수 있는 현상이다.

각자의 스윙의 요령에 따라서 공의 높이를 달리하는 경우도 있지만, 일반적으로 공의 높이는 드라이브의 경우는 공의 중간 부분과 클럽헤드의 위쪽 끝부분이 일치되게 놓는 것이 기본이다.

그러나 자신의 스윙이 약간 내려가면서 공을 맞히는 스타일이면 조금 낮추고, 반대로 어퍼 블로 스타일로 공을 치면 조금 더 높게 띄워 주는 것도 좋다. 그러나 공중볼이 두려워서 공을 지면에 닿을 정도로 낮게 티업한 후 공을 찍어 치는 스윙은 피해야 한다.

그리고 파3에서 아이언으로 샷을 할 때 이상적인 공의 높이는, 티의 윗부분에서 아래로 5mm 정도의 높이면 좋다. 그러므로 나무 티를 옆으로 놓아서 그 높이와 같게 해주면 될 것이다. 아니면 부러진 티를 찾아서 티의 윗부분만 남기고 꽂아 주면 자연히 공의 높이가 위쪽에서 5mm 정도 될 것이다.

골프에서 기본을 지키는 일은 무엇보다도 중요하다. 그러므로 기본을 바탕으로 스윙 연습을 해야 하며, 기본을 무시하고 자신의 스윙에 아무렇게나 맞추려 하는 것은 결코 올바른 방법이라 할 수 없다.

NOTE 티(tee) : ① 티 그라운드(tee ground)의 약칭. ② 볼을 얹어놓는 좌대, 페그(peg).
티 업(tee up) : 티(페그)에 볼을 얹는 것.

공의 위치

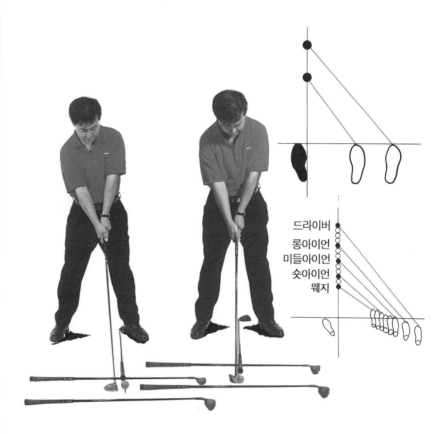

드라이버
롱아이언
미들아이언
숏아이언
웨지

   골프의 이론은 다양하다. 그렇다고 모두 다 옳은 방법이라고 할 수는 없고, 또 어느 한 가지만 가장 좋은 방법이라고 고집할 수도 없다.

   그것은 사람의 체형이나 자신이 하고 있는 스윙의 패턴에 따라서 상당히 달라질 수가 있기 때문이다.

   이와 마찬가지로 공의 위치를 선정하는 과정에서도 크게 두 가지 의견으로 나눈다. 그 첫째는 공을 항상 왼발 뒤꿈치 안쪽 연장선에 일치하게 놓고, 클럽의 길이에 따라서 오른발을 움직이면서 스탠스를 취하는 방법이 있다.

두 번째로는 드라이브에서 롱아이언까지는 왼발 뒤꿈치 안쪽 연장선에 일치하게 놓고, 그 다음부터는 클럽의 길이에 따라서 공의 위치를 공 하나 혹은 하나 반 정도의 간격으로 오른쪽으로 옮겨 놓고, 급기야 피칭 웨지나 샌드 웨지는 오른발 뒤꿈치 안쪽 연장선에 위치하게 하는 방법이다.

이 두 가지 방법 중에서 어느 한 가지가 좋다고 고집할 수는 없겠지만 필자는 후자의 방법을 더 선호하고 있다.

후자의 방법을 좀더 자세히 살펴보면, 어드레스 때 드라이브에서부터 3번 아이언까지는 왼발 뒤꿈치 일치선상에 공을 놓고, 4번 아이언부터 공을 한 개 정도 간격으로 오른쪽으로 옮기면서 어드레스를 하는 것이다.

그러면 6번 아이언이나 7번 아이언의 경우에는 공의 위치가 거의 중앙에 오게 된다.

그리고 8번 아이언부터는 왼발의 스탠스가 조금씩 오픈되게 하면서 공의 위치 또한 오른쪽으로 조금씩 옮기면 된다. 공을 왼쪽 위치에 고정시키고 샷을 하게 되면, 공을 따라가서 치려고 하는 경향이 생기므로 몸의 스웨이 현상이 쉽게 일어날 수 있다.

그러나 공의 구질에 따라서 공의 위치는 조금씩 달라질 수가 있다. 가령, 공을 높이 띄우고자 할 때에는 공을 왼쪽으로 놓도록 한다.

그리고 낮은 탄도의 샷을 하기를 원할 때에는 공의 위치를 오른쪽으로 오게 하는 것도 좋은 방법일 수 있다. 또 슬라이스 구질의 샷을 하기 원할 때에는 오른쪽에 위치하도록 하며, 훅성의 구질로 샷을 하기 원할 때에는 공의 위치를 왼쪽으로 옮겨 주는 것도 좋은 방법일 수 있다.

자세 점검 요령 1

골프 연습장에서 연습을 할 때에 목표 방향과 평행되게 두 클럽을 배치한 후 반복 훈련을 하다 보면 자연스럽게 올바른 어드레스 자세를 취할 수 있게 된다.

　일반 골퍼들이 골프 코스에서 샷을 할 때 갑자기 엉뚱한 방향의 타구가 나올 때가 가끔씩 생긴다. 이때 자신의 어드레스의 방향이 잘못되었나 해서 뒤쪽으로 와서 보면, 자신도 모르는 사이에 엉뚱한 방향으로 자세를 취했던 것을 알 수가 있다.

　어드레스 때 목표에 대해 스퀘어로 자세를 잡는 일은 어떻게 보면 굉장히 쉬운 일처럼 보일 수도 있지만, 그러나 실제로 게임을 하다 보면 이것이 결코 쉬운 일만은 아니라는 것을 알 수가 있다.

왜냐하면 자신의 자세를 잡은 후에라도 전체 모양을 파악하기가 힘들 뿐만 아니라, 여기에는 다분히 감각적인 요소가 포함되어 있기 때문이다. 그리고 자신도 모르게 잘못 잡아 놓은 자세대로 스윙을 하다 보니 때로는 엉뚱한 샷이 나오기도 한다.

이때 대부분은 자신의 잘못이 스윙에 있는 줄 알고 스윙만 교정하려고 한다. 즉, 자신의 어드레스가 잘못되어 일어난 미스 샷의 원인을 어드레스에서 찾으려 하지 않고 스윙이 잘못된 줄 알고 스윙에만 집착하다 보니 더욱 이상한 스윙이 되기도 한다.

게다가 이런 현상이 거듭되면 될수록 헤어나기 힘든 슬럼프에 빠질 수도 있으므로 주의해야 한다.

예를 들어 자신은 목표에 대해 스퀘어로 잘 서 있다고 생각하지만, 실제로는 오른쪽을 향해 서 있는 경우도 있다.

연습장에서 연습을 할 때 클럽을 목표 방향과 평행되게 두 개를 놓은 후에 스윙을 해보는 것도 좋다. 이렇게 반복되는 스윙 연습을 하면 자신도 모르게 저지르기 쉬운 미스 샷을 사전에 예방할 수가 있다. 바른 샷은 바른 자세에서 나오게 마련이다.

그러므로 올바른 자세로 올바르게 스윙하는 연습을 반복해야 한다. 특히 연습장에서 연습을 할 때 무의미하게 공만 때릴 것이 아니라, 항상 실전이라 생각하고 올바른 자세를 위한 방법을 머릿속에 그리면서 신중히 연습해야 한다.

자세 점검 요령 2

필드에 나가 골프 라운딩을 하면서 올바른 자세를
취하기 위해 시간을 끄는 것은 에티켓에 어긋난다. 평소
에 연습을 한 후 실전에서 자연스럽게 적용해야 한다.

　어드레스 자세가 잘못된 상태에서 스윙의 동작이나 이에 대한 기술을
열심히 연습한다 해도 아무 소용이 없다. 이는 잘못된 자세에서는 좋은
샷을 기대할 수가 없기 때문이다. 그러므로 올바른 자세는 올바른 샷을
하기 위한 대전제가 된다고 볼 수가 있는데, 여기에는 꼭 필요한 12가지
점검 사항이 있다.
　　(1) 그립 점검　어떤 그립을 취하고 있느냐는 것인데, 가령 스퀘
어 그립을 취했다면, 스퀘어 그립의 올바른 동작과 일치하는지를 확인해

야 한다.

(2) 체중 분배 점검 양발의 체중 분배는 반반씩 잘 나누어져 있어야 한다.

(3) 스탠스의 폭 점검 자신의 어깨 넓이가 일반적인 스탠스의 폭이며, 드라이브의 경우는 조금 넓게 서야 한다.

(4) 공의 위치 점검 클럽의 길이에 따라 공의 위치를 바르게 해야 한다.

(5) 머리의 위치 점검 어드레스 때의 머리의 위치는 정면에서 봤을 때, 공의 뒤쪽에 위치해 있어야 한다.

(6) 스탠스의 오픈 상태 점검 왼발은 15°정도, 오른발은 10°정도가 가장 이상적이라 할 수 있다.

(7) 상체의 구부린 상태 점검 오른쪽 어깨와 무릎 부분, 그리고 발끝을 잇는 선이 일직선이 되어야 한다.

(8) 무릎의 구부린 상태 점검 너무 힘을 주어서는 곤란하며, 약간의 탄력성을 유지해야 한다.

(9) 몸과 클럽의 끝과의 거리 점검 몸에서 너무 가깝거나 혹은 너무 떨어지지 않도록 하여야 하며, 클럽의 그립 끝부분과 양발을 잇는 연결선과 일치되게 하는 것이 좋다.

(10) 클럽의 세트업 점검 클럽페이스가 목표선과 직각을 이루고 있는지를 점검한다.

(11) 얼라인먼트 점검 즉 양 어깨 라인과 양 무릎, 그리고 허리 부분이 목표선과 평행선을 이루고 있는지를 점검한다.

(12) 몸의 릴랙스 상태 점검 다른 동작이 아무리 잘되어 있다 하더라도 몸이 경직되어 있으면 아무 소용이 없다.

스탠스(Stance) 폭의 조절

공과 왼발의 위치는 고정시켜 놓고 클럽의 길이에 따라 오른발의 위치를 변경시켜
가는 것이 스탠스 조절에 좋다.

어드레스 때의 스탠스 폭은 클럽 길이에 따라 조금씩 달라져야 한다.
드라이브를 시작으로 클럽의 길이가 짧아질수록 이에 따라 스탠스의
폭을 조절하여야 하며, 크게 두 가지로 나눌 수 있다. 즉, 공의 위치를
오른쪽으로 옮겨 주면서 자세를 바꾸는 방법과, 공과 왼발은 그자리에 가
만히 두고 오른발을 옮겨 주면서 그 폭을 바꾸는 방법이 있다.
이렇게 두 가지를 놓고 볼 때 후자를 더 권하고 싶은 이유는, 어드레스

에서 양발을 움직이면서 공의 위치를 오른쪽으로 옮기게 되면 자신도 모르는 사이에 공의 위치도 달라질 수도 있고, 또 엉뚱한 방향으로 서게 될 가능성도 커진다.

그러므로 공과 왼발을 고정시키고 오른발을 움직이면서 그 폭을 조절하는 것이 안정된 샷을 하는 데 도움이 된다.

이는 한 가지 어드레스 방법을 가지고 샷할 수 있어서 항상 일정한 자세를 취할 수 있게 한다.

한 예로 스탠스가 변할 때마다 공의 위치를 오른쪽으로 옮겨 놓고 친다면, 우선 어깨 라인이 닫혀진 상태가 되기 쉬워진다. 이렇게 어깨 라인이 닫혀진 상태가 되면 클럽이 목표선에 대해 인사이드로 올라가기 쉬워지므로 충분한 백스윙이 이루어지지 않게 되고, 또 너무 플랫한 스윙 궤도가 될 확률이 높아진다.

반대로 공이 너무 왼발 끝쪽으로 치우치게 되면 이번에는 어깨의 라인이 열려지기 쉬우므로 클럽이 목표선에 대해 바깥쪽으로 올라가 버려 미스 샷의 원인이 되기도 한다.

따라서 가급적 공은 왼발 뒤꿈치 안쪽 연장선상에 그냥 두고, 오른발을 옮겨 가면서 스탠스의 폭을 조절하는 것이 샷할 때 그 위험 부담이 적어지게 된다. 이것은 드라이브에서 미들아이언에 경우에는 좋은 방법이라고 볼 수 있다.

그러나 숏아이언의 경우는 조금 다르다. 숏아이언은 클럽의 헤드가 일찍 떨어지면서 공을 맞게 되므로 공의 위치가 중앙선에서 약간 오른쪽에 위치하도록 하는 것이 좋으며, 이는 곧 뒤땅을 치거나 토핑(topping)을 막을 수 있기 위해서이다.

그러나 이렇게 할 때는, 클럽의 길이에 따라서 스탠스가 조금씩 오픈되게 서주는 것이 좋다

백스윙(Backswing)의 목적

　스윙(swing)을 크게 여섯 단계로 나눌 수 있다.

　즉 어드레스(address), 백스윙(backswing), 다운스윙(downswing) 그리고 임팩트(impact), 폴로스루(follow-through)와 피니시(finish)이다.

　여기에는 각각 지니고 있는 목적이 있는데, 어드레스는 스윙을 이루기 위한 준비 자세라 할 수 있다.

　백스윙은 힘을 생산시키는 데 목적이 있고, 다운스윙은 생산된 힘을 공을 향해 옮겨 주는 데 목적이 있다.

또한 임팩트는 그렇게 생산된 힘을 공에다 쏟아놓는 데 목적이 있으며, 폴로스루는 그 힘을 오랫동안 지속시키는 데 목적이 있다.

마지막으로 피니시는 스윙의 모든 것에 대한 결과를 말해 주는 동작이다.

여기에서의 모든 동작은 그 어느 하나도 소홀히 해서는 안 되며, 그중에서도 백스윙 때 힘을 생산하여 그 생산된 힘을 모으는 과정은 상당히 중요하다. 백스윙 때에 힘을 생산하고, 그 힘을 한 곳에 모으기 위해서는 몸의 꼬임(coil)에 대해 올바른 이해를 가져야 한다.

골프의 스윙은 양 어깨가 지면으로부터 수평 회전하는 원운동이다. 그러므로 어드레스에서 백스윙의 시작 과정으로 이어질 때 양 어깨의 높이가 달라지면 안 된다.

즉, 어드레스에서 백스윙을 시작할 때 의식적으로 무엇을 만들어서 하려고 하지 말고, 자연스럽게 정면에 있는 클럽의 헤드를 오른쪽 방향으로 옮겨 놓는 느낌으로 상체를 회전시켜야 한다.

그런 후에는 오른쪽 무릎을 단단히 고정시켜 주고, 계속해서 상체만 회전시키게 되면 상체가 상당히 꼬이면서 오른쪽 무릎 부분에 힘이 생기는 것을 느낄 수가 있다.

그러므로 백스윙은 공을 때리기 위해 클럽을 들어올리는 과정이 아니고, 상체를 꼬아 비틀어 그 힘을 오른쪽 무릎 부분에 모으는 데 그 모든 것이 치중되어야 한다.

NOTE　백스윙(backswing) : 스윙을 하기 위해 몸을 오른쪽으로 회전시켜 주면서 클럽을 공을 때리기 위한 가장 좋은 위치로 옮겨놓는 것.

백스윙(Backswing)의 시작 요령 1

천천히

골프는 크게 세 가지 요소로 이루어져 있다.

그것은 바로 기술(스윙의 동작), 도구(골프 클럽), 그리고 장소(골프 코스)이다. 이 세 가지 중 두 가지는 이미 주어진 조건이나, 기술(스윙의 동작)은 실제 자신의 몸으로 터득해야 하므로, 쉽고 정확하며 누구든지 잘할 수 있는 방법부터 택하여야 할 것이다.

골프에서 스윙의 시작은 다운스윙부터라고 말할 수 있다. 어드레스와 백스윙은 스윙을 이루기 위한 준비 과정에 불과하지만 그 준비 과정을 올바르게 해줌으로써 자연히 다음 동작을 잘할 수가 있게 되는 것이다.

백스윙의 시작은 느리고 천천히 할수록 좋다. 즉 클럽을 성급하게 들어 올려서는 안 된다는 뜻이다.

일반 골퍼들의 미스 샷의 가장 큰 원인은 클럽을 급하게 들어올려서 백스윙을 하려고 하는 데 있다.

그렇다고 백스윙의 시작을 한없이 느리게 하라는 뜻은 결코 아니다. 어떤 물체가 움직일 때에는 속도감이 있어야 하며, 이것이 없으면 힘을 전달할 수가 없게 되는 것이다.

그러므로 조심스럽게 백스윙을 시작하는 것을 나무랄 수야 없겠지만, 너무 지나치게 슬로 모션처럼 움직인다면 이는 오히려 좋은 스윙을 방해하는 요소가 될 뿐이다.

스윙의 시작을 천천히 하라는 말은 여유를 가지고 서두르지 말라는 뜻이다.

백스윙을 천천히 해야 하는 이유에는 여러 가지가 있겠으나, 그 첫째는 올바른 다운스윙의 시작 포인트를 찾기 위한 것이며, 둘째는 다운스윙과 임팩트 순간에 가장 강한 힘을 공에 전달시켜 주기 위한 것이다.

즉, 야구의 투구가 와인드업을 천천히 했다가 공을 던질 때에는 힘차게 하는 것과 마찬가지로, 백스윙은 천천히 해주면서 백스윙의 정상을 이룬 후에는 힘차게 다운스윙과 임팩트를 해주어야 하는 것이다.

NOTE 미스 샷(miss shot) : 잘못된 타구.

백스윙(Backswing)의 시작 요령 2

일반 골퍼들 중에는 드라이브 샷과 아이언 샷의 스윙이 달라야 한다고 생각하는 경우도 있다. 그러나 드라이브 샷의 스윙이나 아이언 샷의 스윙의 패턴은 똑같다.

다만 클럽의 길이가 달라져서 다르게 느껴질 뿐이다. 이런 관점에서 본다면, 백스윙은 클럽의 길이에 따라서 다르게 할 것이 아니라 똑같이 해야 한다는 것이다.

백스윙의 좋은 시작이란 한마디로 말해서 원피스 테이크백(one-piece takeback), 즉 한 동작으로 하는 것이 바람직하다. 어드레스에서 백스윙을 시작하는 순간, 손목을 꺾어서 코킹을 하려고 해서는 안 된다는 것이다.

어드레스 때 양 어깨와 그립 부분을 잇는 역삼각형 상태를 잘 유지하면서 클럽헤드를 오른쪽 90° 방향으로 옮겨 주는 기분으로 상체와 팔, 그리고 클럽 모두가 원피스로, 한 동작으로 이루어져야 한다는 것이다.

백스윙은 상체의 회전을 시작으로 손, 팔, 어깨, 그리고 허리순으로 이루어져야 한다.

백스윙을 할 때에 양 어깨와 양팔, 그리고 그립 부분으로 이어지는 역삼각형 모양을 잘 유지해 주면서 스윙하게 되면, 몸이 충분히 회전을 할 수 있게 되고, 스윙의 흔들림과 상체의 유연한 움직임을 도와주게 되므로 다운스윙시에도 하체의 리드가 좋아지게 되는 것이다.

또 이렇게 일정하게 스윙을 해줌으로써 드라이브 샷이나 아이언 샷 때의 스윙이 일정해지게 되는 것이다. 그렇지 않고 백스윙의 초기 단계에서 손목을 사용하여 역삼각형 모양이 무너져 버리면, 왼손이 오른손 쪽으로 돌면서 클럽페이스가 오픈되기 쉬울 뿐만 아니라, 손목을 사용하여 클럽을 들어올리는 결과가 된다.

그렇게 되면 몸의 회전이 이루어지지 않게 되어서 몸의 코일을 전혀 할 수가 없게 되어 왼쪽 어깨가 낮아지는 이상한 백스윙을 하게 된다.

그러므로 어드레스에서 백스윙을 시작할 때에는 위에서 설명한 역삼각형 모양을 잘 유지시켜 주면서 천천히 스윙을 해주는 것이 가장 좋은 방법이라 할 수 있다.

NOTE 원피스 테이크백(one - piece takeback) : 백스윙시 상체와 팔, 그리고 클럽이 함께 움직이는 것.

백스윙(Backswing)의 시작 요령 3

테이크백이 끝난 후 클럽샤프트는 지면과 수평, 목표선과는 연장선상에 일직선을 이뤄야 하며 클럽헤드 끝부분은 정확하게 하늘을 향하고 있어야 한다.

골프의 스윙에 대해 이렇게 하는 것이 가장 좋다고 단적으로 말할 수는 없다.

이는 각자가 느끼는 느낌이 모두 다르고, 또한 사람의 체형이나 발달된 부위에 따라서도 달라질 수 있기 때문이다. 연습장에서 연습을 하는 모습들을 잘 살펴보면 각양각색인 것이 이를 잘 대변해 주고 있다.

그러나 보기에는 각기 다르다 할지라도 반드시 해주어야 할 것들이 있다. 그중의 하나는 올바른 백스윙을 하여야 하는 것이다.

골프의 스윙에 있어서 백스윙이 차지하는 비중은 크다고 볼 수 있다. 즉, 백스윙이 잘못 이루어지게 되면 스윙의 전체가 잘못될 수도 있다는 것이다.

백스윙을 시작하는 테이크백(takeback)은 사람마다 조금씩 다르다.

그러나 자신의 테이크백이 올바르게 이루어지고 있는지는 반드시 확인해 보아야 한다.

올바른 백스윙의 시작은 백스윙의 두 번째 단계에서 클럽의 샤프트가 지면과 수평이 되도록 진행되어야 하며, 클럽의 헤드가 오른발의 발폭 안에 위치하도록 한다.

그리고 클럽페이스는 스퀘어 또는 약간 닫힌 상태가 되어야 하고, 클럽의 토(toe)가 위를 향하도록 했을 때가 가장 이상적인 백스윙의 시작, 즉 테이크백의 요령이라 할 수 있다.

NOTE 테이크백(tackback) : 스윙을 하기 위해 클럽헤드를 오른쪽으로 움직여 주는 것.

스윙(Swing)의 크기(Arc)

　골프의 스윙은 트러블 샷을 제외하고는 스윙이 작은 것보다는 스윙이 큰 것이 좋다.

　여기에서 스윙이 크다는 말은 클럽의 헤드가 그리는 원이 커야 한다는 뜻이다. 그러나 일반 골퍼들 중에는 아무리 스윙을 크게 하려고 시도해도 잘되지 않은 경우가 있다. 오히려 잘못하여 오버스윙을 해버리게 되어 크게 잘못되는 경우도 있게 된다.

골프의 스윙에서 스윙의 아크(arc)를 크게 해주려면, 어드레스에서 백스윙의 정상을 이루는 과정까지 스윙의 기본을 철저히 지켜 주어야 한다.

어드레스에서 양발의 무릎 위에 균등하게 체중을 실어 주고, 상체를 충분히 릴랙스시켜 주며, 지금까지 설명한 백스윙의 기본 동작들을 철저히 지켜 주어야 한다.

어드레스에서 백스윙을 시작할 때 가장 유의하여야 할 것은 오른쪽 허리 부분이다. 오른쪽 허리 부분이 백스윙을 이루는 과정에서 오른쪽으로 밀리면서 뒤쪽으로 빠져 버리게 되면 아무 소용이 없게 된다.

그러므로 어드레스 때 오른쪽 무릎과 오른쪽 허리 부분을 잇는 허벅지에 체중을 약간 더 실어 주는 느낌으로 자세를 취하고, 클럽의 헤드가 지면을 스치듯 낮고 긴 테이크백과 양 어깨와 그립 부분을 잇는 역삼각형 모양을 잘 유지시켜 주면서 천천히 체중 이동을 하면서 백스윙을 해야 한다.

또 스윙을 크게 한다는 뜻은 상체를 충분히 돌린다는 뜻을 내포하고 있다. 그러므로 어깨를 충분히 돌려 주면서 상체를 충분히 꼬아 주어야 할 것이다.

이렇게 클럽의 헤드가 원을 크게 그리면서 백스윙을 이루게 되면, 다운스윙으로 연결될 때 백스윙 때 충분히 꼬았던 상체가 용수철이 풀려 돌아가듯 유연하면서도 강하게 회전이 이루어지므로 클럽의 헤드가 임팩트를 지나 폴로스루, 그리고 피니시까지 그리는 원도 커지게 되는 것이다.

NOTE 스윙 아크(swing arc) : 클럽헤드가 그려 주는 원의 크기.

스윙(Swing) 축에 대한 올바른 이해

스윙축을 양발 안쪽이 이루는 폭으로 간주하고 스윙
하면 안정된 스윙을 이루며 대담한 스윙도 가능하게 된다.

골프의 스윙은 마치 컴퍼스로 원을 그리는 것과 같다. 즉, 컴퍼스 대를
축으로 정확하게 원을 그리는 것과 같이 골프의 스윙 또한 몸의 축을 중
심으로 클럽의 헤드가 정확하게 원을 그리면서 움직여야 하는 것이다.

이는 결국 공을 멀리, 그리고 정확하게 보내려는 데 필요한 절대 조건
이기 때문이다.

골프에서 스윙의 축은 목덜미에서 척추를 따라내려가는 하나의 선이라

할 수 있다. 일반 골퍼들에게 있어서 스윙의 축은 하나의 선이라는 개념을 실감하기는 쉽지가 않다.

그러므로 좀더 쉽게 스윙의 축을 느낄 수 있는 방법으로는 그것을 하나의 선으로 생각하지 말고 하나의 폭으로 생각하면 된다.

백스윙 때에는 오른발 안쪽에 체중이 실리고 다운스윙을 할 때에는 왼발 안쪽에 체중이 실리게 되는데, 만일 체중이 이렇게 양발 안에서 정확하게만 이루어진다면 스윙의 축이 어디가 되든 아무 상관이 없게 된다.

이는 곧 양발의 넓은 폭이 스윙의 축이 된다는 뜻이기도 하다.

그러므로 축에 대한 올바른 이해는 양발의 폭 위쪽으로 이어지는 폭이라 생각하면 되는 것이다. 이런 개념으로 스윙의 축을 받아들이고 스윙에 임하게 되면, 일단은 스윙의 축이 무너지는 것에 대한 불안감을 떨쳐 버릴 수 있으며, 또 대담하게 클럽을 휘두를 수 있게 되어 비거리도 낼 수가 있게 된다.

또 큰 스윙의 축으로 몸을 회전시키면서 스윙을 한다고 생각하기 때문에 백스윙 때 머리가 오른쪽으로 이동되는 자연스런 동작을 이해할 수가 있게 된다.

이처럼 양발 사이의 큰 폭을 스윙의 축으로 삼아 활용할 경우에는 우선적으로 선행해야 할 일이 있다.

그것은 어드레스 때 가슴을 쭉 펴고 자세를 잡아 주어야 하며, 엉덩이 부분도 적당하게 뒤로 빼주어야 하며, 무릎 부분에는 적당한 탄력을 유지하면서 편안한 자세를 취해야 한다.

손목의 코킹(Cocking) 시기

나쁜 동작

많은 프로 골퍼들의 오랜 경험을 가진 프로들은 어떤 스윙이 완벽한 스윙이라는 결론을 내릴 수가 있다.

그러나 그들이 말하는 완벽한 스윙을 하지 않으면서도 좋은 성적을 올리는 프로 골퍼들도 많이 있으므로, 골프의 스윙 중에서 어느 특정한 방법이 가장 좋다는 정의를 내리기가 쉽지 않은 것이다.

그런 이유에서 보면 골프는 기술도 많고 이론도 여러 가지여서, 일반 골퍼들이 모여 골프에 대한 이야기를 할 때 목청이 높아지기도 하는 것이다. 그러나 비록 완벽한 정의는 없다 하더라도 여러 프로 골퍼들의 스윙을 분석해 보면 공통점이 있다.

그 공통점 중의 하나인 손목의 코킹(cocking)에 대하여 살펴보기로 하자.

손목의 코킹을 언제, 어디쯤에서, 그리고 어떻게 해주어야 하는 것이 가장 좋은지는 크게 두 가지의 의견이 있다.

그 첫째는 어드레스에서 백스윙을 시작하면서 손목을 미리 꺾어 코킹을 해주고, 그 상태로 백스윙의 정상까지 올라가야 한다는 것이다.

두 번째는 손목의 코킹을 미리 해서는 안 되며, 어드레스에서 백스윙으로 연결할 때 클럽의 헤드가 지면을 스치듯 낮고 길게 해주고, 양 어깨와 그립 부분이 이룬 역삼각형 모양을 잘 유지시켜 주면서 천천히 백스윙을 이루다가, 그립 부분이 오른쪽 허리 부분에 왔을 때 상체의 회전에 따라 자연스럽게 손목의 코킹이 이루어져야 한다는 것이다.

이렇게 두 가지 방법을 시도해 보았을 때 각자가 느끼는 느낌은 달라질 수 있지만, 첫번째 방법은 부자연스러워 일반 골퍼들에게 있어서 상당히 어려운 부분이라 말할 수 있다.

그러나 후자는 자연스럽고 꾸밈 없이 이루어지는 손목의 코킹이므로, 누구에게나 더 유리한 방법이라 말할 수 있다.

그러므로 손목의 코킹은 어드레스에서 상체가 회전하면서 클럽의 헤드가 지면을 스치듯 낮고 긴 테이크백을 시작으로 그립 부분이 오른쪽 허리 부분에 왔을 때, 계속되는 상체의 회전과 함께 자연스럽게 코킹을 이루는 것이 가장 이상적이다.

NOTE 코킹(cocking) : 스윙을 할 때 손목을 상하로 꺾어 주는 것.

오른쪽 무릎의 바른 동작

골프의 스윙은 양 무릎을 축으로 이루어진다. 백스윙은 오른쪽 무릎이 축을 이루게 되고, 다운스윙과 폴로스루, 그리고 피니시까지는 왼쪽 무릎이 축을 이루게 되는 것이다.

스윙의 축은 상당히 중요하다. 스윙의 축이 무너진 상태에서는 좋은 샷이 나올 수 없다. 백스윙은 오른발 무릎을 축으로 상체를 회전시켜 힘을 생산하고, 그 생산된 힘을 오른쪽 허벅지 부분에 모으는 데 모든 것이 치중되어야 한다.

가령, 백스윙 때 오른쪽 무릎이 오른쪽으로 밀리면서 뒤쪽으로 빠져 버리게 되면, 상체의 코일이 제대로 이루어지지 않게 되어 백스윙을 해도 아무런 의미가 없어지게 된다.

오른쪽 무릎의 올바른 동작은 어드레스 때의 오른쪽 무릎 모양이 백스윙의 정상을 이룰 때까지 그 모양이 조금도 달라져서는 안 된다.

어드레스 때 양 무릎을 단단히 받쳐 주는 것이 올바른 스윙을 이루기 위한 기반이 되는 것이다. 그런 후에는 그 상태를 잘 유지하면서 상체의 회전으로만 백스윙을 해주어야 한다.

백스윙이 상체의 회전으로만 이루어져야 함에도 불구하고 하체의 무릎 부분이 이쪽저쪽으로 움직이면서 흔들리게 되면 크게 잘못되는 스윙을 할 수밖에 없을 것이다.

그러므로 어드레스 때 양발의 무릎 위에 체중을 실어 주면서 클럽의 헤드가 지면을 스치듯 낮고 긴 테이크백과 함께 천천히 스윙을 이루게 되면, 자연히 몸의 꼬임 현상이 생기면서 오른쪽 무릎의 허벅지 부분에 상당한 꼬임 현상이 일어나는 것을 느끼게 된다.

이때 오른쪽 무릎의 모양은 백스윙의 정상을 이룰 때까지 그 모양이 조금이라도 달라져서는 안 된다.

체중 이동

백스윙시 올바른 체중 이동을
위해서는 그림에서와 같이 볼
오른쪽 30㎝ 지점까지 낮고
길게 테이크백 해주는 것이 요
령이다.

30cm

어드레스에서 백스윙의 정상을 이루는 과정에서 꼭 염두해 두어야 할
것 중 하나는 바로 올바른 체중 이동이다. 백스윙은 힘을 생산시키는 과
정이며 힘을 한 장소(오른발 무릎)에 모으는 일을 하는 것이다.

그런데 이것이 제대로 되지 않고 체중이 오히려 반대쪽인 왼쪽으로 가
는 그러한 백스윙을 하게 되면, 이것은 크게 잘못된 동작이라 할 수 있
다.

백스윙의 시작에서 정상 단계가 이루어질 때, 체중이 오른발 무릎 쪽으로 이동되어 있어야 하는 이유는, 백스윙 때 상체의 충분한 꼬임을 해주기 위해서이다.

하체에 힘이 실려 있지 않은 상태에서는 상체의 꼬임을 제대로 할 수 없게 된다. 그러므로 백스윙을 하는 과정에서 제대로 힘을 모으기 위해서는 올바른 백스윙이 선행되어야 할 것이다.

어드레스에서 백스윙을 시작할 때에는 가급적이면 스윙의 아크를 크게 그리면서 천천히 시작하고, 손목의 코킹 또한 백스윙의 후반부에서 자연스럽게 클럽헤드의 무게에 의해 이루어지도록 해주는 것이 좋다.

이렇게 백스윙을 하게 되면 체중 이동도 자연스럽게 이루어지게 된다. 혹은 어드레스에서 백스윙을 하기 전 오른쪽 무릎 위에 미리 약간의 힘을 준 후 백스윙을 천천히 낮고 긴 테이크백으로 백스윙의 정상을 이루는 것도 하나의 요령이 될 수 있다.

스윙의 아크를 크게 해주려면 어드레스 때 공의 위치에서 30㎝ 정도 뒤쪽에 어떤 물체를 두고, 백스윙을 천천히 그리고 클럽의 헤드가 지면을 스치듯 해주면서 클럽의 헤드가 그 물체를 치고 나가는 연습을 하는 것도 좋다.

이렇게 연습을 하다 보면, 자연히 테이크백을 낮고 길게 해줄 수밖에 없게 되므로 손목의 코킹 또한 자연스럽게 이루어질 뿐만 아니라, 몸의 체중 역시 자연히 오른발 무릎 부분에 모이게 되면서 상체도 충분히 꼬아 줄 수가 있게 된다.

백스윙의 정상 – 상체의 회전

90°

　백스윙은 하체의 스윙 축 위에 상체를 회전시켜 몸을 꼬아서 최대한의 힘을 생산시키고 그 힘을 오른쪽 허벅지 부분에 모으는 데 그 목적이 있다고 앞부분에서 여러 번 언급한 적이 있다.

　그러면 백스윙 때 상체의 회전을 어느 정도 해주어야 몸을 충분히 꼬아 주게 되는 것일까?

　백스윙의 정상에서 이상적인 몸의 회전은 어깨는 90°이고 허리는 45°이다. 즉, 백스윙의 정상에서 왼쪽 어깨는 90°로 돌아서 턱 밑으로 들어오고, 허리도 어깨의 회전에 따라 45° 정도 도는 것을 말한다.

이때 상체의 회전을 다른 방법으로 확인할 수 있는 것은 백스윙의 정상에서 어깨가 90°로 회전을 이루었을 때, 등허리(등판)가 목표 방향을 향하게 되는 것이다.

이런 이상적인 상체의 회전을 해주기 위해서는 반드시 백스윙의 올바른 순서를 지켜야 한다.

백스윙의 올바른 순서는 먼저 어드레스에서 클럽헤드의 움직임을 시작으로 상체가 오른쪽으로 회전하게 되는데, 이때 어드레스 때 이루었던 양어깨와 그립 사이를 잇는 역삼각형 모양을 잘 유지해 주어야 한다.

그러면서 클럽의 헤드가 지면을 스치듯 낮고 길게 테이크백을 이루고, 특히 오른쪽 무릎 부분이 뒤쪽으로 빠지거나 오른쪽으로 밀리지 않게 유의해야 한다.

이렇게 계속해서 상체를 오른쪽으로 회전시키게 되면 백스윙의 정상에서는 자연히 어깨가 90°, 허리는 45°로 회전을 하게 된다.

이러한 동작들을 올바르게 해주려면 스윙을 천천히 해야 한다. 그리고 백스윙을 하는 과정에서 머리의 고정에 지나치도록 신경을 쓰지 않도록 한다.

백스윙 때에 머리를 오른쪽으로 약간 움직여 주면서 상체를 충분하게 회전시켜야 백스윙의 모양을 제대로 만들어낼 수 있다.

백스윙의 정상 – 와인드업에 대한 바른 이해

  골프는 야구에서 투수가 공을 던지는 자세와 같다고 비유되기도 한다. 야구에서는 투수가 똑바로 서서 공을 던지는 것이고, 골프에서는 상체가 숙여진 상태에서 공을 치는데도 그 모양이 똑같다는 것이다.

  그러므로 야구에서 투수의 와인드업한 자세가 백스윙의 정상이라고 하면, 체중을 옮기면서 공은 던지는 동작이 다운스윙과 임팩트, 그리고 폴로스루를 이루는 과정과 똑같다고 말할 수 있다.

  이렇게 볼 때 공을 멀리, 그리고 강하게 던지려고 하는 야구 투수의 오른손 동작이 골프에서 백스윙 때의 올바른 오른손의 동작이라 할 수 있다.

가령, 어드레스에서 양 손바닥을 펴서 합장을 하고, 왼손은 그자리에 가만히 두고 오른손만 들어서 백스윙의 정상을 만들었다가 손바닥을 때리는 동작을 해보면, 이때 오른손이 움직이는 모양이 곧바로 올바른 동작이 되는 것이다.

이때의 동작을 잘 살펴보면 높이 들려진 오른손은 백스윙 정상에서의 자세가 되며, 이때 오른손 팔꿈치는 90°로 구부러지고 그 높이는 오른쪽 어깨 높이 정도가 되며, 지면과 수직, 수평 관계를 이루게 되는 것이다.

이때의 모양은 마치 요리가 담긴 접시를 오른손으로 받쳐 들고 있는 모양이 된다.

그런 후에 오른손과 팔을 그대로 둔 채 왼쪽 어깨를 회전시키면서 왼손이 오른손에 와닿게 해주면 된다. 오른손과 팔은 가만히 두고 왼쪽 어깨를 회전시켜 주는 것은 왼쪽을 리드로 다운스윙이 이루어져야 하기 때문이며, 그만큼 더 많은 힘을 생산시키는 데 그 목적이 있다.

그것은 마치 야구의 피처가 상체를 충분히 와인드업 했다가 뿌리치듯 강속구로 공을 던지는 모양과 일맥상통하는 것이라 할 수 있다. 꾸준한 연습을 통해 이 원리를 몸에 익힌다면 한결 힘있는 스윙을 할 수 있을 것이다.

백스윙의 정상 – 손목의 코킹(Cocking) 모양

백스윙 정상에서 코킹 각도
90°를 유지해야 한다.

　백스윙을 하는 과정에서 손목의 코킹 시기에 대한 두 가지 주장에 대해서는 앞에서 설명했는데, 어드레스에서 미리 손목을 꺾은 후에 백스윙을 시작하여야 한다는 주장과, 그립 부분이 오른쪽 허리 부분에 왔을 때 자연스럽게 이루어져야 한다는 주장이 바로 그것이다.

　이 두 가지 중에서 필자는 후자를 더 선호하고 있다. 그러나 두 가지 중 어떤 것을 선호하든 상관없이 백스윙의 정상에서는 그 모양이 같아야 한다.

백스윙의 시작부터 위에서 설명한 방법을 잘 이행하면서 스윙을 이루었다 하더라도 백스윙의 정상에서 손목의 코킹 모양이 이상해져서는 곤란하다.

골프의 스윙은 감각적으로 하는 것이 좋다. 그렇지 않고 인위적으로 만들어서 하려다 보면 이상해지기 십상이다.

그러므로 올바른 손목의 코킹 모양은 백스윙의 동작에서 그립 부분이 오른쪽 허리 부분에 왔을 때, 자연스럽게 상체의 회전에 따라 이루어져야 하는 것이다.

이때 왼팔이 지면과 수평을 이룰 때쯤이면 이미 손목의 코킹이 다 이루어진 상태이어야 한다. 이때의 모양을 잘 살펴보면, 클럽의 샤프트와 왼팔이 이루는 각도는 직각을 이루고, 계속하여 그 상태로 상체가 회전되면서 스윙을 이루게 되므로 자연히 백스윙의 정상에서도 손목의 코킹된 각도는 $90°$가 되는 것이다.

물론 스윙의 반동에 따라 조금 더 꺾어지는 수는 있겠지만, 만약 많이 꺾어지게 되면 오버스윙을 하게 되는 결과가 될 것이다.

그러므로 어드레스에서 백스윙의 정상을 이룰 때까지는 왼팔을 잘 펴주어야 하고, 왼팔이 잘 펴진 상태에서 백스윙의 정상을 이루게 되면, 손목의 코킹 상태도 양호하게 될 것이다.

어드레스에서 천천히 백스윙을 시작하여 그립 부분이 오른쪽 허리 부분에 왔을 때부터 자연스럽게 손목의 코킹을 이루고, 왼팔이 잘 펴진 상태에서 지면과 수평을 이루었을 때가 바로 코킹이 다 이루어진 상태이며, 이때 이루는 각도는 직각이 되는 것이다.

백스윙의 정상 – 오른팔의 모양

그 사람의 골프 수준은 백스윙을 하는 것에서 쉽게 인지할 수 있다.

즉, 백스윙이 차지하는 비중이 그만큼 크다는 뜻일 것이다. 그럼에도 불구하고 대부분의 일반 골퍼들은 잘못 이해한 상태로 백스윙을 하고 있는 경우가 허다하다.

다시 말하면 어드레스에서 백스윙을 이루는 과정에 있어서 머리의 고정에 지나치게 신경을 쓰고 있는 것이다. 아마도 스윙을 하는 도중에 머리가 움직이면 안 된다는 말을 주위에서 많이 들어온 탓일 것이며, 이 말을 잘 지키려다 보니 이상한 모양의 백스윙을 하게 되는 것이다.

어드레스에서 백스윙의 시작이 이루어질 때에는 상체의 회전과 함께 머리가 약간 오른쪽으로 따라 움직여 주어야 한다. 그렇게 되어야만 상체가 충분히 회전을 하면서 몸을 꼴 수가 있기 때문이다.

그러지 않고 머리를 제자리에 고정시켜 놓고 백스윙을 하다 보니, 자연히 **왼쪽 어깨가 회전하지 못하고 그자리에서 낮아져 버리며 오른쪽 허리 부분이 뒤쪽으로 빠지게 되어 이상한 모양의 백스윙을 하게 되는 것이다.**

또 이렇게 스윙했을 때 오른팔의 팔꿈치를 잘 살펴보면, 팔꿈치가 들려져 있게 된다. 이는 몸의 체중이 오른쪽으로 가지 못하고 오히려 왼쪽으로 쏠리면서 오른쪽 팔꿈치가 들리게 되는 것이다.

골프의 스윙은 회전 운동이다. 어드레스에서 백스윙을 이룰 때 양 어깨와 지면이 이루는 높이가 달라져서는 안 되며, 그 상태에서 머리와 함께 오른쪽으로 회전을 하여야 한다.

그렇게 하여 그립 부분이 오른쪽 허리 부분에 왔을 때 자연스럽게 손목의 코킹을 이루게 되면, 오른팔 팔꿈치는 지면과 수직을 이루고 그 꺾어진 각도가 $90°$를 이루게 되는 것이다.

이때의 모양은 오른 손바닥으로 요리가 담겨져 있는 접시를 받쳐 들고 있는 모양이라 할 수 있다. 오른팔 팔꿈치를 몸 쪽에 붙여 주려고 하는 경우가 있는데, 그럴 필요가 없다. 자연스럽게 몸에서 떨어진 상태가 되어서 지면과 수직 상태를 유지하게 되면, 훌륭한 모양이 된다.

스웨이(Sway) 방지 **1**

백스윙시 오른발 안쪽 부분을 스윙축으로 삼고 상체를 꼬아 주면 다운스윙시 오른발 킥이 원활해 체중 이동이 쉬워진다.

풀 스윙(full swing)에서는 스윙의 전체를 크게 여섯 가지로 구분할 수가 있다. 즉 어드레스, 백스윙, 다운스윙, 임팩트, 폴로스루, 그리고 피니시이다.

이중에서 몸이 좌우로 흔들릴 때 가장 잘못되는 부분은 백스윙과 다운스윙, 그리고 임팩트이며, 이러한 여섯 가지의 각 동작에는 꼭 해야 할 임무가 있다.

이러한 모든 동작 중에서 만약 몸이 오른쪽으로 흔들리게 된다면, 백스윙이 가장 많은 영향을 받게 된다.

충분한 힘을 형성해야 할 백스윙에서 그 임무를 다하지 못하게 되어 좋은 샷을 기대할 수가 없게 되고 만다.

일반 골퍼들에게서 많이 볼 수 있는 현상으로는 백스윙 때 오른쪽 무릎이 오른쪽으로 밀리게 되는데, 이는 잘못된 체중 이동에 가장 큰 원인이 있다고 볼 수 있다.

그러므로 자신이 종잡을 수 없을 정도의 이상한 샷이 나온다거나 주위 사람들로부터 몸이 스웨이하는 것 같다는 지적을 받게 되면 하루빨리 이것을 교정하는 것이 좋다.

백스윙 때 몸의 밀림을 막을 수 있는 방법으로는, 오른쪽 무릎 안쪽을 안쪽으로 꼬아 주듯 하면서 죄어 주는 것이 좋다. 또 이때 오른 발바닥 안쪽 부분으로 지면을 누르듯 하면서 백스윙을 진행시켜 주고, 오른발 안쪽을 스윙의 축으로 생각하고 상체를 오른쪽 허벅지 부분에 꼬아 주는 것이다.

이렇게 하면 오른쪽 무릎이 옆으로 밀리지 않을 뿐더러 오른쪽 허리 부분이 뒤쪽으로 밀리는 것을 방지할 수 있게 된다. 또한 다운스윙 때 오른발의 킥을 보다 강하게 할 수 있게 되므로 왼쪽으로 체중 이동하는 일에도 큰 도움이 된다.

그러므로 백스윙 때 오른발 안쪽 부분을 스윙의 축으로 생각하고 상체를 충분히 꼬아 주어야 한다.

스웨이(Sway) 방지 **2**

좁은 스탠스는 몸의 좌우 이동을 유발할 우려가 있다.

우리는 어드레스에서 크게 세 가지의 스탠스 넓이를 생각해 낼 수 있다.

그 첫째는 알맞은 넓이의 스탠스이다. 이는 자신의 어깨 넓이 정도를 의미한다. 둘째는 약간 넓게 스탠스를 취하는 것이며, 셋째로는 약간 좁게 스탠스를 취하는 것이다.

이렇게 세 가지를 두고 생각해 볼 때, 몸이 좌우로 흔들리는 이유로써 잘못된 스탠스를 고른다고 하면, 당연히 약간 좁게 취한 스탠스를 말할 수 있을 것이다.

　가령 스탠스를 약간 넓게 취하게 되면, 몸의 흔들림 현상이 그렇게 쉽게 일어나지는 않으나 원활한 체중 이동이 이루어지지 않는다. 그래서 알맞은 넓이의 스탠스를 권장하는 것이다.

　그러므로 백스윙 때 자신의 몸이 오른쪽으로 밀리고 있다고 생각이 될 때에는 먼저 스탠스를 약간 넓게 취해 보는 것도 하나의 방법이 될 수가 있다. 그러나 지나치게 넓게 스탠스를 취하는 일이 없도록 유의하여야 할 것이다.

　그러면 왜 스윙 도중에 몸이 왼쪽이나 혹은 오른쪽으로 밀리면 안 된다는 것일까?

　이는 골프의 스윙은 컴퍼스로 정확한 원을 그리는 것과 같다고 생각하면 이해가 쉬울 것 같다. 컴퍼스로 원을 그리는 도중에 컴퍼스의 대가 이리저리 밀리게 되면 자연히 이상한 원을 그릴 수밖에 없을 것이다.

　이와 마찬가지로 골프 스윙에 있어서도 하체의 양 무릎이 스윙의 축이 되고, 그 스윙의 축으로 클럽의 헤드가 원을 그리게 되는 것이다.

　그럼에도 불구하고 스윙의 축이 이쪽저쪽으로 밀리게 된다면 이는 크게 잘못되는 스윙을 하게 된다. 그러므로 백스윙 때에 몸이 오른쪽으로 밀리거나, 다운스윙 때에 몸이 왼쪽으로 밀리는 것은 상당히 나쁜 것이라고 말할 수 있다.

　이것을 방지하기 위해서는 스탠스를 약간 넓게 취해 주고, 백스윙을 시작하기 전 오른쪽 무릎을 안쪽으로 살짝 밀어넣어 주면서 무릎 부분을 죄어 주어야 한다.

　또 체중을 오른 발바닥 안쪽으로 실어 주면서 오른발의 무릎을 축으로 상체를 충분히 꼬아 준다는 느낌으로 백스윙에 임하여야 할 것이다. 즉 백스윙의 느낌은 상체를 꼬아 비튼다는 느낌이면 가장 좋다.

스웨이(Sway) 방지 3

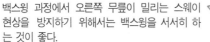

백스윙 과정에서 오른쪽 무릎이 밀리는 스웨이
현상을 방지하기 위해서는 백스윙을 서서히 하
는 것이 좋다.

   골프 스윙에 있어서 스웨이는 몸의 중심을 축으로 좌우로나 앞뒤로나
혹은 상하로 몸이 흔들리는 것을 말한다.
   이런 스웨이 현상이 나타나면 좋지 않은 결과가 나오기 때문에 피해야
한다고 강조하는 것이다.
   스윙 중에서 스웨이 현상이 가장 먼저 일어나는 순간은 백스윙 때이다.

즉, 백스윙을 시작하는 과정에서 오른쪽 무릎이 오른쪽으로 밀리는 것을 말한다.

이렇게 옆으로 밀리는 스웨이를 방지하려면 먼저 올바른 어드레스를 취해 주는 것이 좋다. 어드레스 때는 오른쪽 무릎 부분에 여유와 탄력을 주고 엄지발가락의 뿌리 부분으로 지면을 누르듯 해주는 것이다.

그러면 백스윙시 오른쪽 무릎이 쉽게 옆으로 밀리지 않을 뿐 아니라, 다운스윙 때에도 체중 이동을 자연스럽게 해줄 수가 있게 된다.

혹자는 어드레스에서 몸의 스웨이를 방지하기 위해 양쪽 무릎 부분을 안쪽으로 조이듯이 자세를 취하라고 하지만, 이렇게 의식적으로 양 무릎을 안쪽으로 조이게 되면 스윙을 할 때 몸의 회전을 유연하게 할 수가 없게 되므로 좋은 방법이라 할 수가 없다.

그러므로 어드레스 때에는 평소 스탠스의 넓이보다 약간 넓게 취해 주고 양쪽 무릎 부분에 여유와 탄력을 준다. 그런 다음 오른발 엄지발가락의 뿌리 부분으로 지면을 누르듯 하면서 백스윙을 천천히 시작해야 한다.

그리고 너무 스웨이의 발생에 대해 의식하지 않는 것이 좋으며, 그렇다고 부주의해서도 곤란하지만 너무 지나치게 신경을 쓰다가 다른 부분이 망가지지 않도록 조심해야 한다.

허리 부분이 좌우로 밀리지 않게 유념하면서 몸의 회전으로 스윙을 하려고 하는 것이 좋다. 백스윙의 시작을 너무 빨리 하게 되어도 몸이 오른쪽으로 밀리기 쉬우므로 백스윙의 시작 리듬을 잘 알아두는 것이 좋다.

백스윙(Backswing)의 정상 결정 시기

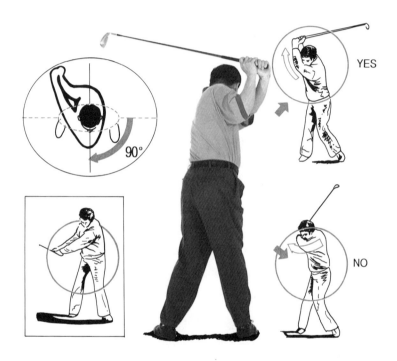

백스윙의 끝과 다운스윙의 시작은 분리되어야 한다. 백스윙의 끝과 다
운스윙의 시작이 분리되지 않은 상태로 스윙을 하면 좋은 샷을 기대할
수가 없다.

그러므로 백스윙의 시작에서 백스윙의 정상 끝까지를 완벽하게 이루었
을 때에야 비로소 백스윙 때에 해야 할 목적을 다 이루었다고 볼 수 있
다.

이렇게 그 목적을 다 이룬 후에는 다시 다운스윙의 단계로 넘어가야

한다. 그렇다고 백스윙을 완전히 끝내고 한참 쉬었다가 다시 다운스윙을 시작하라는 뜻은 결코 아니다.

백스윙의 정상의 끝과 다운스윙의 시작이 연결되듯이 하면서도 서로 분리가 되어야 한다는 뜻이다.

그렇다면 백스윙의 정상은 어디일까?

이것을 가리는 데에도 여러 가지 의견이 있다. 어떤 사람들은 클럽을 잡은 그립 부분이 오른쪽 어깨 위치에 왔을 때가 백스윙의 정상이라고도 하고, 또 클럽을 하늘 높이 받쳐 들었을 때의 어느 시점을 백스윙의 정상이라고도 한다.

그런가 하면 어떤 사람은 백스윙을 이루는 과정에서 왼쪽 어깨가 공의 위치까지 왔을 때를 백스윙의 정상이라 생각하고 다운스윙으로 연결하기도 한다.

필자는 제일 마지막 방법을 선호하고 있다.

백스윙의 정상은 왼쪽 어깨 부분이 공의 위치까지 왔을 때가 가장 좋다는 것이다.

이렇게 해주면 자연히 왼쪽 어깨는 턱을 감싸 주듯이 하게 되고, 상체가 회전되는 것을 본인 스스로 느낄 수 있을 뿐만 아니라, 몸의 코일이 제대로 이루어지게 되므로 상당한 힘을 생산할 수 있게 된다.

백스윙은 스윙의 준비 과정이며 힘을 생산하는 과정이다. 완벽하게 이 과정을 끝낸 후에 다운스윙으로 스윙이 연결되면, 자신이 원하는 비거리를 충분히 낼 수 있게 될 것이다.

그러므로 백스윙을 시작하여 정상은, 왼쪽 어깨가 공의 위치까지 왔을 때로 정하고, 백스윙의 정상에서 약간 멈추듯 하면서 다운스윙으로 연결하면 훌륭한 스윙이 될 것이다.

NOTE 백스윙의 정상(top of swing) : 스윙을 하기 위한 준비 자세인 백스윙의 절정.

백스윙(Backswing)의 정상 위치

백스윙의 정상은 개인에 따라 다를 수 있으나, 상체의 충분한 회전은 누구에게나 필수이다.

골프에 있어서 백스윙은 힘을 생산하는 과정이며, 또 형성된 힘을 한 곳으로 모으는 데 그 목적이 있다.

백스윙의 전체를 우리는 크게 네 부분으로 나누어서 살펴볼 수 있다.

첫째는 어드레스에서 클럽헤드의 움직임을 시작으로 지면을 스치듯 낮게 20~30㎝ 정도 움직여 주는 동작이다.

둘째는 첫번째의 동작의 연속으로 클럽의 샤프트가 지면과 수평을 이룰 때까지를 말한다.

셋째는 왼팔이 지면과 수평을 이루고 클럽의 샤프트가 지면과 수직을 이루는 상태를 말한다.

마지막으로는 백스윙의 정상이라 할 수 있다.

백스윙의 시작에서부터 정상까지 스윙을 이루는 과정은 개인에 따라서 조금씩 다를 수 있으므로, 어떤 방식이 더 좋다고 단정할 수는 없다. 그러므로 백스윙의 가장 좋은 방법이나 위치는 각 개인이 얼마만큼 다운스윙을 하기에 좋은 위치에 있느냐 하는 것이다.

즉, 가장 좋은 백스윙의 정상 위치는 각자가 다운스윙을 가장 효과적으로 해낼 수 있는 위치라는 뜻이다.

따라서 백스윙의 정상 때 손의 높이는 신장이나 체형에 따라서 달라질 수 있으며, 각 개인의 몸의 유연성에 따라서도 얼마든지 달라질 수 있다.

이런 관점에서 볼 때 백스윙의 정상 때 손의 위치는 사람마다 달라져야 한다고 생각할 수가 있으나, 각자에게 맞는 백스윙의 위치가 다르다고 해서 백스윙의 정상이 모두 올바르다고 볼 수는 없다.

흔히 공을 멀리 날려 보내기 위해서는 몸의 충분히 꼬아 큰 스윙으로 공을 쳐주어야 한다고 말하기도 하는데, 스윙을 크게 해준다고 해서 단순히 손만 높이 들어올리는 경우가 많다.

몸의 충분한 회전이 없이 단순히 손만 높이 들고 스윙을 하려 들면, 몸의 균형이 깨어져서 미스 샷으로 연결되어 버린다.

그러므로 백스윙의 가장 좋은 위치는 견고한 하체 위에 충분한 상체의 회전으로 인해 다운스윙의 시작이 가장 용이한 위치라야 한다.

오버스윙(Overswing) 방지 **1**

　　일반 골퍼들은 프로 골퍼들의 흉내를 내는 것보다는 자신의 신체적인 조건이나 체형에 알맞는 적당한 스윙을 해주어야 한다. 이는 프로 골퍼들은 자신들의 직업이 골퍼이기 때문에 항상 반복되는 연습과 많은 시간을 보내게 됨으로써 자연스럽게 기계처럼 스윙을 할 수 있기 때문이다.

　　그러므로 일반 골퍼 즉, 주말 골퍼들이 프로 골퍼들과 같은 스윙을 할 수는 없을 것이다.

　　골프 스윙에는 꼭 지켜야 할 기본이 있다. 이것은 반드시 지키는 것이 좋으며, 특히 백스윙의 정상에서 클럽의 샤프트가 어느 위치까지 오도록 하는 것이 가장 이상적인지는 매우 중요한 사항 중의 하나다.

이는 클럽의 길이에 따라서 다소 차이는 있겠지만, 드라이브인 경우에는 백스윙의 정상 때에 클럽의 샤프트가 지면과 수평을 이룬 상태가 가장 좋은 위치라고 말할 수 있다.

이에 따라 미들아이언은 조금 세워진 상태가 될 것이며(2시 방향), 숏아이언인 경우에는 더 많이 세워진 상태(1시 방향)가 될 것이다. 그러나 드라이브인 경우엔 클럽의 샤프트가 지면에서 15° 정도 더 아래로(4시 방향) 내려가는 것까지는 오버스윙으로 간주되지 않는다.

이는 스윙의 반동 때문에 자연스럽게 내려갈 수 있기 때문이다. 그러나 그 이상 클럽의 샤프트가 내려가게 되면 이는 오버스윙으로 간주하게 된다.

오버스윙을 하는 가장 큰 원인으로는 백스윙의 정상 때 왼팔을 잘 펴주지 않는 상태에서 스윙을 하는 것이다.

백스윙의 시작에서 정상을 이룰 때까지는 그립을 잡은 부분을 몸에서 멀리하고 왼팔을 잘 펴주면서 스윙을 하여야 하는데도 불구하고 일반 골퍼들 중에는 그렇게 하지 못하고 그립을 잡은 부분을 몸 쪽 가까이 하면서 백스윙의 정상을 이루는 경우가 허다하다.

그렇게 되면 자연히 왼팔꿈치는 구부러지게 되고 오버스윙을 하는 결과를 초래하게 되는 것이다. 그러므로 오버스윙을 막기 위해서는 백스윙의 정상 때 그립을 잡은 손부분을 몸에서 멀리하려고 하면서 왼팔을 잘 펴주게 되면 오버스윙 정도는 쉽게 막을 수 있다.

NOTE   오버스윙(overswing) : 백스윙의 정상에서 클럽의 샤프트가 지나치게 아래로 내려가는 현상.

오버스윙(Overswing) 방지 **2**

백스윙의 정상에서 왼팔의 굽어짐은 오버스윙으로 연결되므로 항상 왼팔을 곧게 펴도록 유의해야 한다.

모든 스포츠가 그러하듯이 골프도 마찬가지로 그 스윙의 기본을 매우 중요시한다. 올바른 기본 동작을 익히지 못한 상태에서는 아무리 노력을 해도 그 결과는 한계를 느낄 수밖에 없는 것이다.

그러므로 잘못된 동작을 하고 있을 때에는 그 근원부터 고쳐야 한다. 예를 들자면, 백스윙 때 상체를 충분히 회전시켜야 하니까 상체를 충분히 돌려 보라든가, 혹은 몸이 너무 일찍 열리니 이를 열지 않은 상태로 스윙을 해보라든가 하는 것 등이다.

백스윙에서 어깨가 충분히 돌아가지 않는 사람을 보고 단순히 어깨만 돌리라고 말해 봤자 잘 돌려 주지 못한다. 그러면 왜 어깨가 잘 돌아가지 못하는가 하는 그 근본 원인을 찾아보아야 할 것이다. 그렇게 하여 그 원인을 먼저 고친 후에는 자연히 자신이 원하는 만큼 상체가 돌아가게 될 것이다.

이와 마찬가지로 오버스윙에 있어서도 단순히 백스윙만 작게 하라고 말하게 되면 그것은 고칠 수 없는 병으로 남게 될지도 모른다. 무엇보다도 백스윙 때 오버스윙을 하는 원인이 어디에 있는지를 먼저 찾아보아야 한다.

일반적으로는 그 대표적인 원인은 백스윙의 정상에서 왼팔의 팔꿈치가 구부러지면서 스윙을 하거나, 혹은 오른발 무릎 부분이 오른쪽으로 밀리면서 몸의 꼬임 현상을 이루지 못하고 클럽을 그냥 들어올려 버리는 스윙을 해버리기 때문이라고 할 수 있다. 즉, 백스윙 때의 오버스윙은 그 원인이 몸의 스웨이 현상에 있다고 보면 될 것이다.

그러므로 백스윙 때의 스웨이 방지를 우선으로 하여야 할 것이며, 왼팔을 항상 잘 펴주어야 한다. 또 백스윙의 정상 때 그립 부분을 몸 가까이 오도록 하지 말고, 몸에서 멀어지게끔 멀리 밀어 주는 느낌으로 백스윙의 정상을 이루게 되면 오버스윙을 쉽게 막을 수 있다.

올바른 동작 순서

클럽헤드 · 팔 · 어깨순으로 백스윙을 진행한다.

프로 골퍼들이 가장 중요시하는 것은 백스윙이라 할 수 있다. 그것은 백스윙을 시작하면서 이미 모든 스윙이 결정되기 때문이라고 주장한다.

이런 이유에서 프로 골퍼들은 백스윙의 시작과 동작 하나하나를 연습하는 데 많은 시간을 보내고 있다. 또 그들은 백스윙 동작이 항상 일정하여야 하며, 순서를 철저히 지켜야 한다고 주장하기도 한다.

그러므로 일반 골퍼들도 백스윙의 올바른 순서에 대해 확실히 알아두는 것이 중요하다.

어드레스에서 백스윙의 테이크백으로 이어질 때, 제일 먼저 클럽헤드의 움직임부터 시작되어야 한다.

그후에는 상체의 회전과 함께 손이 움직이게 되고, 팔, 어깨, 허리, 왼쪽 무릎, 마지막으로 왼발 뒤꿈치까지 연결되어야 한다. 이는 바늘에 실 가듯이 클럽을 따라 순서대로 움직이게 되는 것이다.

이때 가장 중요한 부분은 오른쪽 무릎 부분이라고 말할 수 있다. 오른쪽 무릎의 단단한 고정이 있어야 힘을 생산할 수 있게 되고, 또한 그 힘을 한 곳으로 모을 수가 있기 때문이다.

일반 골퍼들 중에는 백스윙의 시작을 손으로 클럽을 들어올리면서 하는 경우가 많이 있다.

그것은 공을 때리기 위해 클럽을 들어올리려는 것이나, 백스윙은 공을 때리기 위해 클럽을 들어올리는 과정이 아니고, 상체를 회전시켜 몸을 꼬아 힘을 생산하는 과정이다.

백스윙의 올바른 순서는 어드레스에서 클럽헤드의 움직임을 시작으로 상체가 오른쪽으로 회전하면서 손, 팔, 어깨, 허리, 왼쪽 무릎, 마지막으로 왼발 뒤꿈치까지 연결되게 되는 것이다.

이때 오른쪽 무릎의 단단한 고정으로 인해 몸의 꼬임 현상이 일어나야 하며, 몸의 체중 또한 오른쪽 허벅지 부분에 모이게 되는 것이다.

이렇게 해주었을 때가 가장 올바른 백스윙 동작을 이루었다고 말할 수 있다.

백스윙(Backswing)의 부분 동작

2nd

1st

풀스윙은 크게 여섯 가지 동작으로 나눈다. 그것은 어드레스, 백스윙, 다운스윙, 임팩트, 폴로스루, 그리고 피니시이다. 이중에서 백스윙과 폴로스루 동작은 각각 네 가지로 다시 나눌 수가 있다.

이는 골프 스윙이 좌우대칭을 이루어야 하므로 백스윙과 폴로스루 동작을 같은 모양으로 해주어야 하며, 다만 방향만 다를 뿐이다.

그래서 이번에는 백스윙의 동작을 네 가지 동작으로 나누어서 동작 하나하나의 정확한 위치를 알아보기로 한다.

　　1. 백스윙의 첫번째 동작은 어드레스에서 클럽의 헤드를 오른쪽으로 약간 옮겨 주듯 하면서 양 어깨와 그립 부분을 잇는 역삼각형 모양이 흐트러지지 않도록 하면서 상체를 약간 돌려 주는 상태이다. 이때에는 어드레스 때의 모양이 거의 달라지지 않는다.

　　2. 백스윙의 두 번째 단계는 상체가 45° 정도 회전을 하면서 클럽의 샤프트가 지면과 수평을 이루게 되며, 클럽페이스는 목표선으로 일치하게 되고, 클럽의 토 부분은 위를 가리키게 된다. 이때부터 오른쪽 무릎 부분에 자연스런 꼬임 현상이 일어나게 될 것이다. 또 여기에서는 손목의 코킹이 시작되지 않으며, 첫번째 동작에서 자연스럽게 상체만 계속 회전된 상태이다.

　　3. 백스윙의 세 번째 동작은 그립 부분이 허리 부분에 왔을 때부터 손목의 코킹을 이루어야 하므로, 자연스럽게 상체를 회전시켜 주면서 손목의 코킹을 이루면 될 것이다. 이때에는 왼팔이 잘 펴진 상태에서 지면과 수평을 이루고 클럽의 샤프트는 지면과 수직 상태를 이룬다.

　　4. 마지막으로 백스윙의 정상이다. 이미 상체의 충분한 회전에 의해 오른쪽 허벅지 부분에 상당한 꼬임 현상이 있어야 하며, 왼쪽 어깨는 공의 위치까지 회전되어 있어야 한다. 그리고 이때 클럽의 샤프트는 목표선과 일치를 이루고 지면과 거의 수평을 이루어야 한다.

　이와 같이 네 가지 동작을 구분하여 충분히 연습을 해주면, 올바른 백스윙을 하는 데 상당한 도움이 되리라 생각된다.

NOTE　스윙의 좌우대칭 : 몸의 중앙을 중심으로 백스윙의 스윙 궤도와 크기와 폴로스루의 스윙 궤도와 크기가 같은 것.

백스윙
BACKSWING

어깨의 바른 위치

스윙은 스윙축에 대해 항상 스퀘어를 이루며 수평회전을 이뤄야 한다.

골프는 몸의 중심을 축으로 회전하는 회전 운동이다.

이해를 돕기 위해서 스윙의 축과 양 어깨의 상관 관계에 대해서 알아
보자.

양 어깨는 스윙의 축에 대해 항상 수평으로 회전하여야 한다. 그리고
양 어깨의 수평 회전은 지면에 대한 수평 회전이 아니라 어드레스 때 상
체를 숙인 상체의 각도에 대해 수평 회전이다.

어드레스 때 상체는 앞쪽으로 대략 25~45°의 각도로 각 개인의 편의

에 따라 숙이게 된다. 그리고 상체가 앞쪽으로 숙여진 각도만큼 스윙의 축도 숙여지게 된다.

스윙의 축은 머리에서부터 엉덩이까지를 연결하는 등골 전체를 하나의 직선으로 생각한다.

이를 좀더 쉽게 생각해 보면, 목덜미부터 척추를 따라 이어지는 하나의 선이라 생각하면 된다.

즉, 어드레스 때 숙여진 스윙의 축에 대해 양 어깨는 직각의 각도로 스퀘어로 회전해야 한다는 뜻이다. 그래서 스윙어 바르게 이루어지면 백스윙에서 왼쪽 어깨는 돌아서 턱 밑으로 들어가게 되고, 임팩트와 폴로스루에 걸쳐서는 오른쪽 어깨가 턱 밑으로 돌아 들어가게 된다.

이와 같이 스윙의 축에 대해 스퀘어로 회전하지 못하고 지면에 대해 수평 회전을 해버린다면 크게 잘못되는 스윙을 하고 마는 것이다.

자신의 스윙이 스윙의 축에 대해 수평 회전이 잘되고 있는지는 어드레스에서 백스윙을 이룰 때 왼쪽 어깨 부분이 턱 밑으로 들어오지 못하고 턱을 친다거나 얼굴의 볼에 와닿게 되는지 확인해 보면 될 것이다.

만약 그렇게 되면 이는 잘못된 것이라 생각하면 된다. 반대로 폴로스루 과정에서도 마찬가지로 오른쪽 어깨가 턱을 친다거나 얼굴의 볼에 와닿게 되면 이 역시 잘못되고 있다는 증거이므로 이를 교정하여야 할 것이다.

상체의 충분한 회전

백스윙 때 어깨를 무리하게 턱 밑으로 넣지 말고, 턱을 감싼다는 기분으로 유연하게 한다. 등판이 목표 방향을 향하면 충분한 상체 회전이 됐다고 판단할 수 있다.

골프에서 가장 유리한 체격 조건은 후리후리한 키에 날씬한 몸매와 적당한 근육질의 체격이 최상이라 할 수 있다.

몸이 너무 비대해서도 몸의 유연성이 부족하게 되며, 혹은 너무 야위어도 몸의 흔들림이 많아지게 된다. 너무 약해서 힘이 없어도 곤란하고, 너무 근육질인 사람도 골프에 적합한 체격 조건은 아닌 것 같다.

골프는 몸의 유연성을 매우 중요하게 여기고 있다. 몸이 약간 비대한 사람은 백스윙을 하는 과정에서 상체의 충분한 회전이 잘 이루어지지 않으며, 이는 몸이 부드럽지 못하기 때문일 것이다.

그러나 상체를 올바르게 회전시켜 주는 요령을 익히게 되면 그 문제는 해결이 가능하다.

골프의 기본은 몸을 꼬았다가 이를 풀어 주면서 공을 때려내는 것이다. 그런 점에서 볼 때 몸을 충분히 꼬아 주지 못하면 힘이 생산되지 않기 때문에 파워 있고 효과적인 샷을 기대할 수가 없게 된다.

각 개인에 있어서 몸을 꼬아 주는 올바른 방법은 조금씩 다를 수 있다. 그러나 몸을 꼬아야 한다고 상체만 억지로 돌리려고 해서는 좋은 방법이라 할 수가 없다.

조금 더 쉽게 이해를 돕자면, 몸을 꼰다는 것은 몸의 등판이 목표 방향으로 향하도록 해준다는 표현으로 바꾸어 볼 수 있다.

만약 이 표현대로 백스윙에 임하게 되면 몸이 조금 비대한 사람이라 하더라도 한결 편안한 백스윙을 할 수 있게 될 것이며, 몸이 비대한 사람이 보통 사람들처럼 왼쪽 어깨 부분을 턱 밑으로 집어넣으려고 하면서 억지로 몸을 비틀게 되면 무리가 따르게 된다.

그리고 어깨 주위의 두꺼운 근육이 방해가 되므로 충분히 상체를 돌릴 수가 없게 되는 것이다.

그러므로 백스윙의 정상을 이루는 과정에서도 왼쪽 어깨를 턱 밑으로 넣어 주려고만 하지 말고 오히려 턱을 감싸 주는 느낌으로 임하고, 그러면서 등판은 목표 방향을 향하도록 몸을 돌려 주게 되면, 상체의 좋은 회전이 이루어지게 되는 것이다.

PART 3

다운스윙
DOWN SWING

힘의 생산과 사용

코킹 상태를 임팩트 직전까지 유지하라.

　자신이 가지고 있는 힘을 최대한으로 사용하기 위해서는 무엇을 어떻게 해야 하는지, 또 그 힘이 어디에서 생산되어서 어떻게 방출되는지에 대하여 상당한 의문이 생길 수 있다.

　이것에 대하여 정확한 답을 정의하기란 결코 쉽지가 않다. 그러나 필자의 능력 안에서 설명해 보면, 자신의 힘을 최대한으로 사용하기 위해서는 무엇보다도 먼저 힘을 한 곳에 모으는 일이 선행되어야 한다.

그 힘을 한 곳에 모으는 과정이 곧 백스윙인 것이다. 그리고 모인 힘을 공에다 잘 전달해 주는 과정이 다운스윙과 임팩트, 그리고 폴로스루 과정이다. 그러므로 위의 네 과정, 그 어느 하나도 소홀히 해서는 안 된다.

백스윙은 단단한 하체의 축 위에서 상체가 오른쪽으로 회전하면서 몸을 꼬아 주게 되는데, 이때 몸의 꼬임 현상으로 인해 자신이 가지고 있는 몸의 힘이 오른쪽 허벅지 부분에 모이게 된다. 이렇게 모인 힘을 다운스윙을 통해 공에 전달시켜야 하는데, 이때 다운스윙의 올바른 순서를 반드시 지켜 주어야 한다.

다운스윙의 올바른 순서는 백스윙의 정상 때 상체가 꼬여 있는 상태에서 하체부터 풀어 주어야 하며, 왼발 뒤꿈치를 시작으로 몸의 중심 이동과 함께 체중을 왼쪽으로 옮겨 주고, 그런 후에는 허리의 빠른 회전으로 클럽의 헤드를 끌어내려야 한다.

이때 백스윙의 모인 힘을 최대한 강한 힘으로 공에 폭파시켜 주기 위해서는 백스윙의 정상 때 이루었던 손목의 코킹 상태를 공을 때리기 바로 직전까지 유지시켜야 한다.

그렇지 못하고 백스윙의 정상에서 미리 손목을 풀어 주면서 공을 때리려고 하면 결국에는 힘이 없는 스윙을 하게 된다.

백스윙의 정상 때 이루었던 손목의 코킹 상태를 끝까지 유지시키려면 어드레스에서 백스윙의 정상을 이룬 후에 약간 멈추고, 그후에는 왼쪽 허리의 빠른 회전으로 다운스윙을 리드한다. 그러면 자연히 오른팔이 몸 쪽에 붙어서 내려오게 되고 손목의 코킹 상태가 풀리지 않게 된다.

이때 왼쪽의 리드가 없이 오른쪽만 몸 쪽에 붙여 주려고 하는 이상한 스윙을 해서는 안 된다.

NOTE 다운스윙(downswing) : 백스윙의 정상에서 공을 때리기 위해 클럽을 끌어내리는 동작.

다운스윙(Downswing) 요령

　골프의 스윙은 클럽의 헤드를 공을 향해 휘둘러 주는 것이지, 공을 때리기 위한 것은 아니다. 클럽의 헤드가 빠르게 원을 그릴 때 그 원 안에 공이 들어 있다고 생각하여야 하며, 공을 치려고 하면서 백스윙의 정상에서 급히 다운스윙을 시작해서는 안 될 것이다.

　클럽의 헤드를 휘둘러 뿌리치듯 스윙을 하게 되면 클럽헤드의 원심력에 의해 공을 멀리 날려 보낼 수 있을 것이다.

　백스윙의 정상에서 다운스윙과 임팩트, 그리고 폴로스루로 연결되는 과정은 매우 복잡하다. 많은 것을 해야 하고, 또 하지 말아야 할 것도 많다.

해야 할 것들부터 설명하자면, 먼저 체중 이동을 하면서 허리를 빠르게 돌려 주어야 하고, 그 다음에는 왼발을 단단히 받쳐 주어서 왼쪽을 벽으로 만들어 몸의 스웨이를 방지해야 한다. 즉, 하체의 리드로 다운스윙을 시작하여야 한다는 의미이기도 하다.

그런 다음에는 백스윙의 정상 때 이루었던 손목의 코킹 상태를 잘 유지하면서 임팩트 직전을 맞이해야 한다. 그후에는 손목을 릴리스시켜서 공을 가격하듯 스윙스루(swing through) 하여야 한다.

또 폴로스루는 클럽의 헤드가 지면을 스치듯 낮고 길게 해주어야 하며, 공의 10~20㎝ 앞쪽을 치고 빠져나가는 느낌이 되어야 한다.

이때 머리는 공의 뒤쪽에 남도록 하며, 얼굴의 단면이 지면과 평행선을 이루고 있어야 한다. 이러한 일련의 동작들은 기본적으로 해야 할 것들이며, 하지 말아야 할 것들은 다음과 같다.

백스윙의 정상에서 다운스윙을 급하게 해서는 안 된다. 또 상체가 엎어지듯 하면서 오른손으로 때리려고 해서도 안 되고, 공을 맞히기도 전에 오른발 뒤꿈치를 들어 주어서도 안 된다.

지적해야 할 것은 더 많이 있지만, 이 정도만 지켜도 좋은 스윙을 할 수 있을 것이다.

요약해 보면, 결국은 백스윙의 정상에서 다운스윙으로의 리드는 하체로 해주어야 하며, 상체는 하체의 리드에 끌려가는 느낌으로 스윙을 이루어야 한다.

이렇게 하면 해야 할 것이 자연히 이루어지게 되며, 하지 말아야 할 것들은 자동적으로 나타나지 않게 된다.

즉, 백스윙은 상체로, 다운스윙은 하체의 리드로 상체가 끌려 내려오는 느낌이면 족하다.

NOTE 스윙스루(swing through) : 클럽헤드가 공의 위치를 빠르게 지나가는 것.

올바른 동작 순서

　풀 스윙을 하는 과정에서 일어날 수 있는 잘못된 현상들은 백스윙 때 보다는 다운스윙 때에 더 많이 일어나고 있다. 이는 백스윙은 스윙을 하기 위한 준비 과정이어서 스윙을 천천히 하게 되므로 쉽게 컨트롤할 수가 있고 잘못된 점을 쉽게 찾아낼 수도 있다.

　그러나 다운스윙은 그렇지가 못하다. 다운스윙은 백스윙 때 모여 있던 힘을 가장 강하게 공에다 전달해야 하므로, 상당히 빠르면서도 순간적으로 이루어지게 되므로 실수에 대한 조금의 용서도 허용되지 않는다. 즉, 결과가 즉시 나타나게 되므로 모든 기술과 동작들이 완벽해야 한다.

그러면 올바르게 다운스윙을 하는 방법은 무엇일까?

올바른 다운스윙을 하려면 무엇보다도 먼저 스윙의 올바른 순서를 확실히 해두는 것이 중요하다. 백스윙의 정상에서 다운스윙을 시작하는 방법은 크게 몇 가지의 의견들이 있다.

허리를 왼쪽으로 밀어 주면서 시작하여야 한다고 주장하는가 하면, 왼쪽 무릎의 리드로 바깥쪽으로 밀어 주면서 시작하라고도 하고, 혹은 오른쪽 무릎으로 왼쪽을 킥하면서 시작하라고도 한다.

그러나 이러한 방법들은 몸의 스웨이 현상을 유발시킬 가능성이 있는 위험천만한 방법이다.

보다 더 안전한 방법은 백스윙의 정상에서 오른발 무릎에 모여 있는 힘을 왼쪽으로 옮겨 주면서 다운스윙을 시작하여야 한다.

즉, 먼저 왼발 뒤꿈치로 지면을 지그시 누르면서 왼발로 스윙의 축을 잡아 주고, 그후에는 오른발의 체중을 왼발로 옮겨 주어야 한다.

그러므로 다운스윙의 시작은 왼발바닥 뒤꿈치의 착지로부터 시작하는 것이 좋다.

체중은 왼발 무릎 쪽으로 옮겨 주고, 그 다음에는 허리의 빠른 회전으로 상체를 끌어내리면서 상체를 어드레스 때의 자세로 되돌려놓고 어깨, 팔, 손, 클럽헤드의 순으로 공에 릴리스시켜 주어야 하는 것이다. 즉 왼발 뒤꿈치, 왼쪽 무릎, 왼쪽 허리, 어깨, 팔, 손, 클럽헤드순이다.

체중 이동 1

다운스윙의 리드는 몸의 왼쪽에 의해 시작되지만, 임팩트 이후에는 오른쪽의 도움이
절대 필요하다.

"골프는 '왼쪽'만을 사용하는 운동이다."

이는 왼쪽을 많이 사용하는 것이 좋다는 말을 강하게 표현한 말이라
할 수 있다. 즉, 다운스윙의 리드는 당연히 왼쪽이 되어야 한다는 것을
금방 알아차릴 수 있는데, 다운스윙의 리드는 왼쪽 하반신의 리드로 이루
어져야 한다.

가령, 다운스윙의 리드를 상체나 손목을 사용하여 급하게 스윙을 하려
고 하면 좋은 샷을 기대할 수가 없게 된다.

왜냐하면 상체나 손만으로 스윙의 리드를 하게 되면 하체의 움직임이
정지되어 체중 이동이 이루어지지 않게 된다. 그러나 왼쪽 하체의 리드로
스무스하게 이루어진 스윙에서는 우선 왼쪽 무릎이 목표 방향으로 움직
이면서 왼쪽 허리와 왼쪽 어깨, 그리고 왼팔의 순서로 연결되면서 멋진
스윙을 하게 되는 것이다.

그러나 왼쪽의 리드가 좋아야 한다고 해서 계속해서 왼쪽으로만 밀리
는 스윙을 해서는 곤란하다.

그러므로 다운스윙에서 왼쪽의 리드가 이처럼 중요하지만, 임팩트와 폴
로스루 과정에서는 오른쪽의 움직임이 강조되지 않으면 안 된다.

왜냐하면 다운스윙의 리드는 왼쪽이라 하더라도 임팩트와 폴로스루에서
는 보다 더 강한 힘을 공에 전달해 주어야 하며, 그러려면 오른쪽을 사용
해야 하기 때문이다. 임팩트에서는 오른 손바닥으로 공의 옆쪽을 가격하
듯이 적극적으로 스윙에 가담해야 한다.

즉, 백스윙의 정상에서 다운스윙의 시작은 왼쪽 허리 부분과 하체의 리
드에 의해 일이 진행되지만, 임팩트와 폴로스루 과정에서는 오른팔과 오
른쪽 어깨의 도움이 있어야 한다.

백스윙의 정상에서 왼쪽의 리드가 필요한 것은 올바른 체중 이동과 백
스윙의 정상 때에 꼬여 있던 상체를 충분하게 릴리스하는 데 그 목적이
있으며, 이것이 곧 올바른 스윙의 순서이기도 하다.

그래서 "백스윙은 상체로, 다운스윙은 체중 이동으로."라는 말을 필자가
즐겨 쓰는지도 모른다.

체중 이동 2

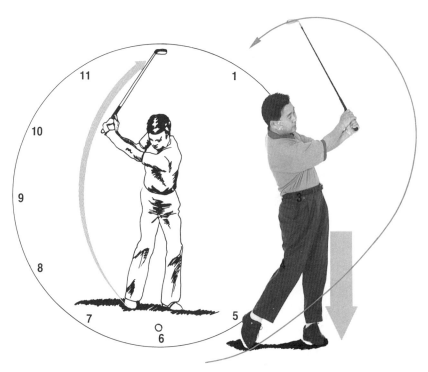

왼발에 미리 체중을 실어놓고 짧은 어프로치 샷 연습을 하다 보면 올바른 스윙을 구사할 수 있게 된다.

골프는 상체와 하체가 이루는 멋진 하모니라고 말할 수 있다.

즉, 백스윙은 상체가 회전하면서 하체의 움직임을 억제하고, 다운스윙에서는 하체가 리드하면서 상체의 움직임을 억제하는 것이다. 상체는 부드럽고 자연스럽게 해주어야 하고, 하체는 견고하게 받쳐 주어야 한다.

여기에서 우리는 상체와 하체가 거의 반대되게 행동해야 한다는 사실을 쉽게 알 수 있다. 만약 상체와 하체가 동시에 같은 동작을 한다면 이는 틀림없이 형편없는 결과를 초래할 것이다.

　그러나 일반 골퍼들에게 있어서 상체와 하체가 분리되게 스윙을 한다는 것은 상당히 어려운 일일 것이다. 그러므로 이러한 동작을 올바르게 익히려면 우선 스윙의 크기를 작게 하면서 하나하나 익혀가는 방법을 알아야 한다.

　짧은 클럽을 잡고 어프로치 샷(approach shot)을 할 때, 얼른 보면 거의 팔만 휘두르는 모양이 될 때가 있다. 즉, 팔의 휘두름이 주가 되고 이에 따라 부수적으로 어깨가 회전하면서 스윙을 하는 것처럼 보이기도 한다.

　그러나 짧은 어프로치 샷이야말로 하체의 동작이 중요시되어야 한다.

　즉, 팔이 움직이면 이에 따라 어깨와 허리가 함께 움직이게 되고, 허리가 움직이면 무릎과 발이 연속 동작으로 움직이는 것이다.

　이것은 지극히 자연스런 몸의 움직임이라 할 수 있다. 그러므로 아무리 짧은 클럽으로 어프로치 샷을 하더라도 자연스런 하체의 움직임은 꼭 있어야 한다.

　짧은 클럽을 잡고 어드레스를 취한 후 체중을 미리 왼발에 실어놓고 자연스럽게 어프로치 샷하는 느낌으로 스윙을 천천히 해보자.

　처음에는 작게 하다가 점점 크게 하면서 하체의 올바른 사용법은 익히는 것이 좋다.

　이렇게 하체의 올바른 사용이 이루어지면, 체중 이동 또한 원활해지게 되면서 올바른 스윙도 익히게 되고 파워도 얻을 수 있게 된다.

NOTE | 어프로치 샷(approach shot) : 가까운 거리에서 홀컵을 향해 접근 하는 샷.

체중 이동 3

70%   30%   95%   5%

골프는 다른 운동과는 달리 몸의 전체가 완벽한 화합을 이루어야 한다.

즉, 상체가 아무리 발달했다 하더라도 하체가 흐느적거리면 안 되며, 또 하체가 아무리 좋아도 상체를 제대로 사용하지 못하면 아무 소용이 없다.

아무리 힘이 좋은 사람이라 하더라도 그 힘을 제대로 사용할 줄 모르면 소용이 없으며, 체격이 작고 힘이 없다 하더라도 올바른 스윙과 몸 전체가 완벽하게 조화를 이루면 장타를 칠 수가 있다.

그러기 위해서는 우선 자신의 몸의 무게를 제대로 이용할 수 있어야 한다.

골프는 정확한 방향과 거리를 대전제로 하는 것이니만큼, 방향은 어떻게 익힌다 하더라도 비거리를 내기 위한 올바른 체중 이동은 반드시 정확하게 알아두어야 한다.

스윙에 있어서 체중 이동은 어드레스 때에는 양발에 균등하게 분배하는 것이 일반적이다.

그러나 백스윙을 이루면서 백스윙의 정상에서는 왼발에 있던 체중이 빠지면서 모두 오른쪽으로 이동하게 된다.

이때 체중이 오른발 쪽으로 이동되지 않는다든가, 아니면 오른발로 건너갔다가 다시 왼발로 옮겨지면 문제가 된다.

그리고 오른발에 모여 있던 체중은 다운스윙이 시작되면서 점점 왼발로 옮겨지게 되며, 임팩트 순간에는 왼발에 70%까지 옮겨지게 되고, 폴로스루를 거쳐 피니시에 이르렀을 때에는 95% 왼발에 옮겨져 있어야 한다.

이러한 체중 이동은 비거리를 내게 하는 힘의 원천이 될 것이다.

그러므로 자신의 올바른 스윙을 위해서는 어드레스를 취하고 백스윙을 했다가 다운스윙, 임팩트, 폴로스루, 그리고 피니시 과정까지 하체의 올바른 동작을 따로 익히는 것도 좋은 방법이 될 것이다.

무릎의 사용

무릎 사용이 미스 샷을 유발한다.

골프는 상체보다 하체가 튼튼해야 더 유리하다고 말할 수 있다. 왜냐하면 하체의 기반이 튼튼해야 하반신이 안정되고 상체의 움직임에도 잘 견뎌낼 수가 있기 때문이다. 또한 강한 하체는 몸의 체중 이동을 강력하게 할 수 있도록 도와주기도 하고, 강한 힘을 낼 수가 있도록 해주기도 한다.

골프의 이론이 여러 가지로 엇갈리듯이 다운스윙 때의 무릎의 움직임에 대해서도 여러 가지 의견들이 있다.

혹자는 무릎을 사용하여 힘을 보다 더 강하게 해줄 수 있다고 강조하

140

기도 하고, 혹자는 아예 무릎의 사용을 금하면서 무릎의 사용이 큰 잘못을 유발시킬 수도 있다고도 한다.

하체를 많이 사용해 오던 사람들에게 있어서는 무릎을 적극적으로 사용하는 방법에 큰 무리가 없겠지만, 일반 골퍼들에게 있어서 무릎의 사용은 스윙의 기반을 무너뜨리면서 몸의 스웨이 현상을 유발시키는 원인이 될 수도 있다.

프로 골퍼들 중에서도 상당수가 무릎의 사용을 금하고 있다. 이는 무릎의 사용에 따른 위험성이 크기 때문이다.

또 이러한 위험성은 클럽의 길이에 따라서도 큰 차이가 나타나며, 클럽의 길이가 긴 드라이브나 페어웨이 우드, 혹은 롱아이언은 무릎을 사용하여도 크게 미스 샷이 나오지 않는다. 그러나 정확성을 필요로 하는 숏아이언이나 미들아이언 샷인 경우에는 무릎을 사용하다 보면 크게 미스 샷을 내기 쉽다.

따라서 일반 골퍼들은 무릎의 사용에 유혹당하지 말고 올바른 체중 이동과 스윙의 순서에 더 많은 관심을 쏟는 것이 좋겠다.

무릎의 사용은 키가 큰 서양인들에게는 꼭 필요하다고 볼 수 있다. 그러나 체격이나 키가 작은 편인 동양인들에게는 무릎의 사용보다는 허리의 빠른 회전을 이용하는 것이 훨씬 더 유리하다.

백스윙의 정상에서 다운스윙이 시작될 때 체중 이동을 하려면 왼쪽 무릎이 왼쪽으로 살짝 밀리듯 스윙을 해야 무릎의 사용이 올바르게 이루어지고 있는 것이다.

무릎의 사용에 너무 지나친 신경을 쓰다 보면 무릎이 심하게 왼쪽으로 밀리거나, 또 제자리에서 핑 돌아 버리는 스핀아웃 현상이 일어날 수 있으므로 무릎의 사용은 정확히 해야 한다.

올바른 오른팔 사용법 ①

볼을 때린다는 감각보다는 투수가 타자를 향해 볼을 뿌려 주듯 클럽헤드를 볼에 뿌려 준다는 감각으로 스윙해 줘야 한다.

테니스, 야구, 탁구 등 팔을 사용하는 스포츠의 대부분은 오른팔을 위주로 사용한다. 그와는 달리 골프는 왼팔 위주로 스윙을 한다. 그렇다고 오른팔을 무시하고 왼팔만 올바르게 사용하면 된다는 뜻은 결코 아니다. 왼팔이 아무리 강하더라도 왼팔의 힘만으로는 장타를 칠 수가 없다.

결국 스윙의 리드는 왼팔 위주로 하되 오른팔의 도움이 필요한 것이다. 그러나 오른팔을 그릇된 방법으로 사용하는 경우가 있는데, 올바른 오른팔의 사용법을 알아두는 것이 좋다.

일반적으로 골프는 야구에 비하여 쉽다고 인식되기도 한다. 즉, 야구는 세게 날아오는 공을 쳐야 하지만, 골프는 가만히 있는 공을 치기 때문이라는 것이다. 그러나 야구가 살아서 움직이는 공을 어떤 방향으로 날려 보내면 되는 데 반하여, 골프는 가만히 있는 공이기는 하지만 정확한 목적지에 떨어뜨려야 하는 데 어려움이 있다. 그래서인지 야구선수들 중에서도 타자들보다는 투수들이 골프를 더 잘한다고 한다. 이러한 예는 골프가 때린다는 동작보다는 던진다는 동작에 더 가깝다는 것을 보여 주고 있다.

골프 클럽을 팔의 연장이라고 생각하고 클럽헤드를 공에 뿌려 준다는 감각이 필요하다. 야구의 투수가 실제로 공을 던지기 위해 오른팔을 들어 올렸을 때가 바로 골프에서 정확한 오른팔의 위치와 같게 된다.

그런데 일반 골퍼들은 이것을 잘 이해하지 못한 상태에서 공을 때리려고 하며, 오른쪽 어깨가 공 쪽으로 나가 버리도록 하면서 공을 쳐낸다.

야구의 투수가 공을 들어 타자를 향해 뿌려 주는 감각으로 공 대신 클럽을 잡고 오른팔을 휘둘러 주면, 문제의 오른쪽 어깨가 공 쪽으로 나가 버리는 잘못을 막을 수 있을 것이다.

그러므로 어드레스에서 그립을 너무 강하게 잡지 말고, 야구의 투수가 와인드업 하면서 공을 들어올려 주는 것과 똑같은 느낌으로 백스윙을 이루고, 타자를 향해 힘껏 뿌리치듯 던지는 모습으로 언더스로 해주면, 자연히 오른팔은 왼팔에 부담을 주지 않으면서 도움을 주게 되는 것이다.

올바른 오른팔 사용법 2

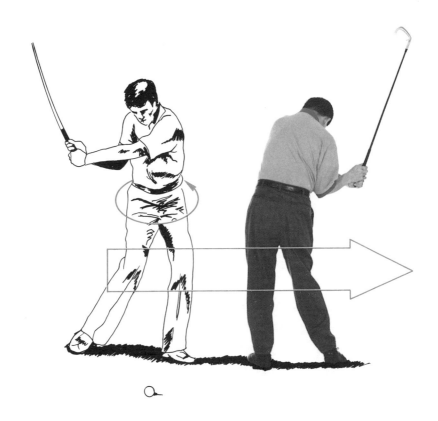

　일반 골퍼들 중에는 오른팔의 사용을, 마치 야구를 할 때 야구방망이를 휘두르는 것처럼 하려고 하는 경우가 있다.

　이는 오른팔의 사용을 정확하게 알지 못하는 상태에서 스윙을 하고 있기 때문이라 할 수 있다.

　그런데 막상 실제로 스윙을 할 때에는 왼손과 오른손을 합해서 클럽을 휘두르다 보면, 오른팔을 어떻게 사용해야 할지 당황할 때가 있다. 이러한 경우를 대비하여 올바른 오른팔의 사용 요령을 다시 한 번 자세히 살펴 보자.

어드레스에서 오른팔만으로 클럽을 잡고 백스윙 정상의 모양을 만들어 보라. 그런 후 두 가지 방법으로 다운스윙을 시도해 보는 것이다.

먼저 오른팔의 힘만으로 클럽을 휘둘러 보면, 움직이는 것은 팔뿐이며 몸의 움직임은 전혀 없다는 것을 쉽게 느낄 수 있다.

또 이때 손목의 코킹도 서둘러 풀어 버리게 되어 임팩트에서 클럽이 팔꿈치보다 먼저 나가면서 클럽페이스가 왼쪽을 향하게 된다는 것도 알 수 있다.

다음으로는 백스윙의 정상에서 하체의 중심 이동과 함께 몸의 회전과 함께 클럽을 휘둘러 보는 것이다.

이때에는 백스윙의 정상에서 오른손 팔꿈치가 이루었던 각도를 그대로 유지한 상태에서 임팩트 전까지 끌고 내려오는 것을 쉽게 느낄 수 있다.

즉, 오른손 팔꿈치가 클럽의 헤드보다 먼저 아래로 내려오면서 다운스 윙을 해야 한다. 그리고 이와 동시에 클럽페이스가 임**팩트로** 지난 후까지 도 목표 라인과 스퀘어로 돌아가도록 하기 위해서는, 반드시 체중 이동이 선행된 후에 다운스윙이 이루어져야 하는 것이다.

그러므로 **하체의** 체중 이동으로 다운스윙을 리드할 때 오른팔의 올바른 사용이 이루어지게 된다.

스윙(Swing)의 리듬

둘

하나

셋

　골프에 있어서 비거리는 클럽헤드가 공이 위치하고 있는 지점(hitting area)을 지나가는 스피드에 따라서 달라질 수 있다.
　이런 관점에서 보면 클럽헤드의 움직이는 속도가 빨라야 하며, 이것에 대한 올바른 이해가 필요하게 된다. 즉, 클럽헤드의 움직이는 속도가 공이 있는 지점을 지나갈 때 빨라야 하는 것이지, 스윙을 빨리 하려고 해서는 안 된다.
　잘못된 스윙의 리듬은 크게 두 가지로 구분할 수가 있다.
　첫째는 스윙이 빠른 것이고, 둘째는 스윙이 급한 것이다.

스윙이 빠르거나 급한 것은 좋은 스윙이 될 수 없다. 그러므로 골프에 있어서 올바른 스윙이란, 무엇보다도 훌륭한 리듬과 템포를 요구하게 된다.

스윙이 빠르다는 것은 전체적으로 스윙의 리듬이 빠른 경우일 수 있겠고, 스윙이 급하다는 것은 백스윙과 다운스윙의 연결 과정이 급하다고 할 수 있다.

올바른 스윙의 리듬과 템포는 스윙의 전체를 세 부분으로 나눌 수가 있다.

어드레스에서 백스윙의 두 번째 동작까지를 한 부분, 계속하여 백스윙의 정상까지를 또 한 부분, 마지막으로는 다운스윙에서 폴로스루까지이다.

이렇게 스윙의 전체를 세 박자로 간주하여 백스윙의 시작을 '하나', 정상에서 '둘', 다운스윙에서 '셋'으로 하면 될 것이다.

일반 골퍼들이 스윙을 빨리 하거나 급하게 하는 것은, 스윙의 박자를 두 박자로 하기 때문이다.

여기에서 보다 중요한 것은 두 번째 박자인 백스윙의 정상이며, 백스윙의 정상 부분에서 다운스윙을 시작할 때 약간 멈추듯 하면서 백스윙을 충분하게 해주어야 하는데, 그것이 바로 '둘'이 되는 것이다.

골프는 좋은 리듬과 템포만이 만족할 만한 결과를 가져올 수가 있다.

여유 있고 부드러운 스윙을 해주면서 어드레스에서 백스윙을 이루고, 백스윙의 정상에서는 한 템포를 쉬는 듯하면서 몸의 힘을 최대한으로 모아서 다운스윙과 임팩트로 이어질 때, 비로소 비거리와 함께 방향성도 좋아지게 되는 것이다.

왼손의 리드

왼손이 리드해야 슬라이스를 방지한다.

자신이 저지르고 있는 잘못된 스윙을 어떻게 고칠 것인가를 고민하기 전에 그 원인이 어디에 있는지를 살펴보는 것이 우선이다.

만약 슬라이스가 심하게 난다면, 그 원인이 클럽헤드가 공을 맞힐 때 클럽페이스가 오픈되게 맞으면서 공이 비껴 맞는 데 있다. 즉, 슬라이스 원인은 임팩트 순간에 클럽페이스가 공을 정면으로 때려 주지 못하는 데 있다고 보면 될 것이다.

그러면 공을 정면으로 때려 주지 못하는 원인은 어디에 있을까?

그것은 다운스윙을 하면서 임팩트를 이룰 때 지나친 오른손의 사용 때문이다. 오른손으로 공을 때리려고 하기 때문에 오른쪽 어깨가 엎어져서 들어오면서 스윙을 아웃사이드에서 인사이드로 컷하듯이 이루게 되므로 이러한 현상이 생기는 것이다.

골프의 스윙은 양손의 힘을 사용하여 클럽을 휘둘러 주어야 하는데도 불구하고, 일반적으로 오른손이 왼손보다 강하므로 자연히 오른손을 많이 사용하게 되는 것이다. 즉, 동시에 같은 비율로 두 손을 사용했을 때, 오른손과 왼손의 비율은 10 : 6 정도이다.

양손이 하는 일 역시 다르다고 할 수 있는데, 왼손이 하는 일은 공을 똑바로 보내기 위하여 방향을 바로잡는 데 있으며, 오른손은 거리를 내는 데 그 책임이 있다고 하겠다.

그러나 만약 왼손이 오른손보다 상당히 약해서 방향을 잡아 주는 일을 제대로 해주지 못하여 오른손만으로 공을 치게 되면 공은 슬라이스로 날아가고 만다.

양손의 비율을 같게 해주기 위해서는 왼손으로만 스윙하는 느낌으로 스윙을 리드해 주어야 한다. 오른손은 그냥 왼손의 리드에 따를 것이며, 공도 가능한 왼손으로 때려 주는 느낌으로 스윙을 하면, 비율은 자연히 5 : 5 정도가 될 것이다.

또 왼손의 리드가 좋아지면 임팩트 순간에 왼손의 손등이 목표 방향과 직각이 되게 위치하면서 클럽페이스를 정면으로 공을 맞히게 된다. 왼손으로만 스윙을 할 수는 없으므로 왼손이 오른손의 도움을 받아야 하나, 그 도움이 너무 지나쳐 오른손이 왼손이 해야 할 일까지 하지 않도록 주의해야 한다.

NOTE   슬라이스(slice) : 공이 목표선에 대해 오른쪽 방향으로 심하게 휘어져 날아가는 구질.

레이트 히팅(Late Hitting) 1

　골프 용어 중에 레이트 히팅(late hitting)이라는 말이 있다.

　이 말은 골프 스윙을 할 때 체중 이동과 모든 스윙의 동작을 마친 후, 마지막으로 손목 부분까지 전달되어 모여 있던 힘을 그 손목을 풀어 주면서 공을 때려 주는 것을 말한다.

　야구를 예로 들자면, 타자가 타석에서 투수가 던진 공을 칠 때 다음과 같은 동작을 하는 것을 볼 수 있다. 즉, 날아오는 공을 받아치기 위하여 먼저 체중 이동을 해주고, 허리를 빠르게 왼쪽으로 돌려 주면서, 마지막으로 방망이를 휘둘러 주는 것이다.

 투수 역시 공을 던지기 위해 상체를 충분히 꼬아서 와인드업을 한 후 왼발을 멀리 내딛고 허리의 빠른 회전으로 공을 던지는데, 맨 마지막으로 오른 손목 부분을 사용하여 공을 힘차게 던진다.

 골프에서도 마찬가지라 할 수 있다. 어드레스에서 백스윙을 할 때 단단한 하체의 축 위에 상체를 회전시켜 몸을 꼬아 주고, 이때 오른쪽 허벅지 부분에 상당한 힘을 모아야 한다.

 이렇게 모인 힘을 다운스윙을 통해 왼발의 무릎 위로 옮겨 주고, 허리의 빠른 회전으로 인해 다시 그 힘이 상체로 전달되어서 급기야는 그립 부분의 손목에까지 연결되는 것이다. 이때 손목의 코킹을 풀어 주면서 임팩트를 이루게 되는데, 이것이 곧 레이트 히팅이다.

 레이트 히팅을 올바르게 해주기 위해서는 백스윙의 정상에서 이루었던 손목의 코킹 상태를 임팩트 직전까지 끌어내려 잘 유지해야 할 것이며, 그러기 위해서는 먼저 올바르게 다운스윙을 해주어야 할 것이다.

 백스윙의 정상에서 다운스윙을 할 때 왼쪽의 리드가 좋아야 모든 동작들이 올바르게 이루어질 수 있으므로, 백스윙의 정상에서 올바른 다운스윙의 순서에 따라 왼쪽 허리 부분을 잘 리드해 주면, 오른쪽 부분에서 이루어 주어야 할 레이트 히팅이나 머리를 공 뒤쪽에 남기는 일 등이 쉽게 이루어지게 된다.

 그러지 않고 오른쪽을 사용하여 급하게 공을 치려고 하면 결국 좋은 샷을 기대할 수 없다.

레이트 히팅(Late Hitting) 2

올바른 레이트 히팅을 시도하기 위해서는 다운스윙이 하체의 리드에 의해 진행되어야
한다.

골프는 어떻게 생각하면 상당히 복잡하고 어려운 것 같다. 그러나 반대
로 조금 쉽게 생각해 보면 별것 아니라는 생각이 들기도 한다.

골프는 결국 스윙을 어떻게 하든지 임팩트 직전부터 폴로스루까지만
완벽하게 해주면 되는 것이다. 이 부분에서 비거리나 방향이 모두 결정되
기 때문이다.

골프의 용어 중에 히팅 에어리어(hitting area)라는 말은 앞에서 설명

한 임팩트 직전부터 폴로스루까지를 말한다. 즉, 히팅 에어리어는 자신의 전체 스윙의 타이밍을 농축해 놓는 곳이라고 말할 수 있다. 그러므로 이 곳만 잘 관리하면 사실은 스윙 전체를 잘 관리하는 것이라고 할 수 있다.

요즘 대부분의 프로 골퍼들은 레이트 히팅(late hitting)이라는 것을 하고 있는데, 이는 임팩트를 이루는 바로 직전의 순간에 그립을 잡은 양 손은 이미 어드레스 때의 위치로 되돌아와 있지만, 클럽의 헤드는 아직도 공을 맞히지 않고 늦게 내려오고 있는 상태를 말하는 것이다.

레이트 히팅은 클럽헤드의 스피드를 높여 주는 최상의 방법이라고 한 다.

이에 비해 일반 골퍼들은 임팩트 바로 직전에 그립을 잡은 손 부분이 어드레스 위치로 되돌아올 때 클럽헤드도 이미 같이 따라내려와 공을 맞 히고 있거나, 아니면 손보다 클럽헤드가 먼저 내려와 공을 때리고 있는 것이다.

레이트 히팅을 올바르게 하기 위해서는, 백스윙의 정상에서 다운스윙의 시작을 손으로 하려고 하지 말고, 몸의 하체의 리드로 스윙의 순서를 최 대한 지켜 주어야 한다.

다운스윙의 순서는 왼발의 착지를 시작으로 왼쪽 무릎, 왼쪽 허리와 어 깨, 그리고 제일 마지막으로 클럽의 헤드가 내려와서 공을 맞히는 것이 다. 이것이 바로 레이트 히팅의 전부라 할 수 있다.

즉, 손 위주의 다운스윙의 리드가 아니라, 몸의 하체와 몸통 위주로 리 드가 이루어져야 올바른 레이트 히팅이 이루어지는 것이다.

다운스윙(Downswing)의 타이밍 1

백스윙 정상에서 「좌향좌」 하는 기분으로 하체를 움직여 주면 다운스윙의 올바른 타이밍을 잡을 수가 있다.

일반 골퍼들의 스윙과 프로 골퍼들의 스윙을 비교해 볼 때 쉽게 발견할 수 있는 점으로는, 스윙의 리듬과 공을 때리는 타이밍이라 할 수 있다.

프로 골퍼들은 올바른 스윙을 하기 위해 스윙의 모든 순서를 제대로 지키면서 스윙을 하기 때문에 스윙이 빨라질래야 빨라질 수가 없으며, 또한 스윙의 순서를 올바르게 지키기 위해서는 좋은 리듬이 필요하기도 하다.

일반 골퍼들에게 있어서 다운스윙 때에 스윙의 타이밍을 잡는 일은 말처럼 그렇게 쉬운 일은 아니다. 이는 공이 바로 눈앞에 있기 때문에 서둘러서 공을 치려고 덤비는 경향이 있거나, 혹은 너무 지연시켜서 스윙이 늦어지는 경향이 생길 수도 있기 때문이다. 그래서 일반 골퍼들의 고민 중의 하나도 바로 이것이라고 할 수 있다.

백스윙의 정상에서 다운스윙의 타이밍을 잡을 때에는 똑바로 서 있다가 옆으로 '좌향좌' 하는 모양으로 몸을 왼쪽으로 돌려 주는 느낌이 된다. 이때 왼발의 발바닥으로 지면을 누르듯 하고, 오른발의 체중을 왼발로 옮겨 주면서 왼쪽으로 한 발 걸어나가는 기분이 되는 것이다.

이런 자연스런 동작으로 다운스윙의 타이밍을 찾게 되면, 다운스윙의 시작을 왼쪽의 리드로 이루어져야 하는 것을 쉽게 해결할 수 있으며, 손이나 상체로 급하게 스윙을 서둘러서 하는 것도 왼쪽의 자연스런 준비로 인해 한결 부드러운 다운스윙으로 연결시킬 수가 있게 되는 것이다.

그러나 이와 같은 동작 중 '좌향좌' 하는 과정은 자칫 상체가 앞으로 따라나가기가 십상이다. 그러므로 상체는 어드레스 때의 위치를 잘 유지하려는 느낌이어야 하고, 하체 부분만 '좌향좌' 하면서 왼쪽으로 한 발 걸어나가는 느낌이 드는 것이다.

이때 몸의 체중이 반드시 왼발에 옮겨지도록 올바른 체중 이동을 해주어야 한다.

다운스윙(Downswing)의 타이밍 2

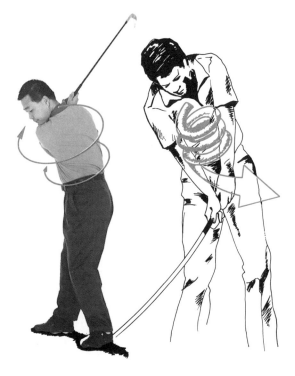

용수철을 꼬았다가 풀어 줄 때 힘이 나오듯 백스윙을 통한 상체의 충분한 꼬임을 다운스윙으로 탄력 있게 풀어 줘야 파워가 생산된다.

골프의 스윙에서 몸을 꼬아 준다는 것을 용수철에 비유해 보면 좀더 쉽게 이해가 되리라 생각한다. 용수철이 꼬여 있는 방향으로 수평이 되도록 충분하게 꼬아 주었다가 어느 순간 그것을 놓아 주면, 상당한 힘으로 되돌아가는 것을 느낄 수 있다. 이것이 곧 백스윙의 원리와 같다고 말할 수 있다.

즉, 백스윙 때 상체를 충분히 돌려 주면서 몸을 꼬아 주는 것은, 용수철을 지면과 수평되게 꼬여 있는 방향으로 돌린다는 것과 같다고 생각하면 된다. 이때 용수철을 얼마나 꼬았다가 놓아 주느냐에 따라서 그 힘이 달라질 수 있듯이, 백스윙 때 상체를 얼마나 잘 꼬아 주느냐에 따라서 장타가 나올 가능성이 달라지는 것이다.

그러나 몸을 아무리 많이 꼬았다 하더라도 이를 적절하게 적시에 풀어 주지 못하게 되면 아무런 의미가 없다. 즉, 상체가 충분히 꼬인 백스윙의 정상에서 다운스윙으로 이어지는 이행 과정에서는 적절한 타이밍을 잘 잡아 주어야 한다.

프로 골퍼들의 스윙을 자세히 관찰해 보면, 어드레스에서 백스윙의 정상을 향해 클럽헤드가 움직이고 있을 때, 클럽의 헤드가 백스윙의 정상 최상단 부분에 이르지도 않았는데도 이미 다운스윙에 들어가고 있음을 알 수 있다.

즉, 상체는 백스윙의 정상을 향해 스윙이 진행되고 있는 동안 이와 병행해서 하체의 왼쪽은 이미 다운스윙을 시작하도록 하는, 이런 타이밍을 이용한 스윙을 하고 있는 것이다. 그리고 이러한 타이밍의 효과는 바로 장타를 내게 하는 원동력이 되기도 한다.

상체가 백스윙의 정상을 향해 스윙을 계속하고 있는 동안, 하체의 왼쪽 무릎을 목표 방향으로 되돌려 주면서 다운스윙을 시작하게 하는 이런 스윙을 하게 되면, 몸의 상체를 한 번 더 감아 주는 것이 되므로, 이것이 바로 탄력성으로 나타나 힘을 더욱더 강하게 해주는 결과가 된다.

그후 본격적인 다운스윙으로 이어지면서 임팩트를 하게 되면 타구는 장타로 연결될 것이다.

왼발 착지를 제대로 하는 요령

백스윙시 약간 들린 왼발 뒤꿈치의 착지를 시발로 다운스윙을 시작하면 스윙의 리듬을 살릴 수 있다.

백스윙의 정상에서 다운스윙을 시작할 때에는 하반신부터 스윙의 리드 가 이루어져야 한다. 즉, 올바른 하반신의 리드가 있어야 훌륭한 스윙을 할 수가 있다는 뜻이다.

어드레스에서 백스윙을 이루는 동안에 왼발 뒤꿈치는 릴랙스 상태에서 약간 들리듯 그 모양을 이룬다. 그리고 다운스윙이 시작되면서 그 왼발 뒤꿈치로 지면을 눌러 주듯 다운스윙의 리드가 시작되어야 하며, 몸이 왼쪽으로 약간 밀리듯 하면서 체중 이동을 이룬다.

그 다음에는 허리의 강한 회전으로 상체가 끌려 내려와 공을 치면서 스윙스루(swing through)를 이루게 된다.

그러나 개인에 따라서 다운스윙의 시작 단계를 달리 하는 경우가 있다. 가령, 왼쪽 허리부터 빠르게 회전시켜 주면서 다운스윙을 시작하여야 한다고 주장하기도 하고, 왼쪽 무릎을 왼쪽으로 끌어 주듯이 다운스윙을 시작하여야 한다고 주장하기도 한다.

그러나 일반 골퍼들에게 있어서는 왼쪽 허리부터 빠르게 회전하면서 다운스윙을 시작하게 되면 체중 이동을 올바르게 하는 데 상당한 어려움이 따르게 된다. 또한 왼쪽 무릎을 왼쪽으로 밀어 주듯이 다운스윙을 시작하게 되면, 몸의 스웨이 현상이 쉽게 일어나게 되므로, 일반 골퍼들에게는 좋은 방법이라 할 수 없다.

그러므로 종합적으로 볼 때, 왼발 뒤꿈치의 착지를 시작으로 다운스윙의 리드가 이루어져야 함을 알 수가 있다. 그러나 이것이 일반 골퍼들에게 그렇게 쉬운 일만은 아니다. 왼쪽을 제대로 사용하지 못한 상태에서 다운스윙을 리드하는 것보다 차라리 오른쪽 무릎을 왼쪽 무릎 쪽으로 차넣듯이 다운스윙을 시작하는 방법도 있다.

즉, 다운스윙의 시작을 오른쪽 무릎을 왼쪽 무릎 쪽으로 차넣듯이 이동시키고, 이와 동시에 오른발 무릎 쪽에 모여 있던 체중을 왼발 무릎 쪽으로 이동시키는 것을 뜻한다.

이렇게 하면 올바른 체중 이동과 함께 자연히 왼발 뒤꿈치의 착지도 잘 이루어지면서 왼쪽 무릎이 목표선과 평행으로 이동하게 된다. 그래서 왼발 뒤꿈치의 착지를 시작으로 다운스윙을 리드하기가 어려운 사람은 오른쪽 무릎을 사용하는 법을 연습해 보는 것도 좋을 것이다.

풋워크(Footwork) 요령

스윙중 양 무릎간 간격은 항상 일정해야 한다.

비거리를 내는 원천은 올바른 체중 이동에 있다고 한다. 이렇게 올바른 체중 이동을 하기 위해서는 스윙의 기본 동작이 제대로 이루어져야 한다.

즉, 여기서 말하는 기본 동작이란, 스윙의 올바른 순서를 말하는 것이다. 어드레스에서 백스윙을 이루고 다운스윙과 임팩트, 폴로스루, 그리고 피니시까지 일련의 동작으로 순서에 입각하여 움직여야 한다.

이러한 순서를 제대로만 지켜 준다면, 그 속에는 상당히 중요한 기술들이 함께 포함되어 이루어지게 된다. 그러나 그렇게 완벽하게 스윙을 한다는 것은 일반 골퍼들뿐만 아니라, 프로 골퍼들에게조차 어려운 일일 것이다. 이렇게저렇게 다른 방법들을 시도해 보는 것도 아마 이러한 이유에서가 아닐까?

비거리의 원천인 체중 이동을 올바르게 하려면, 올바른 무릎의 사용법을 알아두는 것이 좋다.

백스윙의 정상에서 다운스윙과 임팩트, 그리고 폴로스루를 이루는 과정에서 올바르게 무릎을 사용하려면 무엇보다도 먼저 올바른 백스윙이 선행되어야 한다. 백스윙을 하는 과정에서는 몸의 상체를 꼬아 비튼다는 느낌으로 상체를 꼬아 주어야 한다.

그러기 위해서는 양쪽 무릎 부분의 움직임이 거의 없도록 버텨 주면서 백스윙을 해주고, 이때 왼쪽 무릎 부분의 움직임도 최소한으로 유지시켜야 함을 염두에 둔다. 하반신의 움직임을 이처럼 자제하는 대신 왼쪽 어깨는 최대한으로 회전시키면서 백스윙을 한다.

또 다운스윙에서는 먼저 왼쪽 무릎 부분을 목표 방향으로 되돌려 주면서, 이에 따라 오른쪽 무릎 부분도 같은 간격을 유지시키면서 임팩트를 향하도록 한다.

이렇게 해주게 되면 양쪽 무릎이 목표선에 대해 완전 평행을 유지하며 같은 간격으로 움직이게 되고, 임팩트가 지난 후에야 비로소 오른쪽 무릎 부분이 왼쪽 무릎 부분 쪽으로 빨려들듯이 붙게 되는 것이다.

이렇게 완벽하게 되었을 때, 비로소 체중 이동이 완성되는 것이며, 비거리도 얻을 수 있게 된다.

NOTE 풋워크(footwork) : 스윙시보다 더 강한 힘을 내기 위해 하체를 사용하는 것.

슬라이드 다운(Slide Down) 요령

슬라이드 다운을 해줌으로써 체중을 확실하게 왼쪽으로 이동시킬 수 있다.

일반적으로 대부분의 스포츠는 오른쪽을 주로 사용한다. 그러나 골프만은 오른쪽보다는 왼쪽을 더 중요시하며 왼쪽을 더 많이 사용하기를 권하고 있다. 그것은 골프가 다른 운동과는 달리 제자리에서 몸의 회전으로 인해 공을 똑바르고 정확하게 보내야 하기 때문이다.

백스윙의 정상에서 다운스윙의 시작은 왼발 뒤꿈치의 착지로부터 시작된다. 이는 백스윙 때에 들어올려졌던 왼발 뒤꿈치를 다운스윙의 시작과 함께 제일 먼저 땅에 도로 갖다 붙인다는 것을 의미한다.

백스윙 때의 힐업(heel-up)은 정도의 차이는 있겠지만, 자신은 비록 힐업을 하지 않는다고 생각하더라도 다운스윙에서는 제일 먼저 힐다운(heel-down)을 해주어야 한다.

이것을 굳이 설명하려는 이유는 올바른 슬라이드 다운(slide down)을 해주기 위해서는 이와 같은 동작이 선행되어야 하기 때문이다. 만일 이와 같은 동작을 무시하고 그자리에서 슬라이드 다운을 한다고 스윙을 하게 되면 자칫 스핀아웃(spin-out) 현상이 일어나게 된다.

그러므로 다운스윙의 시작 단계에서는 왼발 뒤꿈치의 착지에 이은 슬라이드 다운으로 오른발 무릎 쪽에 모여 있던 체중을 왼발 무릎 쪽으로 확실하게 이동할 수가 있다.

일반 골퍼들 가운데에는 다운스윙의 첫 단계인 슬라이드 다운을 제대로 하지 못하는 경우가 종종 있다. 그것은 다운스윙에서 왼쪽 허리를 언제까지나 왼쪽으로 빼려고 하는 잘못된 동작을 하고 있기 때문이다.

즉, 왼쪽 허리를 너무 왼쪽으로 슬라이드한 채 그대로 공을 때리게 되므로 푸시아웃(push-out)이 되거나 생크(sank)로 연결될 수 있게 된다.

이를 방지하기 위해서는 왼쪽 허리 부분이 계속해서 밀리는 것을 막아주면서 체중 이동이 이루어졌다고 생각되는 지점에서 허리의 회전이 이루어져야 한다.

NOTE 힐업(heel-up) : 왼발 뒤꿈치를 들어 주는 것.
슬라이드 다운(slide down) : 다운스윙시 하체가 목표선으로 일치되게 밀리듯이 스윙을 리드하는 것.
푸시아웃(push-out) : 공이 목표선에 대해 오른쪽 방향으로 곧장 날아가는 것.
생크(sank) : 공이 클럽의 안쪽 부분에 맞아 엉뚱한 방향으로 날아가는 것.

스웨이(Sway) 방지

몸의 좌우 스웨이 현상을 막기 위해서는 백스윙과 다운스윙시 오른발과 왼발 바깥쪽에
스틱을 세워놓고 스윙 연습을 하면 된다.

골프에 있어서 몸의 스웨이는 크게 세 가지로 구분할 수 있다. 즉, 몸이 좌우로 흔들리는 것, 몸이 상하로 높고 낮아지는 것, 그리고 몸이 앞뒤로 흔들리는 것을 모두 통틀어서 몸의 스웨이(sway)라고 한다.

그중에서도 몸이 좌우로 흔들리는 현상이 가장 두드러진다고 볼 수 있다. 즉, 백스윙을 시작하면서 몸이 우측으로 밀렸다가 다운스윙을 하면서 다시 좌측으로 밀리는 것을 의미한다.

백스윙의 스웨이도 나쁘지만 다운스윙 때의 스웨이도 좋지 않다. 백스윙을 하면서 오른쪽 허리가 오른쪽으로 밀리면서 몸이 흔들리게 되면, 우선 백스윙의 최대 목적인 상체의 꼬임을 이룰 수가 없게 된다. 백스윙 때에 힘을 생산하여, 그 생산된 힘을 오른쪽 무릎 부분에 모아야 하는데 그렇지가 못하여 힘찬 스윙을 기대할 수가 없다.

반대로 다운스윙에서 왼쪽 허리가 뒤로 밀리면서 스웨이가 되어 버리면, 공은 푸시아웃이나 생크 현상으로 연결되어지기 쉬울 뿐만 아니라, 형편없는 샷으로 발전될 가능성이 높다.

그러므로 스웨이는 꼭 피해야 할 하나의 금기 사항이라 하겠다. 백스윙에서 스웨이를 방지하기 위한 훈련법은 오른발의 바깥쪽에 클럽의 샤프트를 하나 꽂아놓고 스윙 도중 몸이 클럽의 샤프트에 닿지 않게 유의하는 방법이다.

또 이와는 반대로 다운스윙 때의 몸의 스웨이를 막기 위한 방법으로도 이런 방법을 이용하면 될 것이다. 이때에도 왼발 바깥쪽에 클럽의 샤프트를 하나 꽂아놓고 스윙을 하면서 몸의 왼쪽 허리 부분이 클럽의 샤프트에 닿지 않게 주의하는 것이다.

특히 여기에서 주의해야 할 것은, 몸을 제자리에서만 너무 지나칠 만큼 회전시키면서 스윙을 하게 되면 체중이 왼발 쪽으로 가지 못한 상태에서 스윙을 이루게 되면서 스핀아웃(spin-out) 현상이 일어나게 되므로 유의해야 한다.

따라서 위에서 설명한 방법들은 다운스윙 때 자신의 몸이 왼쪽으로 얼마나 밀리고 있나를 본인 스스로가 확인할 수 있는 좋은 방법이라 할 수 있다. 또한 이것을 반복하다 보면 자연히 몸의 스웨이 현상을 막을 수가 있을 것이다.

NOTE | 스핀아웃(spin-out) 현상 : 몸의 중심이 왼쪽으로 가지 못하고 뒤쪽으로 넘어지는 현상.

PART 4

임팩트
IMPACT

임팩트(Impact)의 올바른 이해

　멋있는 골프를 즐기기 위해서는 시간이 허락하는 대로 자주 클럽을 잡아 주는 것이 좋다.

　매일 10분씩 연습을 해주는 것은, 일주일에 한 번 60분 동안 연습하는 것보다 훨씬 효과가 크다. 하루에 한 번씩이라도 골프 클럽을 잡고 휘둘러 주거나 연습을 해주는 것이 일주일 내내 연습을 하지 않다가 주말에 연습장에서 오랫동안 연습을 해주는 것보다 효과가 크다는 뜻이다.

　공을 올바르게, 그리고 똑바로 보내기 위해서는 공을 맞히는 임팩트 순간에 동작의 일관성이 있어야 한다. 그러기 위해서는 임팩트 순간의 동작을 어드레스를 재현해 주는 느낌으로 그 모양을 만들어 주어야 한다. 그래서 임팩트 순간을 어드레스 자세의 재현이라고 말하기도 한다.

이처럼 공을 맞히는 임팩트 순간을 어드레스 때와 똑같이 재현할 수 있으면 공은 어김없이 똑바르게 날아가게 되어 있다. 그러나 어려움은 이론과 현실이 딱 맞아떨어지지 않는 데 있다.

우리는 여기에서 어드레스 때의 자세를 재현하라는 말을 잘 이해할 필요가 있다. 어드레스 때의 자세를 재현하라고 하여 백스윙을 했다가 어드레스 때와 똑같은 모양을 만들라는 뜻은 결코 아니다.

상체의 어깨 부분과 머리, 그리고 하체의 양쪽 무릎 부분은 어드레스 때의 자세를 재현시켜 주지만, 허리 부분은 몸의 체중 이동을 위해서 상당히 회전되야 하는 부분이 다르다고 할 수 있다. 그런 후에 양팔을 계속해서 목표 방향으로 뻗어 주기만 하면 자연스런 폴로스루 동작으로 이어지게 되는 것이다.

그림에서와 같이 자신의 임팩트 순간의 동작을 머릿속에 기억해 두었다가 실제 스윙을 해보라. 그리고 실제 스윙을 할 때에 백스윙을 했다가 임팩트 순간에 공의 위치에서 멈추어 보라.

이때의 동작이 자신의 어드레스 때와 똑같은 모양이 되면서 허리 부분만 왼쪽으로 회전되고 체중이 왼발에 실려 있는지 확인해 보면 될 것이다. 이 동작을 반복하여 연습을 한 후 실제 스윙에 적용할 수 있다면, 좋은 결과를 기대하는 것도 결코 무리가 아니다.

NOTE | 임팩트(impact) : 클럽헤드와 공이 부딪히는 순간, 즉 공을 맞히는 순간.

스윙(Swing)의 벽

왼쪽 다리와 허리, 어깨가 벽이다.

 골프를 왜 하느냐는 질문에는 크게 두 가지의 답변을 할 수 있다. 첫째는 골프를 통해 사람들과 교제를 하기 위해서이며, 둘째는 더욱더 잘 치기 위하여 골프를 중단하지 않고 계속하는 것이라고 하겠다. 어떤 동기에서 골프를 하든 기왕이면 잘하고 싶은 마음은 누구에게나 공통된 바람일 것이다.

 골프의 스윙은 기본을 바탕으로 한다. 이 기본이 얼마만큼 잘되어 있느냐에 따라서 성취도가 결정된다. 기본 동작은 골프를 처음으로 시작하는 초보자에게만 필요한 것이 아니라, 싱글 골퍼나 프로 골퍼라 할지라도 정기적으로 연습해야 한다.

이러한 기본 동작에는 여러 가지가 있을 수 있으나, 이번에서는 임팩트 순간에 왼쪽에 벽을 만들어 주는 것에 대해 알아보기로 한다.

백스윙을 할 때에는 오른쪽 다리를 축으로 몸이 꼬이게 되면서 상체를 회전하게 되는데, 이때(백스윙)의 스윙의 벽은 오른쪽이 된다. 그러나 다운스윙이 시작되면서부터 스윙의 축과 벽은 왼쪽으로 이동하게 된다. 만약 스윙의 축과 벽을 무시한 채로 다운스윙을 하게 되면, 몸이 왼쪽으로 밀리는 스웨이 현상이 생기게 될 것이다.

스윙의 축과 벽에 대하여 확실하게 이해하려면, 다운스윙의 올바른 순서와 동작을 잘 이해하고 있어야 한다.

백스윙의 정상에서 다운스윙의 시작은 왼발 뒤꿈치의 착치를 시작으로 왼발로 단단히 지면을 눌러 주고, 그 무릎 위에 체중을 옮겨 주면서 중심이동을 해주고, 그후에는 왼쪽 허리의 빠른 회전으로 상체와 팔을 공을 향해 끌어내려 주어야 한다.

이때 왼쪽 다리와 허리, 그리고 왼팔과 어깨 부분이 모두 일치되면서 하나의 벽을 쌓아 주게 된다. 왼발의 무릎이 펴진 상태가 되어야 하며, 왼쪽 어깨 부분이 약간 위로 올라가는 듯이, 이때의 느낌은 몸이 약간 일어서는 듯한 기분이며, 머리는 반드시 공의 뒤쪽에 남겨두어야만 올바른 동작이 이루어지게 된다.

왼팔의 중요성

임팩트시 왼팔이 구부러져 있으면 안 된다.

골프는 그 사람의 성격을 잘 나타내 주는 운동인 것 같다. 즉, 골프를 하는 사람을 크게 두 가지로 구분할 수 있는데, 첫째는 흥분을 잘하는 타입이며, 둘째는 너무 위축되는 타입이다.

흥분을 잘하는 타입은 기분에 좌우되기 쉬울 뿐만 아니라, 너무 열중하여 힘을 과하게 쏟는 나머지 큰 낭패를 보기 십상이다. 또 위축되는 타입은 골프를 왠지 어렵게 생각하여 소극적인 자세로 임하다 보니 그만 실패하고 만다.

  그러나 골프는 너무 흥분해서도, 혹은 너무 소극적이어서도 곤란하다. 항상 욕심을 버리고 가벼운 스윙을 하면서, 자신감을 가지고 과감하게 게임을 이끌어 나가야 할 것이다.

  골프에 있어서 왼팔은 상당히 중요한 부분이다. 일반 골퍼들 중에는 백스윙 때 왼팔을 잘 펴주지 못해서 좋은 샷을 하지 못하는 경우가 허다하다. 그러나 비록 백스윙 때에 왼팔을 잘 펴주지 못했다 하더라도 임팩트 순간에 왼팔을 잘 펴주면 별문제가 없을 수도 있다.

  이러한 관점에서 본다면, 임팩트 순간에 왼팔을 펴는 것이 무엇보다도 중요한 사항임에 틀림없다.

  몸이 비대하거나 몸의 회전이 자연스럽지 못하여 백스윙 때 왼팔을 약간 구부린다 하더라도, 어깨의 회전이 부족하지 않도록 유의해야 한다.

  다운스윙은 하체의 리드와 허리의 빠른 회전으로 이루어져야 한다. 만약 백스윙 때 왼팔을 구부렸다 하더라도 임팩트 순간에는 왼팔을 공을 향해 펴주는 올바른 동작을 습득한다면 쉽게 극복할 수 있을 것이다.

  백스윙의 정상에서 다운스윙을 시작할 때 백스윙 때에 이루었던 손목의 코킹 상태를 잘 유지하다가 그립 부분이 오른쪽 허벅지 부분에 왔을 때부터 손목의 코킹을 풀어 주면서 왼팔도 공을 향해 일직선이 되게 펴주면 될 것이다.

  이러한 동작을 올바르게 해주기 위해서는 백스윙의 정상에서부터 공을 때린 후까지 왼팔이 리드하는 느낌으로 스윙을 해주는 것이 좋으며, 폴로스루는 낮고 길게 해주려고 하는 것이 바람직하다. 이렇게 해주게 되면 자연히 양팔이 잘 펴진 상태에서 공을 치고 빠져나가게 되므로 왼팔도 쉽게 펴질 수 있게 된다.

머리의 위치

지나친 머리 고정 의식이 스윙을 방해한다.

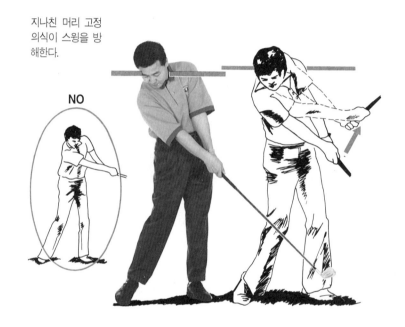

NO

 골프의 스윙은 그 사람의 체형이나 성격에 따라서 상당히 다르게 나타나게 된다. 프로 골퍼라 할지라도 그 스윙 모양이 각기 다른 것은 그것을 뒷받침해 주는 좋은 예이다.

 그런 이유에서 보면 골프의 스윙에 관한 이론이 한 가지로 통일되지 않고 여러 가지 이론이 있음에 이해가 될 것이다. 만약 어떤 특정적인 기술에 대하여 문의해 오면, 어떤 것이라고 꼬집어서 대답해 주기가 쉽지 않음도 같은 이유에서이다.

 그러나 아무리 체형이나 성격이 다르다 할지라도 반드시 지켜야 할 기본이 있는 것이며, 그중의 하나가 바로 머리의 위치라 하겠다.

머리의 위치 역시 어드레스를 취했을 때에는 약간씩 다르게 나타나기도 한다. 잭 니클라우스 같은 선수는 머리를 오른쪽으로 돌려 주면서 자세를 취한다. 또 요즘의 유명 치팅 프로들은 머리를 정면에 두어야 한다고 주장하고 있다.

머리를 오른쪽으로 돌려서 어드레스를 취했든, 정면에 두고 자세를 취했든 크게 잘못된 것은 없다. 이는 백스윙을 시작하면서 자연스럽게 머리를 오른쪽으로 돌려 주어야 하기 때문이다.

또 이렇게 돌려진 머리의 위치는 임팩트와 폴로스루 과정까지 그자리를 지켜 주어야 한다.

일반 골퍼들이 백스윙 때에 저지르기 쉬운 실수 중의 하나는 머리의 지나친 고정이라 할 수 있다. 머리가 움직이면 안 된다고 하여 너무 한자리에 고정을 시키려 한다면 상체가 회전하지 못하고 그만 왼쪽 어깨가 내려가는 이상한 모양을 하게 된다.

그러므로 어드레스 때 머리의 위치는 백스윙을 하는 과정에서 조금 오른쪽으로 돌려 주는 듯하면서 백스윙을 이루고, 약간 오른쪽으로 돌려져 있는 머리의 위치를 그대로 유지하면서 다운스윙과 임팩트, 그리고 폴로스루까지 스윙을 이루게 되면 자연히 머리도 공의 뒤쪽에 남게 된다.

이때 가장 중요한 것은 눈의 시선과 얼굴의 단면이다. 눈의 시선은 양쪽 눈으로 공의 정면을 주시하고, 얼굴의 단면이 어드레스 때 이루었던 지면과의 평행선을 임팩트와 폴로스루가 끝날 때까지 지켜 주어야 한다.

손목의 바른 사용

NO

하나의 목표를 가지고 일을 하게 되면 그 일은 반드시 이루어질 것이다. 그러나 아무런 목표도 없이 무의미하게 일을 하게 되면 얻어지는 것은 하나도 없으며, 괜히 시간과 노력만 낭비한 결과를 초래하게 된다. 골프 역시 하나의 목표를 가지고 연습에 임하거나 게임에 임할 때 항상 좋은 결과가 나타나게 된다.

일반 골퍼들이 느끼기 가장 힘든 것 중의 하나는 손목의 롤(roll)이다. 백스윙의 정상에서 다운스윙과 임팩트를 이루는 사이에 손목의 롤이 이루어져야 하는데, 왠지 전혀 느껴지지 않는다고 불평을 하는 것을 볼 수

176

있다.

이것을 극복하려면 무엇보다도 먼저 손목 사용의 올바른 동작을 알아두어야 한다. 손목을 사용하여 공을 치기 위해 손목이 좌우로 움직이는 것을 힌지(hinge)라고 하고, 또 손목이 상하로 움직이는 것을 코킹(cocking)이라고 한다.

이렇게 두 가지를 두고 볼 때, 손목의 힌지는 공을 퍼올리는 동작에 불과하다. 즉, 스쿠핑(scooping)을 말하는 것이다. 이러한 스윙을 하게 되면 공을 퍼올리듯 공을 때리게 되므로, 공의 앞쪽을 파주는 디벗(divot)이 전혀 생기지 않는다.

그렇지 않으면 공의 뒤쪽을 치거나 공의 중간 부분을 때리게 되어 미스 샷으로 연결되므로, 손목을 좌우로 사용하는 힌지는 좋은 방법이라 할 수 없다.

올바른 동작은 손목이 상하로 움직이는 코킹이다. 어드레스에서 백스윙을 하는 과정에서 손목이 자연스럽게 상하로 움직이면서 코킹을 이루게 된다. 이때 이루었던 코킹 상태를 다운스윙과 임팩트 직전까지 끌어내려 주고 임팩트 순간에 릴리스시켜 주면 손목의 회전이 자연스럽게 이루어지게 된다.

이렇게 스윙을 하게 되면 자연히 낮고 긴 폴로스루로 연결되면서 올바른 손목의 회전이 이루어지게 된다. 인위적으로 손목을 돌려 줄 필요는 없지만, 처음에는 약간 손목을 돌려 주면서 공을 감아치는 듯 스윙 연습을 해주게 되면, 나중에는 거의 감각적으로 손목의 회전이 이루어지게 된다.

> NOTE 디벗(divot) : 클럽헤드가 공을 맞힌 후 계속해서 땅을 어느 정도 파고 지나간 자국.

스윙(Swing)의 느낌

숏아이언   드라이버

아이언 샷의 경우, 임팩트의 느낌은 크게 두 가지로 나눌 수 있다.

그 첫째는 클럽헤드를 공을 향해 찍어 주는 느낌을 말하고, 둘째로는 클럽헤드를 공을 향해 뿌려 주는 느낌이다. 이 두 가지 방법 모두 올바른 방법들 중에서 고른 것이라 할 수 있다.

그러나 위의 두 가지 방법 중에서 어느 한 가지만 택할 것이 아니라, 두 가지를 복합한 방법, 즉 찍어서 뿌려 주는 방법을 배우는 것이 좋을 것 같다.

임팩트 순간에 클럽헤드가 공을 찍어만 주고 공을 스루(through)해 주지 못하면, 결국 펀치 샷 같은 샷을 하게 되어 공을 힘차게 맞힐 수는 있지만, 실제 비거리는 얻지 못하게 될 것이다.

또 반대로 공의 밑부분을 쳐주지 못하고 공만 스루(through)해 주게 되면 비거리는 얻을 수 있을지 몰라도 토핑을 하거나 혹은 공에 스핀(spin)이 걸리지 않게 되어 그린을 넘어가 버리는 경우가 생길 것이다.

그러므로 아이언 샷의 임팩트 순간의 느낌은 공을 찍어서 뿌리쳐 던져 주는 방법이 가장 이상적이다.

그러나 이것 역시 클럽의 길이에 따라서 조금씩 달라질 수 있다.

클럽의 길이가 짧은 것은 자연히 클럽헤드가 일찍 지면에 도착하기 때문에 찍어서 던져 주는 느낌이 많이 들게 되고, 클럽의 길이가 긴 롱아이언이나 드라이버 같은 것은 찍어서 치는 느낌보다는 쓸어서 뿌리쳐 주는 느낌이 더 많이 들게 된다.

다시 한 번 정리해 보면, 롱아이언부터 드라이버까지는 휘둘러 뿌리치듯이 하여야 하며, 숏아이언은 찍어서 던져 주는 느낌이고, 미들아이언은 찍어서 뿌리치듯 던져 주는 느낌이면 훌륭하다고 볼 수 있다.

임팩트(Impact) 직후의 올바른 동작

유명한 복싱선수가 남긴 말 중에서 "나비처럼 날아서 벌처럼 쏜다."라는 말이 있다. 이 말 역시 골프의 스윙과 연관시켜 볼 수 있겠는데, "가볍게 들어서 힘차게 쳐라."는 말이다.

즉, 스윙은 부드럽게 해주고, 임팩트는 강하게 해주라는 뜻이다.

골프의 스윙은 테이크백(takeback)에서부터 피니시(finish)까지 하나의 연속 동작으로 리듬 있게 행해져야 한다. 어느 한 부분에 별도의 힘이 들어가서는 안 된다는 뜻이다.

임팩트는 클럽페이스와 공이 만나는 하나의 점에 불과하다. 그러나 여기에 신경을 집중하여 공을 맞히려다 보면 별도의 힘이 더 들어가게 된다.

만약 임팩트 때에 힘이 별도로 많이 들어가 버리면 스윙이 틀려지거나, 혹은 미스 샷으로 연결될 소지가 많으므로 주의하여야 하며, 스윙은 물이 흘러가듯 부드럽게 이루어져야 함을 명심해야 한다.

그런 이유에서 임팩트 순간을 하나의 점으로 생각하지 말고, 공이 지나가는 지역으로 생각하면서 약 10~20㎝ 정도 앞쪽으로 클럽헤드가 스무스하면서도 날카롭게 빠져나가도록 폴로스루(follow-through)해 주어야 한다.

이렇게 해주면 임팩트 순간에 별도의 힘이 들어가는 것을 막을 수 있게 된다. 만약 임팩트 순간에 필요없는 힘이 들어가게 되면, 오른쪽 어깨가 불쑥 앞쪽으로 튀어나오게 되면서 왼쪽 어깨 부분이 일찍 열리게 되므로 슬라이스(slice) 현상이나 형편없는 샷을 할 수밖에 없다.

그러므로 임팩트 순간을 하나의 공과 클럽헤드가 만나는 지점으로 생각하고 공의 10~20㎝ 앞쪽까지 클럽헤드가 확실히 치고 빠져나간다는 생각을 가지고 스윙을 하는 것이 좋다.

골프 스윙은 공을 때리는 히트(hit)가 아니라 스윙(swing), 즉 클럽을 휘둘러 주는 것이라는 점을 명심해야 한다.

임팩트(Impact) 순간의 느낌

임팩트 순간을 「통과점」으로 간주, 앞쪽 20㎝ 지점까지 클럽헤드가 지나가도록 스윙을 해줘야 최고의 속도를 얻을 수 있다.

골프는 마인드 게임(mind game)이라고 한다. 즉, 스윙은 몸으로 하지만 스코어는 마음으로 만든다는 뜻이다. 스윙은 환상이고 스코어는 현실이다. 일반 골퍼들 중에서 공은 제대로 맞히는데, 왠지 비거리가 나지 않는 것을 종종 보게 된다. 이는 잘못된 임팩트에 대한 이해 때문에 그릇된 방법으로 스윙을 하고 있기 때문이다.

먼저 임팩트의 순간에서부터 피니시 동작까지를 올바르게 알아둘 필요가 있다.

백스윙의 정상에서 다운스윙을 통해 끌려 내려오는 클럽헤드의 스피드는 히팅 에어리어(hitting area)를 지나가는 순간에는 최대한의 가속도가 붙어야 한다. 그래서 백스윙의 정상에서 출발한 클럽헤드는 피니시 동작이 끝나는 지점이 종점이 되는 것이다. 그러므로 임팩트 순간을 클럽헤드가 지나가는 '통과점'이라 생각해야 한다.

즉, 백스윙의 정상에서 출발한 클럽헤드의 스피드는 점점 빨라져서 임팩트의 위치를 지나가는 순간에는 그 스피드가 절정에 달해 최대한의 가속도가 붙어야 하며, 그 가속도는 피니시의 동작이 끝나기 전까지 이어져야 한다. 이렇게 했을 때 임팩트의 순간은 클럽헤드가 지나간 '통과점'이되는 것이다.

클럽헤드가 임팩트 순간 최대한의 스피드를 내게 하는 연습 요령은 자신의 왼발 20㎝ 앞쪽에 또 다른 공이 하나 더 있다고 가정하고, 임팩트의 순간에 원래의 공과 가상의 공을 동시에 친다는 느낌으로 클럽헤드가 치고 빠지면 클럽헤드는 최고의 속도를 내면서 히팅 에어리어를 지나가게 된다.

단, 여기서 유의하여야 할 것은 머리의 위치이다. 머리가 공의 위치를 넘어 왼쪽으로 움직이게 되면 아무 소용이 없다. 그러므로 임팩트 순간에는 머리를 반대쪽, 즉 오른발 뒤쪽으로 빼는 것이 좋다.

이는 결국 원심력을 최대화시키는 데 그 목적이 있다고 말할 수 있다. 즉, 가볍게 백스윙을 이루고 힘차게 공의 앞쪽 20㎝까지 치고 피니시까지 빠져나가는 것은 원하는 비거리를 얻을 수 있는 방법이 될 것이다.

NOTE 히팅 에어리어(hitting area) : 공을 맞히기 바로 직전의 20㎝ 정도의 거리와 공을 맞힌 후 클럽헤드가 빠져 나가는 20㎝ 정도의 지점.

임팩트(Impact)시 왼발 사용법

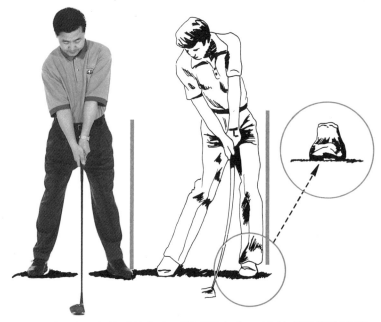

임팩트시 왼쪽 발로 지면을 확실히 밟고 왼쪽 무릎이 옆으로 밀리는 것을 막아 주어야
보다 강력한 힘을 실어 줄 수 있다.

골프에서 흔히 들을 수 있는 말로 "올바른 스윙을 하기 위해서는 임팩
트 순간, 몸의 왼쪽 사이드에 벽을 쌓아 주어야 한다."는 말이 있다. 이
렇게 해주는 것은 원하는 비거리를 낼 수 있는 방법이기도 하다.

이는 참으로 옳은 말이다. 필자의 경험으로 볼 때에도 임팩트에서 필요
이상으로 하체를 사용한다거나 혹은 왼쪽 허리 부분을 너무 일찍 오픈시
켜 버렸을 때, 확실히 비거리가 나지 않았다.

왜냐하면 스윙을 이루는 과정에서 스윙의 축이 움직이는 것은 금기사항이기 때문이다. 스윙 축의 움직임이 없어야지 올바른 체중 이동을 할 수 있을 뿐만 아니라, 클럽헤드의 스피드 또한 상승시킬 수 있게 되므로 상당한 파워를 낼 수 있다.

여기에서 우리는 왼발의 중요성을 쉽게 발견할 수 있다. 어드레스 때 몸의 체중은 발끝이나 발뒤꿈치 쪽에 체중이 실리는 것이 아니라, 양발의 엄지발가락 뿌리 부분이나 발바닥의 움푹 들어간 곳에 싣게 되어 있다.

그리고 임팩트는 어드레스의 재현이라고 표현할 수 있다. 그러므로 왼발은 어드레스에서 백스윙을 이룬 다음, 다운스윙의 시작과 동시에 어드레스 때의 모양으로 되돌려 놓아야 하는 것이다. 즉, 어드레스 때 몸의 체중이 엄지발가락 뿌리 부근에 실려 있던 것을 임팩트 순간에 같게 해주어야 한다는 뜻이다.

이렇게 해주게 되면, 왼발의 엄지발가락 부분에 힘이 들어가게 되면서 지면을 확실히 밟아 주게 되어 왼쪽 무릎이 옆으로 밀리는 것을 막아 주게 된다.

또 다운스윙 때 오른쪽에서 왼쪽으로 넘어가는 강력한 힘과 체중도 거뜬히 받쳐 줄 수가 있는 것이다. 이것이 바로 왼쪽 사이드 쪽에 벽을 쌓는다는 의미와 같은 것이다.

스윙(Swing)의 요령

공을 맞힌 뒤에도 스윙은 계속하라.

임팩트 순간에 어떤 동작을 하느냐에 따라서 공이 슬라이스(slice)가 나거나 혹은 훅(hook)이 나게 된다. 그런 관점에서 본다면 임팩트는 스윙의 모든 것을 결정짓는 중요한 순간이라 할 수 있다.

슬라이스 구질의 샷에 시달리는 골퍼들의 대부분은 임팩트 순간에 몸이 왼쪽으로 심하게 밀리거나, 그렇지 않으면 클럽페이스가 오픈된 상태에서 공을 맞히게 된다.

반대로 심한 훅성 구질의 샷에 시달리는 골퍼들의 대부분은 다운스윙 때 하체가 상체를 끌어내리듯 하체의 리드로 다운스윙을 시작하여야 함에도 불구하고, 오른쪽 어깨가 엎어져 내려오면서 그만 손으로 때리는 스윙을 하게 된다.

그 때문에 클럽헤드가 아웃사이드에서 인사이드로 움직이게 되어 공을 끌어당기듯 스윙을 하게 되는 것이다.

대부분의 일반 골퍼들은 공을 치고 난 후에 스윙의 뒷처리를 제대로 해주지 못하는데, 그런 점이 더 많은 잘못으로 이어지는 경우가 많다. 공만 잘 때리면 그만이지 그 다음 동작이 뭐가 그렇게 중요하냐고 반문할지도 모르지만, 그것은 매우 위험한 생각이다.

골프의 스윙은 공을 치고 난 후 반드시 폴로스루, 피니시 과정을 거쳐야만 완성된 일련의 연속 동작이 이루어지게 된다.

임팩트 순간에 스윙의 동작을 끝내 버리거나, 또 체중 이동을 제대로 해주지 못하여 몸이 뒤쪽으로 넘어지거나, 피니시를 흐지부지하면 좋은 샷을 기대할 수가 없게 된다.

또 임팩트 순간에 머리의 위치는 상당히 중요하다. 어드레스 때 머리가 이루었던 모양을 임팩트 순간에는 반드시 원위치시켜야 한다.

그러기 위해서는 얼굴의 단면이 항상 지면과 수평 관계를 유지해 주면서 어드레스에서부터 백스윙, 다운스윙, 임팩트, 폴로스루까지 스윙을 이루어 주어야 하고, 피니시 동작에서 목표를 향해 얼굴을 들어 주면 된다. 이것은 헤드업(head-up)을 방지하는 요령이기도 하다.

NOTE 헤드업(head-up) : 임팩트 순간에 머리를 들거나, 스윙 도중에 머리를 드는 것.

PART 5

폴로스루

FOLLOW-
THROUGH

폴로스루(Follow-through)의 올바른 이해

　폴로스루는 클럽헤드의 무게를 이용하여 낮고 길게 해주는 것이 좋다. 그렇게 해주면 임팩트 순간에 클럽헤드가 공을 때린 힘을 더 오랫동안 지속시켜 줄 수가 있게 된다.

　이와 같이 폴로스루를 낮고 길게 해주기 위해서는 먼저 백스윙 때 테이크백(takeback) 또한 낮고 길게 해주어야 한다. 이는 백스윙 때와 폴로스루 스윙 때 스윙이 양쪽으로 대칭되게 해주기 위해서이며, 또한 낮고 긴 테이크백이 스윙의 스피드를 증강시켜 주면서 낮고 긴 폴로스루 스윙을 해주기 유리하기 때문이기도 하다. 그러나 이러한 스윙은 우선 자연스런 동작에서 이루어져야 한다.

또 백스윙 때에는 낮고 길게 테이크백을 해주면서 상체를 충분히 꼬아 백스윙의 정상을 이루고, 이때 오른쪽 허벅지 부분에 모인 힘을 왼쪽 하체의 좋은 리드로 체중을 옮겨 주면서 다운스윙을 해주게 되면 폴로스루는 자연스럽게 낮고 길게 이루어지게 된다.

그러나 폴로스루를 낮고 길게 해주려고 인위적으로 팔을 쭉 뻗어서 폴로스루를 하려고 해서는 안 된다. 폴로스루는 자연스럽고 부드러워야 하며, 클럽헤드의 무게를 이용한 원심력을 이용하는 것이 가장 좋은 방법이다.

클럽의 길이가 길면 길수록 폴로스루는 반드시 길게 해주어야 하며, 길이가 짧은 클럽의 경우에는 구태여 너무 길게 하려고 할 필요는 없다.

왜냐하면 길이가 짧은 클럽은 다운스윙시에 클럽이 떨어지면서 다운블로로 공을 치게 되기 때문이다. 클럽헤드가 내려가는 단계에서는 이미 공을 때렸기 때문에, 낮고 길며 억지로 하는 폴로스루는 필요하지가 않기 때문이다.

그러나 긴 클럽은 공의 앞쪽 10~20cm까지의 낮은 폴로스루는 반드시 필요하므로 유의하여야 한다. 길이가 긴 클럽은 스윙을 쓸듯이 해야 하고, 클럽을 휘두르듯 뿌리치는 스윙을 해야 하므로 자연히 폴로스루는 낮고 길게 할 수밖에 없다.

스윙의 흐름을 자연스럽게 하면서 스무스하면서도 힘있는 스윙을 하여야 하므로 클럽헤드를 목표 방향을 향해 힘차게 뿌리치듯 스윙을 해야 한다. 폴로스루에서 피니시까지의 동작들은 체중 이동을 완전히 하기 위하여 연속되는 동작이므로, 반드시 피니시까지 해주어야 한다.

NOTE 폴로스루(follow through) : 공을 맞힌 클럽헤드가 계속해서 목표 방향으로 빠져나가도록 하는 동작.

191

스윙(Swing)의 힘

　골프의 스윙은 몸을 꼬았다가 이를 푸는 동작에 의해 공을 쳐내는 것
이 정상이다.

　이는 몸의 회전력으로 공을 때려야 한다는 것이다. 팔만 휘둘러서 공을
쳐내려고 하면 상대적으로 몸의 회전이 적으므로 비거리가 줄고 미스 샷
이 나올 확률도 높아진다. 몸은 그냥 둔 채로 양팔을 아무리 크게 휘두른
다 하더라도 공은 멀리 날아가지 않을 것이다.

스윙은 우선 몸의 회전에 의해 이루어져야 하고, 거기에 양팔이 부수적으로 작동하면서 공을 쳐야 제대로 맞게 된다. 즉, 팔 위주의 스윙이 아니라 몸 위주의 스윙에 팔이 보조를 맞춰 주어야 한다는 뜻이다.

그러므로 양팔을 필요 이상으로 사용하여 스윙을 하게 되면 허리의 회전이 잘되지 않고 몸의 코일이 적게 되어 단순히 팔만 위로 올라가는 잘못된 자세가 되고 만다.

뿐만 아니라 크게 휘두르면 휘두를수록 백스윙 때에 오른쪽 허리가 뒤쪽으로 빠져 버리게 되면서 오버스윙 현상이 생기게 되기도 한다.

따라서 스윙을 할 때 팔만 크게 휘두르겠다는 생각보다는 차라리 몸을 빨리 회전시켜 주면서 팔을 크게 휘두르겠다는 생각이 더 효과적인 스윙을 할 수 있는 방법일 수도 있다.

백스윙은 팔로 시작하고, 다운스윙은 몸으로 시작하는 것이 순서이다. 따라서 지나치게 팔로만 스윙을 하려다 보면 실수가 생기게 되는 것이다. 그러므로 스윙은 몸의 회전으로 하며, 양팔은 그 스윙에 보조를 맞춰 주는 느낌으로 한다.

백스윙은 클럽헤드의 움직임을 시작으로 낮고 길게 해주고, 상체를 충분히 꼬아 준 후 몸의 빠른 회전으로 다운스윙을 리드하면 자연히 스윙의 올바른 순서도 지키게 되면서 몸의 회전력을 이용한 스윙을 하게 되어 비거리도 상당히 많이 얻을 수 있게 될 것이다.

양팔의 올바른 동작

두 팔을 목표를 향해 뻗어 줘라.

스윙의 순서를 올바르게 지켜 주는 것은, 임팩트 때에 보다 강한 힘과 정확한 방향을 얻을 수 있게 해준다. 여기에서의 스윙의 순서란 백스윙에 서는 클럽헤드의 움직임을 시작으로 손, 팔, 어깨, 그리고 허리까지 연결 하게 된다.

그러나 다운스윙은 백스윙의 '역순'이라는 것은 꼭 알아두는 것이 좋다. 그러므로 다운스윙은 왼쪽 무릎의 리드로 체중을 왼쪽으로 옮겨 주면서 허리, 어깨, 팔, 손, 마지막으로 클럽헤드가 공을 맞히게 되는 것이다.

만약 한 부분에서라도 앞서 동작을 하거나 서둘게 되면 스윙을 망치게 되고 만다.

일반 골퍼들은 이러한 스윙의 동작 순서를 잘못함으로써 좋은 샷을 하지 못하는 경우가 많다. 즉, 다운스윙의 시작인 왼쪽 허리의 움직임이 있기 전에 양 어깨와 양손으로 다운스윙을 미리 시작해 버리는 경우이다. 그래서 항상 다운스윙의 시작은 왼쪽 허리의 회전을 시작으로 상체가 끌려 내려오면서 스윙을 해야 하는 것임을 명심한다.

스윙은 임팩트 순간을 지나면 폴로스루로 계속해서 연결되는데, 폴로스루는 공을 때린 후 클럽헤드를 목표 방향으로 계속해서 던져 주는 자연스러운 동작이다.

다운스윙을 순서대로만 지켜 주게 되면 폴로스루에서도 별문제는 없게 된다. 몸이 회전되는 힘으로 끌려 내려오면서 휘둘러지는 클럽헤드의 무게가 계속하여 공을 지나 목표 방향을 향해 빠져나가기 때문이다.

그러나 좋은 폴로스루를 위해서는 반드시 두 팔을 목표 방향을 향해 뻗어 주어야 한다. 일반 골퍼들인 경우 임팩트 순간 이전부터 왼팔을 미리 구부려서 좋은 폴로스루를 해주지 못하는 것을 보게 되는데, 폴로스루는 백스윙의 정상에서 모였던 힘을 공을 향해 전달시켜 줄 때, 충분히 전달시켜 주기 위한 동작이므로 폴로스루를 제대로 해주는 것만이 큰 힘을 낼 수 있는 좋은 방법이다.

폴로스루를 길게 해주기 위해서는 어드레스 때의 머리와 상체의 모양을 백스윙을 한 후 임팩트 순간에서 그 모양을 다시 재현시켜야 한다. 이때 머리와 상체는 공의 뒤쪽에 남겨져 있는 느낌이 된다.

이렇게 해주었을 때 체중 이동도 완벽하게 이루어지며, 스윙의 아크(arc)도 커져서 보기만 해도 시원한 폴로스루의 모양이 만들어지게 되는 것이다. 임팩트 순간에 공을 찍어만 주고 그냥 멈추어 버리는 스윙은 결코 좋은 스코어를 기대할 수가 없다.

공의 위치에서 멈추어 버리는 폴로스루를 하지 말고, 공의 20~30㎝ 앞쪽까지 치고 나가는 멋진 폴로스루를 할 수 있기를 기대해 본다.

스윙(Swing) 때 척추의 각도

척추 각도가 변하면 좋은 샷 기대 못 한다.

골프의 스윙은 그날의 몸의 컨디션에 따라서 상당히 다른 결과를 가져올 수가 있다.

같은 날에도 오전에 잘 맞던 공이 오후에 잘 맞지 않기도 하며, 전반에서는 잘 맞지 않던 공이 후반에 들어서면서 공이 잘 맞기 시작하기도 한다. 이처럼 골프는 그날의 컨디션에 크게 좌우되기도 한다.

골프에서 안정된 샷을 하기란 참으로 어려운 일이다. 그러나 안정된 스윙 자세를 가지고 있으면 그 흔들리는 폭이 적어진다고 할 수 있다. 안정된 샷을 하기 위해서는 어드레스 때의 척추의 구부린 각도가 스윙이 진행되는 동안에도 잘 유지되어야 한다.

어드레스 때에 잘 만들어진 척추의 구부린 각도가 스윙이 진행되면서 흔들리기 시작하면 클럽헤드의 스윙 궤도가 크게 달라져서 미스 샷을 할 수밖에 없다.

먼저 발을 어깨 넓이만큼 벌린 후 똑바로 서서 척추를 똑바르게 해준 다음, 편의에 따라서 25~45° 각도로 허리를 앞쪽으로 굽히고 무릎에 약간의 탄력을 주면서 어드레스를 취하고, 그렇게 만들어진 상체의 각도는 임팩트를 지나 폴로스루가 끝날 때까지 잘 지켜 주어야 한다.

이는 골프의 스윙에서는 머리가 상하로 움직이거나 좌우로 심하게 움직이는 것을 금하고 있기 때문이다. 이를 지키기 위해서는 우선 스윙 도중 척추 각도의 움직임이 없어야 한다.

가령, 백스윙 때에 상체가 우측으로 따라갔다가 다운스윙 때에는 다시 좌측으로 이동하면서 몸의 움직임이 있으면 결국 출렁이는 스윙을 하게 되는데, 이러한 스윙으로는 절대로 힘있는 샷을 할 수가 없다.

조그만 통 속에 몸이 들어가 스윙을 하는 기분으로 제자리에 서서 상체의 구부러진 각도를 잘 유지하면서 스윙을 이루는 것이 좋은 샷을 하는 지름길이라 할 수 있다.

좌우대칭 스윙(Swing)

대칭을 이루지 못하면,
스윙 궤도는 엉망이 된다.

골프의 스윙은 클럽헤드가 정확하게 원을 그리면서 움직이는 원운동이다. 그러므로 클럽헤드의 움직임은 항상 일정하여야 하며 어떤 선을 벗어나서는 안 된다.

만약 기차가 철로 위를 달려가다가 급회전하는 위치에서 노선을 이탈한다고 가정해 보자. 엄청난 결과를 가져올 것이 틀림없다. 열차가 급회전되는 위치에서 이탈하지 않고 스무스하게 돌아나가는 것처럼 클럽헤드 역시 회전되고 있는 스윙의 궤도를 이탈해서는 안 된다.

스윙의 전체를 간단하게 정의하자면, 먼저 공을 치기 위한 준비 자세를 잡는 어드레스에서 클럽을 들어올려 주는 백스윙, 백스윙을 완전하게 만들어 주는 정상(top of swing), 또 클럽을 끌어내려 주기 위한 다운스윙, 공을 맞히는 임팩트, 임팩트의 연속 동작인 폴로스루, 그리고 피니시로 표현할 수 있다.

그러나 여기에는 몸의 중심을 축으로 오른쪽으로 움직여 주는 백스윙이 있고, 임팩트를 지나 왼쪽으로 움직이는 폴로스루가 있다. 이 두 동작은 움직이는 방향만 틀릴 뿐, 그 모양은 똑같아야 한다.

백스윙을 시작하여 피니시가 이루어지기까지 걸리는 총시간은 1~2초에 불과하며, 임팩트 순간의 시간은 1만 분의 4초에서 1만 분의 1초 정도라고 한다. 이렇게 순간적으로 이루어지는 동작을 조절한다는 것은 결코 쉬운 일이 아니다. 그러므로 스윙은 감각적이면서도 자동적으로 이루어져야 하며, 그렇지 않고 인위적으로 조작하여 하려고 한다면 어색하기만 할 뿐, 좋은 스윙을 할 수가 없다.

어드레스에서 백스윙의 첫번째 동작과 폴로스루의 첫번째 동작을 비교해 보면, 양쪽 무릎을 축으로 상체가 회전된 각도와 허리의 움직임, 팔의 모양, 그리고 머리의 위치가 거의 같은 모양을 이루는 것을 알 수 있다. 이렇게 좌우가 대칭이 되게 스윙을 이루어야 클럽헤드가 정확하게 원을 그리면서 회전하게 된다.

또 스윙이 점점 커지면서 백스윙의 두 번째 동작과 폴로스루의 두 번째 동작, 백스윙의 정상 동작과 피니시 동작이 항상 대칭이 되게 스윙을 할 때, 클럽헤드가 그리는 원이 정확한 원이 되는 것이다. 이것을 우리는 좌우대칭 스윙이라고 말한다.

스윙(Swing)의 느낌 **1**

왼팔이 스윙을 리드해야 큰 스윙이
가능하며 또한 체중 이동도 원활히
진행된다.

　　많은 골프 전문가들은 골프의 스윙은 왼팔이 중심이 되어야 한다고 강
조한다. 혹자는 골프는 왼쪽만 사용하는 운동이라고까지 표현하기도 한
다. 그러면 왜 왼팔이 주도하는 스윙 이론이 중시되며 또 강조되고 있는
것일까?

그 이유로는 여러 가지가 있겠지만, 무엇보다도 왼팔이 리드하는 스윙이 안정성이 있기 때문이다. 왼팔이 스윙을 리드하도록 해주면 스윙을 천천히 해줄 수가 있게 되며, 또 스윙의 원을 크게 그리게 되어 큰 아크의 스윙을 할 수 있게 된다.

스윙의 궤도에서도 왼팔을 중심으로 스윙을 하느냐, 혹은 오른팔을 중심으로 스윙을 하느냐에 따라 그 궤도가 크게 달라진다. 즉, 왼팔의 리드로 스윙을 주도하게 되면 클럽헤드가 인사이드 아웃으로 연결되기가 한결 쉬워진다. 그러나 오른팔의 리드로 스윙을 하게 되면 아웃사이드 인의 스윙 궤도가 나올 가능성이 높아진다.

뿐만 아니라 왼팔을 중심으로 스윙을 하게 되면 다운스윙 때에 체중이동을 원활하게 해줄 수가 있는데, 이는 왼쪽을 많이 사용하게 되면서 체중이 자연히 왼발 쪽으로 넘어가게 되기 때문이다. 그리고 클럽헤드가 히팅 에어리어를 지나갈 때 오른팔로 공을 마음껏 때려 줄 수가 있어, 폴로스루가 길어지게 되며 자연히 비거리도 늘어나게 되는 것이다.

그러므로 폴로스루는 왼팔의 리드로 클럽헤드의 무게에 의해 자연스럽게 이루어져야 한다. 즉, 백스윙의 정상에서 다운스윙이 시작되어 클럽의 샤프트가 오른쪽 허리 부분의 높이만큼 내려왔을 때부터 왼팔의 강한 리드로 임팩트와 폴로스루를 이루어야 할 것이다.

폴로스루를 잘해 주어야 하는 것은 임팩트 순간에 공에 폭파되었던 힘을 오랫동안 지속하는 데 그 목적이 있으며, 폴로스루는 낮고 길게 해주면서 클럽헤드가 임팩트 순간에 만들어졌던 모양을 오랫동안 지속시켜 주어야 한다.

그러므로 폴로스루는 임팩트를 오랫동안 지속시켜 주기 위한 임팩트의 연장이라고 생각하면 될 것이다.

스윙(Swing)의 느낌 2

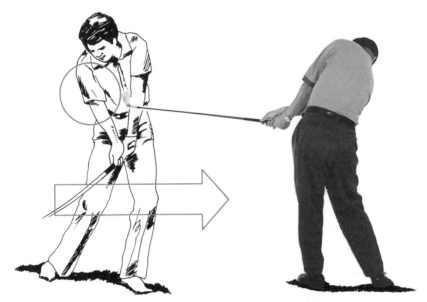

다운스윙 시작 전 왼발 쪽으로 체중 이동은 되어 있어야 한다.

골프 스윙의 요체는 몸의 축을 중심으로 클럽헤드가 순리적으로 회전하게 해주는 것이다. 즉, 골프 스윙은 축을 중심으로 한 회전 운동이라고 말할 수 있다. 그래서 백스윙의 정상에서 공을 힘껏 치려고 덤벼들듯이 스윙을 하는 것은 클럽헤드가 순리적으로 움직이는 것을 방해하는 요소가 된다.

보다 더 올바른 이해를 위해서 보충 설명을 해보면, 골프 스윙은 백스윙을 통해 목표선의 후방으로 해서 들어올려졌던 클럽헤드를 다운스윙과 임팩트를 거쳐 공을 맞히게 하고, 폴로스루 과정을 지나 피니시 동작에서 멈추게 하는 일련의 원운동이다.

또 공과 목표선에 대해 클럽헤드가 그리는 원운동을 보면, 스윙의 궤도를 따라 처음에는 목표선 반대쪽 뒤로 빠져나가면서 백스윙에 참여했던 클럽헤드는, 백스윙의 정상 이후 다운스윙에서 다시 목표선 안쪽으로 내려와 공을 치고 잠시 목표선을 따라 폴로스루를 하다가, 다시 안쪽으로 들어와 위로 올라가면서 피니시를 이루게 된다. 즉, 인사이드-스퀘어-인사이드 스윙을 말하는 것이다.

일반 골퍼들 중에는 임팩트 존(zone)에서부터 폴로스루의 단계까지에서 구체적으로 어떻게 해야 할지를 잘 몰라서 자신이 원하는 샷을 제대로 못하는 경우가 더러 있다.

백스윙의 정상에서 다운스윙이 시작되어 양손이 임팩트 존에 이르면 양손 그립 부분을 마치 바지의 오른쪽 호주머니 쪽으로 끌어당겨 주듯이 공을 쳐내 주어야 한다.

그러나 여기에서 한 가지 유의할 것은, 백스윙의 정상에서 다운스윙으로 이어질 때 반드시 체중 이동이 먼저 이루어져야 하며, 그런 후에야 위에서 설명한 동작들이 이루어지도록 해야 한다. 만일 체중이 왼발 쪽으로 충분히 이동되기도 전에 양손을 오른쪽 호주머니 쪽으로 향해 스윙하듯 휘두르면 심한 훅이 날 우려가 있게 된다.

즉, 백스윙의 정상에서 다운스윙을 시작할 때 몸의 중심 이동과 함께 체중을 왼발에 옮긴 후,. 그립 부분을 오른쪽 호주머니 쪽으로 향해 끌어 주듯이 스윙을 이루면서 임팩트를 이룬 후, 낮고 긴 폴로스루를 향해 양팔을 잘 펴주면서 피니시까지 이루어야 하는 것이다.

피니시(Finish)의 올바른 이해

임팩트 후에도 왼팔을 쭉쭉 뻗어 줘라.

    폴로스루는 클럽헤드가 임팩트 때에 릴리스되는 클럽헤드의 무게를 목표선으로 날아갈 수 있도록 도와주는 것이다. 그러므로 폴로스루란 공을 친 후에 클럽헤드가 목표선을 따라 빠져나가는 것으로 정의할 수 있다. 즉, 다운스윙과 임팩트를 지난 후의 클럽헤드가 지나가는 스윙의 궤도상의 한 부분이라고 할 수 있는 것이다.

    흔히 듣게 되는 충고 중에서 폴로스루는 낮고 길게 해야 한다는 말이 있다. 이 말을 자칫 잘못 이해하여 지나치게 이것에만 치중하다 보면, 미스 샷을 유발하거나 비거리를 내지 못하는 결과를 초래할 수도 있다. 그러나 스윙이 스무스하게 물이 흐르듯이 이루어지면 모든 것이 자연스럽게 이루어지게 되는데, 낮고 길게 해주기 위해 오른손을 미리 사용하여 오른손으로 공을 밀어서 쳐내는 스윙을 해서는 곤란하다.

클럽헤드와 몸은 회전 운동이 평면으로 이루어지게 된다. 그럼에도 불구하고 무리하게 스윙을 하다 보면 스윙 평면이 무너져 결국 미스 샷을 유발하기가 쉽다. 폴로스루에서 피니시까지는 억지로 만들어서 하는 스윙이 아니라, 물이 흐르듯이 자연스럽게 만들어지는 과정이어야 한다.

그러나 스윙을 할 때 주의하여야 할 점은, 왼팔을 목표선을 향해 잘 펴주면서 스윙을 해야 하는 것이다. 임팩트 순간에 왼팔을 너무 일찍 구부려서 멋있는 스윙을 망치는 경우가 많은데, 왼팔의 좋은 리드가 더 멀리, 그리고 바르게 샷을 할 수 있는 요인이 된다.

그리고 마지막 동작인 피니시로 연결되는 것이다. 이때 피니시 동작은 자연스럽게 폴로스루에서 연결되는 동작이므로, 반드시 끝까지 해주어야 한다. 피니시 동작을 올바르게 해주게 되면 위에서 설명한 폴로스루 동작은 자연스럽게 이룰 수가 있다. 그러므로 피니시 동작을 소홀히 생각해서는 안 된다.

백스윙의 정상에서 피니시 동작이 끝날 때까지 일련의 동작으로 스윙을 이루게 되면, 자연히 위에서 설명했던 동작들이 쉽게 이루어지게 된다. 그러므로 피니시는 폴로스루의 자연스런 연결 동작이라 생각하고 끝까지 하는 것이 좋다.

NOTE | 피니시(finish) : 스윙이 끝나는 마무리 동작.

체중의 분배

파워풀한 하이 피니시를 시도하라.

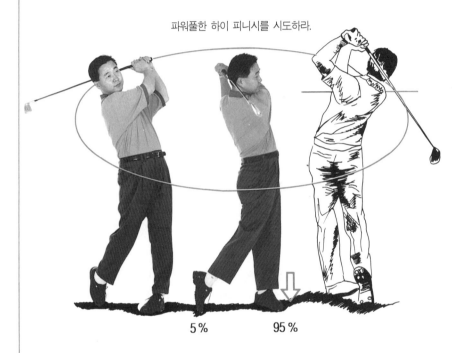

5 %   95 %

일반 골퍼들 중에는 피니시는 모양을 내기 위한 동작이지, 스윙의 일부분이라고 생각하지 않는 경우가 더러 있다. 그것은 큰 착오라고 말할 수밖에 없다.

오히려 피니시 동작은 스윙의 결과를 반영해 주며, 스윙의 연결 동작중에서 가장 마지막 동작이므로 상당히 중요하다고 말할 수 있다. 공을때린 후 몸이 목표물의 반대 방향으로 넘어지는 스핀아웃 현상이 일어나거나, 혹은 몸이 심하게 흔들거리면서 스윙을 마무리한다는 것은 좋은 스윙을 하는 데 도움이 되지 못할 뿐이다.

일반 골퍼들 중에는 다음과 같은 반문을 종종 하곤 한다. "공을 치고난 후에 몸이 넘어지는데, 무슨 상관이냐고……." 피니시는 스윙의 결과라고 설명을 했던 것처럼, 스윙을 하는 과정에서 잘못된 동작으로 스윙을 했기 때문에 몸이 흔들리는 것이다. 피니시 모양 또한 보기에 이상하게 하는 골퍼들도 종종 있는데, 이것 역시 올바르게 고쳐 주는 것이 골프를 더 잘 할 수 있는 방법이라 할 수 있다.

피니시는 크게 두 가지로 나누어지는데, 하이 피니시(high finish)와 로 피니시(low finish)가 바로 그것이다. 두 가지 중에서 어느 것이 좋다고 단정지을 수는 없지만, 가령 로 피니시를 하게 되면 폴로스루 때에 왼팔꿈치를 빨리 구부리게 되어 좋은 폴로스루를 할 수 없을 뿐만 아니라, 체중 이동 또한 충분히 할 수 없어서 오른발에 체중을 남기게 된다.

그러므로 하이 피니시를 권하고 싶다. 하이 피니시를 해주게 되면 임팩트 순간부터 폴로스루가 끝날 때까지 팔을 잘 펴줄 수 있게 되며, 몸의 회전이 많아져서 더 많은 힘을 얻을 수가 있게 된다.

좋은 피니시 동작은 클럽의 샤프트가 머리 뒤쪽의 귀와 귀 사이에 오도록 해주고, 왼팔의 팔꿈치 부분이 지면과 수직이 되면서 직각이 되어야 하며, 옆구리 부분 재봉선에 일치하여야 한다. 또 체중의 분배는 95%가 왼발에, 5% 정도만 오른발에 두고, 오른발 끝으로 서주는 것이 좋다.

스윙(Swing)의 축

어드레스 자세를 취한 후 바로 폴로스루와 피니시 동작을 취해 보는 연습으로 잘못된 피니시 자세를 교정할 수 있다.

골프의 구력이 늘어나면서 그 기량도 발전하게 되어 타구가 구부러지지 않고 똑바로 날아가는 방법을 터득하게 된다. 즉, 클럽을 확실한 방법으로 휘두르면서 공을 치게 되면, 타구는 비거리도 나면서 똑바로 날아가게 된다는 사실이다.

이러한 스윙을 했을 때에 각자에게 오는 느낌은 스윙 도중에 거부감 같은 것을 전혀 느끼지 않고 한꺼번에 피니시 동작까지가 연결된다는 것이다. 그러므로 골프의 스윙은 클럽헤드가 그려 주는 원이 커야 하며, 자연스럽고도 빠른 속도로 클럽을 휘둘러 주어야 하는 것이다.

이렇게 하려면 우선적으로 골프의 스윙 축에 대한 올바른 이해가 선행되어야 한다. 결국 골프의 스윙은 몸의 축을 중심으로 한 원운동이 된다.

만약 축이 움직이게 되면 원운동에 이상이 생기게 되고, 이렇게 되면 스무스한 스윙을 기대할 수도 없게 될 것이다.

물이 흐르는 듯한 스무스한 스윙을 해주려면 어드레스 때 상체가 기울었던 각도가 피니시 동작이 끝날 때까지 바뀌어서는 안 될 것이다. 이는 스윙 중 상체의 각도가 변하지 않고 원통이 회전하듯 바르게 스윙을 하게 되면 자연히 허리의 회전도 보다 원활하게 이루어질 수 있으며, 팔의 휘두름 역시 보다 강하게 되어 클럽헤드가 공을 원활하게 때리면서 목표 방향으로 빠져나가게 된다.

어드레스에서 피니시 동작이 끝날 때까지 스윙의 전체는 자연스러우면서도 부드러운 일련의 동작이 되어야 한다. 즉, 어드레스 때 상체의 기울기가 스윙을 하는 과정에서 그 각도가 변하게 되어 피니시 과정에서 상체의 기우는 각도나 방향이 잘못되게 되면, 좋은 결과를 기대할 수가 없게 된다.

그러므로 어드레스가 곧 피니시 자세와 같다고 간주하고 어드레스를 취했다가 곧바로 피니시 자세로 바꾸어 주면서 상체의 기울기나 기운 방향이 달라지지 않도록 해주는 연습을 해보는 것도 좋은 방법이다. 그리고 이러한 스윙 과정에서는 몸의 스웨이에 가장 많은 신경을 써주어야 할 것이다.

바른 동작

체중은 왼발에 몸의 정면은 목표선 쪽으로,
그리고 상체가 오른쪽으로 약간 기운 상태에서
오른쪽으로 약간 앞쪽으로 나가야 훌륭한 피니시라 할 수 있다.

풀 스윙에서 어드레스는 스윙의 준비 과정이며, 백스윙은 힘을 생산하여 그 힘을 모으는 과정이다. 다운스윙은 모인 힘을 운반하는 과정이며, 임팩트는 그 힘을 공에 폭파시키는 과정이고, 폴로스루는 그 폭파된 힘을 오랫동안 지속하는 과정이 되며, 피니시는 스윙의 결과를 나타내 준다.

여기에서 스윙의 결과란, 피니시 자세가 어떻게 나타나느냐에 따라서 스윙을 어떻게 했느냐를 보여 주는 것이라 할 수 있다. 그러므로 스윙의 전체 흐름을 위해서는 피니시를 잘해 주어야 할 것이다. 피니시를 잘해 주면서 스윙을 하게 되면 몸의 회전도 유연해지면서 자연스런 스윙을 하게 되므로 미스 샷도 줄일 수 있다.

올바른 피니시 자세는 우선 정면에서 바라보았을 때에는 상체가 똑바로 서 있는 것 같지만, 목표 방향 후방에서 보면 상체가 오른쪽으로 약간 기울어 보인다. 그리고 배꼽 부분의 혁대 버클은 목표 방향을 향하고 있어야 한다. 또 피니시를 했을 때 오른쪽 어깨가 왼쪽 어깨보다 목표 쪽으로 더 가깝게 나가 있어야 하는데, 이는 상체를 충분히 회전시켜 주기 위함이다.

그러나 오른쪽 어깨가 많이 회전되는 것도 좋지만, 그 높이가 왼쪽 어깨보다 더 높게 되면 이것은 잘못된 동작이라 할 수 있다.

체중의 95%가 왼발에 실리게 되며, 오른발은 자연스럽게 지면과 수직으로 세워진 상태에서 편안하게 있어야 하는 것이다.

이때 왼팔의 팔꿈치가 이루는 각도는 직각 상태($90°$)가 되어야 하며, 그 위치가 왼쪽 허리 부분의 재봉선에 일치하도록 해주어야 한다.

클럽의 샤프트는 머리의 뒤쪽 귀와 귀 사이를 가로지르게 위치하여야 하며, 왼발의 발바닥은 지면에 가능한 많이 부착되도록 하고, 목표 방향으로 직각을 이루어야 할 것이다.

올바른 스윙을 하기 위해서는 반드시 올바른 피니시 동작을 머릿속에 그리면서 스윙을 하는 것이 가장 좋은 방법이라 할 수 있다.

PART 7

풀 스윙
FULL
SWING

스윙(Swing)의 개념

Hit하지 말고 Swing을 하라.

　골프를 빠르고 올바르게 익히려면 스윙에 대한 개념을 확실히 정립해
두는 것이 좋다.

　일반 골퍼들 중에는 공을 때리는 히트(hit)와 클럽을 휘두르는 스윙
(swing)에 대해 잘못 이해하고 있는 경우가 많은 것 같다. 즉 골프를 단
순히 공을 때리는 것으로만 잘못 이해하고 있는 경우이다.

　공을 맞히는 임팩트 순간을 한 점으로 간주하고 샷을 하게 되면, 그것은 공을 때리는(hit) 것이 된다.

그러나 골프는 말 그대로 스윙(swing)인 것이다.

즉, 클럽의 헤드를 휘두른다는 것이다.

이때 임팩트는 클럽의 헤드가 원을 그리면서 지나가는 지점이라고 말할 수 있다.

스윙의 전체를 생각하면서 스윙을 해야 하며, 공을 맞히는 임팩트 순간에만 집착한다면 결코 좋은 샷을 기대할 수가 없게 되는 것이다.

조금 더 쉽게 이해를 돕자면 임팩트 순간, 클럽헤드가 공을 맞힐 때 힘을 가하여 동작을 멈추게 하는 것이 아니라, 클럽헤드가 일정한 속도에 의해 공을 지나가는 것이다. 즉, 애트 볼(at ball)이 아니라, 스루 볼(through ball)이라는 의미이다.

많은 사람들이 자신은 스윙을 하고 있다고 생각하지만, 실제로는 공을 때리는 데에만 온 신경을 기울이고 있는 경우가 많다.

좋은 스윙을 하기 위해서는 자세를 바르게 해주는 것도 중요하지만, 그보다는 먼저 마음속으로 스윙의 이미지를 간직하고 임팩트 순간에 공을 때리는 데에만 급급해할 것이 아니라, 클럽헤드를 뿌리쳐 휘두른다는 생각으로, 애트 볼이 아니라 스루 볼을 하는 것이 좋은 샷을 할 수 있는 비결인 것이다.

> **NOTE**
>
> 애트 볼(at ball) : 클럽헤드가 공을 친 후 동작을 멈추어 버리는 것.
>
> 스루 볼(through ball) : 클럽헤드가 공을 친 후 계속해서 목표선으로 빠져나가는 것.

스윙(Swing)의 기초

작은 스윙이
잘돼야 큰 스윙도
원활하다.

필자는 골프 대학에서, 골프를 처음 배우는 사람을 위한 아주 간단하면
서도 또 스스로 감각을 익히게 하는 방법을 배운 적이 있다. 그것은 한마
디로 골프의 기초는 퍼팅에서부터 시작하여야 한다는 것으로 요약된다..
　즉, 처음부터 큰 스윙을 시도하려고 하지 말고, 작은 스윙에서부터 확
실히 몸에 배도록 하는 것을 원칙으로 한다는 것이다.
　그러나 일반 골퍼들에게 있어서는 그렇게 많은 시간이 주어지지 않으

므로 아주 기초부터 시작하기가 쉽지가 않다.

오랫동안 골프를 해왔는데도 불구하고 잘 늘지 않고 스윙이 잘못되고 있다고 생각이 될 때에는 처음 단계인 기초부터 다시 돌아가 보는 것도 좋은 방법이라 할 수 있다.

먼저, 클럽의 선택을 8번이나 7번 아이언으로 하고 클럽을 짧게 잡은 상태에서 공에 가깝게 서서 세트업을 해본다. 그리고 마치 퍼팅을 하는 것처럼 공을 50m 안팎에 떨어지도록 연습공을 계속 쳐주는 것이다.

이때 주안점은 공을 정확하게 가격하는 것과 원하는 방향으로 공이 날아가도록 하는 것이다. 이렇게 하다 보면 처음에는 공 뒤의 맨땅을 때리거나 공의 중간 부분을 때리는 실수를 할 수가 있다. 이것은 지나친 손목의 사용에서 기인되는 현상이므로, 어드레스 때 양 어깨와 양팔이 이루는 역삼각형의 모양을 그대로 잘 유지해 주면서 공을 쳐주어야 할 것이다.

이러한 단계를 거쳐 조금씩 거리를 늘리는 연습으로 스윙의 크기를 확대해 나가야 한다. 그러나 스윙을 크게 하다 보면 팔과 어깨의 휘두름만으로는 부족함을 느끼게 될 것이다.

이때 무릎의 사용을 올바르게 해주면서 하체의 스웨이를 최대한으로 신경을 써주면서 스윙을 점점 키워가면 될 것이다.

사람에 따라서 다소 달라지긴 하겠지만 몇 차례 반복하여 연습하다 보면 바르게 스윙하는 법을 터득하게 될 것이다.

스윙(Swing)의 축

백스윙 축 오른발, 다운스윙 축 왼발!

골프의 스윙은 백스윙 때에는 오른쪽 다리가 축이 되어야 하고, 다운스윙 때에는 왼쪽 다리가 스윙의 축이 되어야 한다. 초보자들의 타구와 프로 골퍼들의 타구를 잘 분석·비교해 보면 초보자들의 경우에는 우선 타구의 방향성이 부정확하고 비거리 또한 짧다.

이것에는 여러 가지 이유가 있겠지만, 그중 가장 큰 이유로는 스윙 도중의 몸의 흔들림이라고 할 수 있다. 몸의 흔들림 현상이 일어나는 이유로는, 스윙의 축에 대한 올바른 이해가 없기 때문이다.

골프의 스윙은 양쪽 다리를 스윙의 축으로 삼아 회전 운동을 해주어야 하는데, 그렇지 못하고 몸이 상하로 움직이면서 스윙을 하게 되면 이는 잘못된 동작이라 할 수 있다.

양 어깨는 어드레스 때 상체가 구부러진 상태의 위치에서 지면과 평행으로 회전하여야 하며, 만약 백스윙 때 왼쪽 어깨가 지면으로 낮아지고 오른쪽 어깨가 올라가거나, 혹은 다운스윙 때에 오른쪽 어깨가 지나치게 낮아지면서 왼쪽 어깨는 올라가 버리는 경우가 잘못된 동작이라 할 수 있다.

이러한 동작들을 방지하려면 어드레스에서 백스윙을 이룰 때 오른발의 무릎 부분을 단단히 해주면서 스윙을 천천히 이루고, 이때 상체는 어드레스 때의 모양을 그대로 유지시켜 주면서 오른쪽으로 돌려 주면 된다.

또 반대로 다운스윙 때에는 체중 이동을 이루기 전에 미리 왼쪽 무릎 부분은 단단히 받쳐 주면서 왼발로 스윙의 축을 이루어 주어야 한다. 이때 체중 또한 양쪽으로 옮겨 주어야 하며, 백스윙 때에는 몸의 체중을 오른발의 축 위에 실어 주어야 하고, 왼발은 힘이 빠진 상태가 되어야 한다.

또 다운스윙이 시작되면 왼발의 축을 단단히 받쳐 주고 체중을 왼쪽으로 옮겨 주면서 스윙을 이루어야 한다. 이때 양발의 축이 무너지게 되면 이것이 몸의 흔들림인 스웨이(sway) 현상이라고 할 수 있는 것이다.

그러므로 스윙의 올바른 축은 백스윙 때에는 오른발, 다운스윙 때에는 왼발이 되어야 한다.

측면에서의 스윙(Swing)의 축

상체의 구부러진 각도는 항상 똑같아야 한다.

골프의 스윙을 컴퍼스에 비유하여 설명하는 경우도 있다. 즉, 컴퍼스로 원을 정확하게 그리는 것과 같이 클럽헤드가 스윙을 이룰 때에도 정확한 원을 그려야 한다는 것과 같다.

또 컴퍼스로 원을 정확하게 그리려면 컴퍼스의 대가 한자리를 지켜 주면서 축을 확실하게 잡아 주어야 한다.

스윙의 축은 두 가지 방향에서 볼 수 있는데, 그 첫째는 몸의 정면에서의 축이다. 이때의 축은 백스윙 때에는 오른발 무릎 부분이 스윙의 축이 되어야 하며, 다운스윙 때부터 피니시 동작까지는 스윙의 축이 왼발 무릎 부분이 되어야 한다.

그러므로 스윙의 축은 몸의 중앙을 가로지르는 하나의 선이 아니라, 양 발을 벌려 준 어깨 넓이의 폭이 되는 것이다.

둘째로는 측면에서의 축이 있다. 이때의 축은 하나의 선이 되어야 한다. 즉, 목덜미로부터 척추로 이어져 허리선까지가 축이 되어야 한다.

어드레스 때에는 사람의 편의에 따라서 25~45° 정도로 상체가 숙여지게 마련이다. 이때 이루었던 상체의 숙여진 각도가 스윙을 이루는 과정에서 흔들리거나 변해서는 안 될 것이다.

어드레스 때 상체의 숙여진 각도를 잘 지키면서 스윙을 이루어야 하는데, 그렇지 못하고 백스윙 때에는 약간 일어서는 듯하다가 다운스윙이 시작되면서 낮아지고 폴로스루를 거쳐 피니시 동작에서는 다시 일어서는 잘못된 동작을 해서는 안 된다.

심지어 일반 골퍼들 중에는 피니시 동작에서 스윙의 축이 반대로 이루어지는 경우를 볼 수 있는데, 그것은 다운스윙을 시작하면서 지나치게 오른손을 사용함으로써 오른쪽 어깨가 엎어져서 내려와 아웃사이드 인으로 스윙을 이루고 피니시 동작에서는 몸이 뒤틀리듯 하면서 스윙의 축이 반대 방향으로 만들어지기 때문이다.

그러므로 올바르게 스윙의 축을 지키기 위해서는 어드레스 때에 머리와 공과의 거리를 확실히 지켜 주면서 스윙하는 연습을 해주어야 한다. 특히 피니시 동작과 어드레스를 할 때의 상체의 숙여진 각도에 유의하여야 한다.

스윙(Swing)의 강도

80%

80%의 힘으로 샷은 정확해진다.

　연필이 길다고 공부를 잘하느냐는 우스갯소리가 있는데, 장타가 골프의 전부는 아니라고 감히 말하고 싶다.

　그러나 골퍼라면 누구든지 공을 조금이라고 더 멀리 날려 보내고 싶은 욕망을 가지게 된다. 그래서 한치라도 더 멀리 날리려고 무던히 노력하기도 한다. 그러다가 조금이라도 더 멀리 가게 되면 굉장히 자랑스럽고 기분이 좋아지는 데 비해 그렇지 못하면 좋은 샷을 했는데도 뭔가에 실망한 듯한 느낌을 떨쳐 버릴 수 없다.

그러면 7번 아이언으로 두 가지 방법의 스윙을 해보면서 비거리를 내기 위한 스윙의 강도를 살펴보기로 하자.

먼저 자신의 평균 거리보다 조금 짧게 목표를 정하고 스윙을 해보기도 하고, 또한 조금 길게 목표를 정하여 스윙을 해보기도 하자. 이때 우리는 스윙을 힘껏 무리하게 해서는 좋지 않다는 것을 알 수 있게 된다.

어떤 클럽이든 스윙을 힘껏 하려고 하지 말고, 80% 정도의 힘을 이용하여 스무스하게 욕심없이 스윙을 하게 되면 비거리도 늘고 정확한 샷도 할 수가 있게 된다.

이렇게 스윙을 가볍게 하기 위해서는 클럽을 한 손으로 들고 스윙을 하는 것이 좋다. 스윙의 힘을 80% 정도로 조정하려면 힘든 일이기는 하나, 한 손으로 클럽을 들고 스윙 연습을 몇 번이고 해본 다음, 클럽헤드의 스피드와 스윙의 빠르기를 잘 기억했다가 양손으로 스윙을 할 때 같은 헤드 스피드로 스윙을 시도해 보면 될 것이다.

이러한 방법으로 반복하여 연습을 하다 보면 새로운 느낌을 가지게 되는데, 욕심은 금물이며 멀리 공을 날려 보내려고 하기보다는 정확하게 보내려는 마음이 더욱더 좋은 스윙을 하게 된다.

오해하기 쉬운 것 중 한 가지는, 너무 힘없이 스윙을 해서는 안 되며 몸의 힘을 80% 정도 이용하라는 뜻이지, 클럽헤드의 스피드를 80%로 낮추라는 뜻은 결코 아님을 알아야 할 것이다.

양팔의 힘의 분배

다운스윙시 왼팔에 80% 힘 가해야 한다.

5:5

20%

80%

　골프 스윙에서의 팔의 움직임은 매우 중요하므로, 팔의 움직임이나 팔의 사용법을 정확하게 알아두는 것이 좋다.

　먼저 오른팔 팔꿈치를 잘 보아야 한다. 백스윙의 정상에서는 오른팔 팔꿈치가 반드시 지면을 향하도록 하는 것이 좋다. 이때 가져야 할 느낌은 오른손으로 요리가 담긴 접시를 받쳐드는 느낌이면 이상적이라 할 수 있다.

　유명한 티칭프로 데이비드 레드베터(David Leadbetter)는 스윙에서는 오른쪽 팔꿈치를 들어도 무방하다고 얘기하지만, 일반적으로 종합해 볼 때 전자가 더 유리하다고 할 수 있겠다.

키가 큰 사람은 자연히 공이 몸에서 가까워지므로 업라이트 스윙을 하게 되는데, 이때 오른쪽 팔꿈치가 조금 들리게 되는 경우를 제외하고는 백스윙의 정상에서 오른쪽 팔꿈치는 지면을 향하게 하는 것이 좋은 방법이다.

이렇게 좋은 모양의 백스윙을 만들었다가도 다운스윙을 하는 과정에서 양팔의 사용을 잘못하게 되면 아무 소용이 없다.

그러므로 다운스윙을 시작하면서 양팔의 힘의 분배는 왼팔이 100%, 오른팔이 60% 정도가 적당하다고 할 수 있다. 이는 아무래도 왼팔보다는 오른팔의 힘이 더 강하기 때문이다.

그러므로 왼팔을 더 많이 사용하는 듯하면서 100%를 사용하고, 오른팔은 약하게 하면서 60% 정도만 사용하게 되면, 자연히 양팔의 비율이 5 : 5로 이루어지면서 멋있는 임팩트를 이루게 되는 것이다.

일반 골퍼들 중에는 대부분 오른팔로 공을 때리는 경우가 많이 있는데, 오른팔과 왼팔의 비율을 잘 조절하여 좋은 샷을 구사해 보는 것도 괜찮다.

또 어드레스에서 백스윙과 다운스윙, 임팩트, 그리고 폴로스루까지는 양팔의 움직임이 많은데, 그 순간마다 올바른 동작을 잘 알아서 스윙을 하게 되면 더 좋은 샷을 할 수 있다.

양손 그립(Grip)의 강도

　일반 골퍼들을 지도하면서 힘을 빼고 부드럽게 스윙을 하라고 권하면,
힘을 빼고서 어떻게 공을 멀리 날려 보낼 수 있는지 반문하는 경우가 더
러 있다. 그것은 아마도 클럽을 빠르게 휘두르는 것을 강하게 때려야 하
는 것으로 오해하고 있기 때문일 것이다.

　여기에서 강하게 때린다는 것은 힘을 잔뜩 넣고 스윙하는 것을 뜻한다.
그러나 손이나 어깨에 힘을 잔뜩 넣고 스윙을 할 경우, 다운스윙에서 손목의 코킹이 너무 일찍 풀리게 되므로, 결코 파워 있는 타구는 나오지 않게 된다.

그러므로 클럽을 가볍게 잡고 휘둘러야 하는데, 클럽을 가볍게 잡고 휘두른다는 것은 먼저 클럽의 손잡이(그립)를 잡은 손의 힘을 어드레스에서부터 피니시 동작이 끝날 때까지 변화시키지 않고 그대로 유지해 주는 것을 말하며, 손이나 팔의 힘만으로 공을 날리려고 하지 말고 하체의 리드에 의한 스윙을 해주라는 뜻이다.

공만 멀리 보내려고 하는 마음으로 스윙을 하게 되면 자신도 모르는 사이에 팔과 상체의 힘만으로 공을 쳐내게 되며, 결국 비거리는 떨어지고 리듬감마저 잃어버리게 되어 깊은 슬럼프에 빠져 버리고 말 것이다.

어드레스 때 양 어깨 부분의 힘이 빠진 상태와 그립을 잡은 손의 강도는 백스윙을 하는 과정에서 조금도 변함이 없어야 한다. 가령, 백스윙의 정상으로 올라갈수록 힘이 더해진다면 결국 상체 위주의 스윙으로 연결되기 쉬워진다.

그리고 그 상태를 계속 지속시켜 주면서 다운스윙 때에는 하체의 리드에 의해 자연스럽게 끌려 내려와 공을 치고 빠지는 스윙을 해야 한다.

골프의 비거리는 클럽헤드의 스피드에 따라서 달라질 수 있으나, 강하게 때리는 힘에 의하여서는 결코 달라질 수 없음을 기억해야 할 것이다.

스윙(Swing)의 리듬 1

-♬ ~♪
에델바이스
~♪

    골프의 스윙은 로봇처럼 절도 있게 움직이면서 스윙을 하거나, 순간적으로 움직이면서 스윙을 하는 것이 결코 아니다. 즉, 직선으로 움직이거나 빠르게 움직이는 것이 아니라, 곡선으로 움직이면서 부드럽고 리듬이 있어야 한다는 뜻이다.

    필자가 처음으로 골프를 배울 때 리듬을 좋게 해주기 위한 연습으로, 연습장에서 공을 칠 때 마음속으로 '에델 바이스' 노래를 부른 적이 있었다. 이렇게 리듬이 있는 스윙을 해야 하며, 직선적이기보다는 약간 곡선적인 느낌이 더 좋다.

또 골프의 스윙은 단순하면서도 일정하게 해주는 것이 좋다. 그러기 위해서는 복잡한 생각이나 너무 기술적인 면에 깊이 빠지는 것은 좋지 않다. 즉 어느 부분을 완벽하게 해주기 위해서는 그 부분만 완벽해서 되는 것이 아니고, 부수적인 동작들까지 완벽하게 해주어야만 그 결과를 얻을 수 있다.

예를 들자면, 스윙 도중에 머리가 움직이면 안 된다고 한다. 만약 머리의 움직임을 막기 위해 머리를 제자리에 고정시키면, 백스윙 때 머리의 지나친 고정으로 인해 왼쪽 어깨가 내려앉으면서 몸이 일그러지는 모양을 하게 된다면 머리의 고정은 아무런 의미가 없어질 것이다. 그러므로 어떤 동작을 완벽하게 해주려면 반드시 그에 따르는 부수적인 동작까지 완벽하게 해주어야 한다. 그러지 않으면 조금씩 부족하더라도 골고루 부족하면서 편안한 동작을 취하는 것이 차라리 낫다.

골프의 스윙에 있어서 어드레스에서 피니시 동작이 끝날 때까지 걸리는 소요 시간은 1.5초 정도이다. 이렇게 짧은 시간이기는 하지만 스윙을 할 때에는 이 시간을 최대한으로 이용하여야 하는 것이다. 가령, 스윙을 빠르게 했을 경우라면 거의 1초에 미치지 못한다. 1.5초의 짧은 시간이기는 하지만, 실제로는 상당히 긴 시간인 것이다. 그래서 '에델 바이스' 하면서 마음속으로 노래를 부를 수 있을 정도의 좋은 리듬으로 스윙을 해주었을 때 우리는 그 시간을 충분히 사용하게 되는 것이다.

그러므로 너무 지나치게 기술적인 면이나 동작에 치우치지 말고, 부드럽고 리듬 있는 스윙을 하면서 마음속으로 '에델 바이스' 노래를 부를 수 있는 여유 있는 스윙을 해보기 바란다.

스윙(Swing)의 리듬 2

앤드(and)

백(Back)

스루(Through)

백스윙의 정상에선 약간 멈춰라.

골프의 스윙은 말 그대로 클럽을 흔든다는 뜻이다. 즉, 히트가 아니라는 것이다. 골프 스윙이 어쩌면 그네와 같다고 생각해 보면 스윙을 쉽게 이해할 수 있을 것이다.

그네가 앞으로 갔다가 다시 뒤쪽으로 최상단점을 향해 올라갔다가 그 다음에 몸을 굴려 주면, 처음에는 속도가 나지 않지만 몸의 중력에 의해 점점 가속도가 붙어 아래로 강하게 내려오게 되는데, 최하단점에서는 최대한의 스피드가 나오게 되면서 그 스피드는 앞의 최상단까지 연결되게 된다.

이는 골프의 스윙에서도 똑같은 원리로 간주하면 될 것이다. 즉, 그네가 뒤쪽의 최상단점을 향해 올라가는 것은 마치 백스윙에서 클럽헤드가 백스윙의 정상을 향해 올라가는 것과 같고, 그런 후에 그네가 앞쪽으로 힘차게 내려가는 것은 다운스윙과 임팩트, 그리고 폴로스루를 거쳐 피니시에 도달하는 것과 같다.

이때보다 더 중요한 것은 그네의 리듬이다. 그네가 뒤쪽의 최상단에 도착하여 내려가려는 시점에서 몸을 굴려야 그네가 탄력을 받게 되며, 만약 그네가 뒤쪽 최상단점을 향해 올라가고 있는 중에 발을 굴린다면 오히려 속도를 늦추게 되고 말 것이다.

이와 마찬가지로 백스윙에서 클럽헤드가 완전히 정상을 이룬 후에 다운스윙이 시작되면서부터 클럽헤드의 스피드를 내주면서 클럽을 휘둘러야 하는 것이지, 그렇지 않고 백스윙의 정상을 이루기도 전에 손으로 급하게 공을 때리려고만 하면 결국 파워를 잃어버리게 되고 말 것이다. 그리고 백스윙의 정상에서 약간 멈추는 듯하는 것은 백스윙의 정상을 완벽하게 하는 데 그 목적이 있다고 할 수 있다.

상체와 하체의 조화

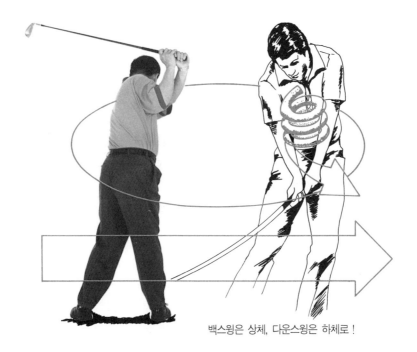

백스윙은 상체, 다운스윙은 하체로 !

　골프의 스윙은 상체와 하체를 멋지게 사용하였을 때, 비로소 가장 멋있고 파워 있는 스윙을 할 수가 있다. 흔히 골프는 상체만 사용하는 운동이라고 한다. 이것은 상체의 목덜미에서 척추를 따라내려가는 선을 축으로 스윙을 하기 때문에 생긴 말이 아닌가 싶다.

　그러나 실제는 상체와 하체가 동작을 멋지게 번갈아 가면서 하는 것이다. 그것은 백스윙 때에는 상체를 회전시켜 몸을 꼬아 주고, 다운스윙이 시작되면서 백스윙 때 꼬였던 상체를 하체가 풀어 주어야 하는 것이다.

이때 몸의 중심 이동과 함께 체중 이동을 해주게 되면서 허리의 빠른 회전이 이루어지게 된다. 그래서 "백스윙은 상체로, 다운스윙은 하체로." 라는 말을 즐겨 쓰게 되었는지도 모른다.

그러므로 백스윙 때의 스윙의 순서와 다운스윙 때의 스윙의 순서는 반드시 역순이 되어야 하는 것이다.

즉, 스윙의 전체를 책임지는 축은 척추가 된다. 그러나 백스윙 때에는 오른발과 무릎, 그리고 허리의 연결선이 스윙의 축이 되어야 한다. 또 다운스윙 때에는 스윙의 축이 왼쪽으로 바뀌게 된다. 오른쪽에 있던 스윙의 축이 왼발과 무릎, 그리고 왼쪽 허리 연결선으로 옮겨지게 되는 것이다. 이렇게 해주기 위해서는 반드시 스윙의 올바른 순서를 최대한으로 지켜 주어야 하는 것이다.

백스윙의 순서는 클럽헤드의 움직임을 시작으로 손, 팔, 어깨, 허리, 왼쪽 무릎까지 연결되면서 오른쪽으로 회전하게 된다. 그러나 다운스윙에서는 역순이 되어야 하므로 왼발 뒤꿈치를 지면에 누르듯 해주면서 왼쪽 무릎, 허리, 어깨, 팔, 손, 그리고 마지막으로 클럽헤드가 끌려 내려오게 되는 것이다.

그러므로 백스윙은 상체를 꼬아 비튼다는 느낌으로 하체의 움직임을 억제하면서 오른쪽으로 회전시켜 주고, 다운스윙은 꼬였던 몸을 힘차게 풀어 준다는 느낌으로 체중 이동과 함께 하체의 리드로 스윙을 이루어야 한다.

즉, 백스윙은 부드러운 상체의 회전으로, 다운스윙은 하체의 빠른 리드로 스윙을 이루는 것이 상체와 하체의 멋있는 하모니가 아닐까?

스윙(Swing)에 필요한 힘

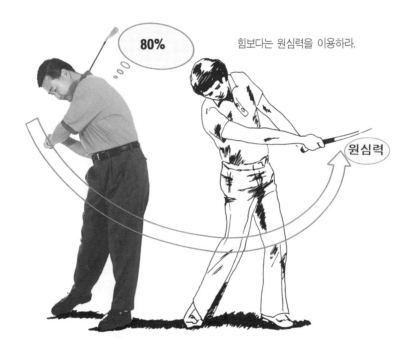

80%

힘보다는 원심력을 이용하라.

원심력

　골프를 잘할 수 있는 체격 조건을 굳이 말하라고 한다면, 몸이 단단하면서도 체격이 좋고 힘이 센, 즉 육체미 운동을 한 사람보다는 오히려 체격이 후리후리하고 키가 크면서 근육질인 체격을 가진 사람이 훨씬 더 유리하다고 할 수 있다. 즉 골프는 힘으로 하는 것이 아니라, 몸의 유연한 회전으로 해야 한다는 뜻이기도 하다.

　만약 골프를 힘으로 한다면 아마도 역도 선수, 레슬링 선수, 혹은 육체미 선수들이 유리하겠지만, 오히려 골프는 몸과 팔의 힘보다는 유연한 허리와 훤칠한 키에 몸과 팔의 힘이 센 사람이 훨씬 유리할 것이다.

여기에서 우리는 골프가 몸의 회전으로 인해 골프 클럽이 휘둘러지는 클럽헤드의 스피드에 의하여 공을 멀리 쳐낼 수 있음을 느낄 수 있다. 골프는 공을 힘차게 때리는 것이 아니라, 클럽을 휘둘러 주어서 클럽헤드의 움직이는 속도를 빠르게 해주어야 한다.

만약 골프 스윙의 전체를 100이라는 숫자로 가정한다면, 정확한 샷을 하기 위해서 80% 정도의 힘을 사용할 수 있으면 더 멋있는 샷을 할 수가 있을 것이다. 힘껏 스윙을 하여 몇 미터 더 날려 보내는 것보다는, 쉽고 정확하게 보낼 수 있는 80%의 스윙이 더 좋다고 감히 주장하고 싶은 것이다.

스윙을 가볍게 해야 한다고 하니 너무 가볍게 스윙을 하여 잘못되는 경우도 종종 발생하기도 한다.

여기에서 말하는 80%란 몸 전체의 힘의 80%라는 뜻이며, 또 공을 치는 순간 갑자기 힘을 줌으로써 일어날 수 있는 미스 샷의 가능성을 최대한으로 막아 보고자 하는 방법이기도 하다.

스윙은 가볍게 하지만 백스윙의 정상에서는 저장되어 있는 힘을 최대한으로 공에 집중시켜야 한다. 이때 손의 힘이나 욕심으로 스윙을 하려고 하지 말고, 클럽헤드의 무게를 충분히 이용할 수 있는 자연스럽고 부드러운 스윙으로 클럽헤드를 휘둘러 뿌리쳐 주어야 한다. 그리고 이때 생기는 원심력을 최대한으로 이용하여 공을 날린다면 비거리도 훨씬 많이 날 뿐만 아니라, 힘도 적게 들어가므로 남이 보기에도 가볍고 유연한 스윙이 될 것이다.

올바른 기술 익히기

핑거 그립
(Finger Grip)

무릎 사용 억제, 핑거 그립이 적합하다.

골프를 잘하기 위해서 자신이 좋아하는 프로들의 스윙을 흉내내는데, 이는 좋은 방법이라 할 수 없다. 왜냐하면 스윙은 각 개인들의 몸의 체형이나 발달된 부위에 따라서 다르게 나타나기 때문이다.

혹시 자신과 체형이나 체격이 비슷한 프로를 흉내낸다면 또 모르겠지만, 전혀 다른 조건의 프로를 자신이 좋아한다고 하여 이를 흉내낸다면 이는 잘못된 방법이라 할 수 있다. 즉, 키가 큰 서양인들과 키가 작고 체격이 뭉친 듯한 동양인들의 발달된 부위는 당연히 다를 것이기 때문이다.

예를 들면, 서양인들의 경우에는 다운스윙 때 무릎의 사용을 권하는 것이 일반적이며, 반면에 키가 작은 동양인들의 경우에는 무릎의 사용보다는 오히려 무릎의 사용을 억제하고 허리의 회전을 더 권장하고 있다.

이는 키가 크면 자연히 하체의 길이가 길기 때문에 무릎의 사용이 용이하게 되지만, 키가 작고 몸집이 뭉쳐진 동양인인 경우에는 어드레스 때부터 상체를 많이 일으켜 세워 주어야 하고 다운스윙 때에는 하체의 사용을 억제하고 왼쪽 허리의 빠른 회전으로 다운스윙의 스피드를 높여 주어야 한다.

또 다른 점이 있다면, 바로 그립을 들 수 있다. 손이 큰 서양인인 경우에는 그립을 잡을 때 클럽의 손잡이가 손바닥을 대각선으로 가로지르면서 놓게 된다. 이것은 곧 팜(palm) 그립이라고 할 수 있다.

그러나 동양인들인 경우에는 손의 크기가 작기 때문에 손바닥을 대각선으로 가로지르는 것이 아니라, 수직으로 가로지르게 된다. 이것은 곧 핑거(finger) 그립이라 할 수 있다. 그러므로 서양인들 중에서 아주 유명한 티칭 프로들이 설명하는 기술들을 익힐 때에는 특히 이러한 점들에 유의하여야 한다. 거기에서 설명하는 기술들이 틀린다는 것이 아니라, 경우에 따라서는 체격이 다른 동양인들에게 적합하지 않을 수도 있다는 의미이다.

골프 스윙의 모든 동작은 자연스러움을 원칙으로 하므로, 어떤 특정인을 모방하려고 하지 말고 자신이 처해 있는 모든 체격 조건을 감안하여 자신에게 더 잘 맞는 스윙을 찾아 익히는 것이 보다 더 좋은 방법이라 할 수 있을 것이다.

NOTE | 핑거 그립(finger grip) : 손가락 위주로 잡아 주는 그립(손이 작은 사람이 주로 사용).

양팔이 해야 하는 일

방향

거리

왼손으로 치는 느낌이어야 한다.

골프 스윙의 모든 동작은 자연스러움을 원칙으로 하며, 각자의 체형이나 체격에 따라서 스윙의 모양이나 리듬이 조금씩 달라지게 된다. 자연스럽게 스윙을 하는 프로 골퍼들의 스윙은 보기만 해도 아름답고 시원하게 느껴진다.

이렇게 골프의 스윙에 대한 의견을 나누다 보면, 왼손으로 공을 때려야한다는 말을 흔히 들을 수 있다. 사실 왼손으로만 공을 때린다는 것은 거의 불가능한 일이므로, 이 말에 대하여 잘 이해할 필요가 있다.

골프의 스윙은 양손이 협력하여 스윙을 이루게 되나, 사람마다 양손의 힘의 강도는 대부분이 다르게 나타나고 있다. 가령, 오른손의 힘을 모두 사용했을 때 나오는 힘의 강도를 100이라고 가정한다면, 왼손의 힘을 모두 사용하였을 때 나타나는 힘의 강도는 60정도 밖에 안 되는 것이 일반적이다. 그러므로 양손을 동시에 100% 사용하여 스윙을 하게 되면, 오른손과 왼손의 비율이 10 : 6으로 나타나게 되는 것이다.

이렇게 오른손의 힘의 강도가 왼손에 비해 큰 차이를 나타내게 되므로, 양손의 힘의 강도의 비율을 이상적으로 맞추기 위해 왼손을 100% 사용하고, 오른손의 사용을 최대한으로 억제시켜 주게 되면, 이렇게 하여 생기는 오차를 많이 줄일 수 있기 때문이다. 이러한 이유에서 왼손을 사용하여 왼손으로 공을 때려야 한다는 것이다.

엄밀하게 말하면, 골프 스윙에 있어서 양손이 하는 일은 다르다고 할 수 있다. 왼손이 하는 일은 대게 방향을 잡아 주는 역할을, 오른손은 비거리를 내게 해주는 역할을 담당하게 되며, 결국은 오른손이 공을 때리는 것이 되는 것이다.

그러나 비록 거리를 내는 일을 오른손이 담당한다 하더라도 만약 왼손이 방향을 제대로 잡아 주지 못하면 아무 의미가 없게 된다. 그러므로 왼손을 사용하여 공을 쳐야 하는 이유는, 그 첫째가 양손의 힘의 강도를 맞추기 위함이며, 그 다음이 목표 방향으로 올바르게 공을 날려 보낼 수 있도록 방향을 잡아 주기 위함이다.

헤드업(Head-up) 방지 요령 ▮1▮

임팩트시 머리를 공 뒤쪽에 남겨두어야 헤드업을 방지할 수 있다.

골프 스윙에 있어서 금기사항, 즉 하지 말아야 할 것들은 상당히 많다. 그중에서 큰 비중을 차지하는 것이 있다면, 바로 헤드업(head-up)이다. 그러나 간혹 일반 골퍼들 중에는 머리가 움직이면서도 공을 잘 때리는 것을 볼 수 있다. 이것은 끊임없는 연습과 버릇에 따라 이미 습관적으로 고착된데다 나름대로의 요령을 가지고 있기 때문이다.

또 어떤 골퍼들은 스윙 도중 머리가 움직이면 안 된다는 기본에 너무 집착한 나머지 아예 백스윙을 충분히 해주지 못하고, 왼쪽 어깨가 낮아지면서 이상한 모양의 백스윙을 하는 것을 볼 수도 있다.

즉, 백스윙 때 머리를 너무 고정시키면서 스윙을 하려고 하면 상체의 꼬임을 충분히 할 수 없게 되어 힘을 생산시키는 일을 실패하게 된다. 그러므로 백스윙 때에 머리의 움직임에 대해 너무 지나치게 구애되지 말고 어느 정도 자연스럽게 오른쪽으로 움직여 주면서 백스윙을 더 원활하게 해주는 것도 좋을 것이다.

그러나 다운스윙에서 임팩트를 이루는 과정에서 머리의 위치는 매우 중요하다. 'Head stay behind ball.' 즉, 다운스윙과 임팩트를 이루는 과정 때에 머리는 공의 뒤쪽에 남겨두어야 한다는 뜻이다.

이것은 골프에 있어서 매우 중요한 기본이며, 이것만 잘 지켜 준다면 이미 한 단계는 뛰어넘은 발전된 골프를 할 수 있다고 말할 수 있다. 머리를 공 뒤에 남기고 임팩트를 이루어야 한다는 것은, 임팩트 순간에 클럽헤드가 보다 더 예리하게 공을 쳐낼 수 있게 되며, 체중 이동 또한 충분하게 이룰 수 있고, 또 스윙의 궤도 역시 일정하게 됨으로써 타구의 방향성이 크게 안정될 수 있기 때문이다.

임팩트 순간에 머리를 공의 뒤쪽에 남길 수 있는 요령은 임팩트 때 얼굴의 단면이 지면과 수평을 이루도록 해주면서 오른발 뒤꿈치 쪽으로 눈의 시선을 돌려 주는 것이 좋다. 얼굴의 단면이 지면과 수평을 이루지 못한 상태에서 아무리 공의 뒤쪽에 남겨두어도 소용없게 된다. 그러므로 얼굴의 단면에 신경을 기울여야 할 것이다.

헤드업(Head-up) 방지 요령 2

스윙중 머리의 좌우 움직임은 자연스런 스윙에 도움이
될 뿐만 아니라 헤드업 방지 요령이기도 하다.

골프는 마치 다른 악기를 배워서 연주하는 것과 같다고도 볼 수 있다.
가령 피아노를 배운다고 가정했을 때, 처음에는 악보와 건반을 보면서 서
툴게 연주하게 된다. 그러나 오랜 세월 동안 연습을 거듭한 후에는 악보
만 보면 건반을 보지 않고도 연주할 수 있는 것처럼 골프 역시 마찬가지
라 할 수 있다.

처음에는 생각해야 할 것도 많고, 하지 말아야 할 것도 많아서 이것저
것 생각하면서 스윙을 하게 되지만, 오랜 시간 동안 반복되는 연습을 통

하여 자신도 모르는 사이에 해야 할 동작과 하지 말아야 할 동작들을 자연스럽게 소화해 내게 되는 것이다.

골프의 스윙에 있어서 머리는 어드레스 위치에서 움직이면 안 되는 것으로 알려져 있다. 이는 헤드업과 함께 금기사항으로 되어 있는 동작이다.

머리가 움직이는 것과 헤드업(head-up), 즉 머리를 들어 버리는 것과는 그 뜻이 엄밀하게 다르다. 머리가 움직인다는 것은 스윙 도중에 머리가 옆으로 움직인다는 것을 말하며, 헤드업은 고개를 들어 버리는 것이다. 그러므로 머리의 움직임은 허용되지만, 헤드업은 결코 해서는 안 될 동작인 것이다.

실제로 머리는 스윙 도중에 좌로나 우로 조금씩은 움직이게 마련이다. 다만 결과적으로 움직이지 않는 것처럼 그렇게 보일 뿐이다.

많은 일반 골퍼들 중에는 스윙 중에는 머리를 움직이면 절대로 안 되는 것을 알고 거기에 너무 집착한 나머지 스윙을 하다 보면 이상한 모양의 스윙을 하게 되는 경우가 있다. 그러나 헤드업은 절대 금물임을 명심해야 한다.

그러므로 이를 방지하기 위해서는 머리의 지나친 고정을 피하고 약간 움직여 주면서 머리가 들려지지 않도록 유의하는 것이다. 즉, 백스윙을 할 때 얼굴의 정면과 가슴이 같은 방향에 위치하도록 해주고, 다운스윙과 임팩트, 그리고 폴로스루가 이루어질 때까지 그것을 끝까지 유지해 주어야 한다. 만약 그러지 않으면 헤드업이 쉽게 일어날 수 있으므로 주의해야 한다.

손목의 롤(Roll) 1

턴 오버를 제대로 해주면 볼은 정확한
방향으로 파워 있게 날아간다.

골프의 스윙은 어드레스 때에 몸의 중앙을 중심으로 좌측과 우측이 똑
같은 대칭이 되게 원을 그려 주어야 한다. 백스윙 때에는 스윙의 원리에
따라 자연스럽게 정상적인 원을 그려 주기가 그다지 어려운 일만은 아니
다.

그러나 임팩트 순간을 지나서 폴로스루, 피니시 부분에서는 결코 쉽지
가 않다. 백스윙을 스윙의 원리에 따라 제대로 진행하게 되면 백스윙의
정상에서 왼팔은 오른팔의 위쪽에 오게 된다. 그러다가 다운스윙이 시작

되면서 임팩트 후에는 반대로 오른팔이 왼팔의 위쪽으로 올라가야 올바른 방법으로 스윙이 이루어지게 되는 것이라 할 수 있다.

이러한 일련의 동작들을 올바르게 해주기 위해서는 백스윙의 정상 때에 오른팔의 위쪽에 위치하고 있던 왼팔을 임팩트 순간부터 반대로 해주기 위해서 손목의 롤, 즉 턴 오버(turn over)를 해주어야 한다. 그렇게 하면 올바른 방향은 물론이거니와 강력한 힘을 내게 하는 방법도 되는 것이다.

턴 오버(turn over)를 중시하는 까닭은 몇 가지가 있다. 먼저 백스윙 때 오픈되었던 클럽페이스를 목표 방향과 직각이 되게 되돌려 주는 데 그 목적이 있다. 또한 다운스윙 때에 클럽헤드가 히팅 에어리어를 지나가는 스피드를 가속시켜 주는 데 그 다음의 목적이 있다. 또 백스윙 때 이루었던 동작들을 임팩트 후 폴로스루 과정에서 좌우대칭이 되게 해주기 위하여 손목의 롤이 필요하게 된다.

그러나 손목의 롤은 그냥 손목만 돌려 준다고 해서 이루어지는 것은 결코 아니다. 백스윙의 정상에서 허리를 중심으로 한, 몸의 회전에 의존하지 않으면 안 되는 것이다.

즉, 단순히 공만 맞히려고 해서는 안 되며, 왼쪽 허리의 슬라이드 다운(slide down)에 이은 왼쪽 허리의 강력한 회전으로 손목을 되돌려 주면서 공을 치고, 계속해서 폴로스루로 이어져야 하는 것이다.

이러한 동작은 몇 번 시도하는 정도로 이루어지는 것이 아니므로, 계속적으로 반복하여 연습하는 것이 중요하다.

손목의 롤(Roll) 2

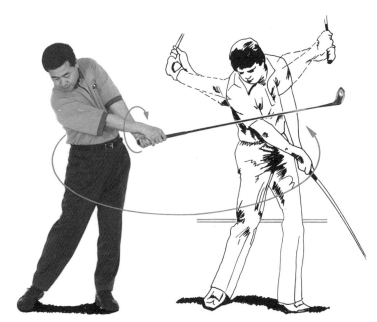

손목을 돌린다는 생각보다는 몸을 돌린다는 생각으로 리스트 턴을 해주어야 성공적인
스윙을 이룬다.

일반 골퍼들에게 있어서 슬라이스(slice)는 가장 큰 고민거리라고 말할
수 있다. 그럼, 왜 일반 골퍼들에게 슬라이스가 많이 일어날까? 이는 다
운스윙과 임팩트 과정을 거치는 동안 손목의 롤(roll)이 이루어져야 하는
데, 손목의 롤에 대해서 올바르게 이해하지 못하고 또 제대로 활용하지
못하는 것이 가장 큰 원인이라고 할 수 있다.

손목의 롤은 임팩트 순간에 공을 감아치는 느낌으로 해주어야 한다. 소
위 리스트 턴(wrist turn)으로 불리는 이것은, 임팩트 후 오른손이 왼손

위로 올라가면서 회전하는 현상을 말하는 것이다.

그러나 이 손목의 롤, 즉 리스트 턴은 억지로 시도하려고 하면 여러 가지 부작용이 발생하게 된다. 그러므로 올바른 손목의 롤을 위해서는 손목을 돌린다는 생각보다는 몸을 돌린다는 생각을 하는 것이 좋다. 공을 때릴 때 정면에서 보면 폴로스루에서는 몸이 왼쪽으로 회전하게 된다.

따라서 언뜻 보면 마치 손만이 돌아가면서 공을 때리는 것같이 보인다. 그러나 사실은 몸통이 돌아가는 것이다. 물론 개중에는 손목을 돌리는 사람도 있지만 이는 잘못된 것이라 할 수 있다.

임팩트 자세에서 그립 엔드(grip end), 즉 클럽 손잡이 끝이 가리키는 방향은 항상 몸의 중심을 향하도록 해주어야 하며, 그렇게 하는 것이 클럽헤드가 직각으로 공을 맞힐 수 있게 되는 것이다.

그러므로 어드레스 때 클럽의 리딩 에지와 몸의 중앙이 이루는 일치선을 백스윙과 임팩트, 그리고 폴로스루 순간에도 같은 위치가 되도록 해주어야 하는 것이다.

그런 의미에서 볼 때, 결국 손목만 돌려서는 안 될 것이며, 몸의 회전과 함께 손목의 회전으로 이루어져야 할 것이다. 몸과 클럽을 잡은 양팔, 그리고 클럽의 샤프트를 원피스(one-piece)라고 간주하여 몸의 회전을 위주로 한 스윙으로 그립의 엔드가 몸과 일치되게 스윙을 하면 될 것이다.

스핀아웃(Spin-out) 방지 **1**

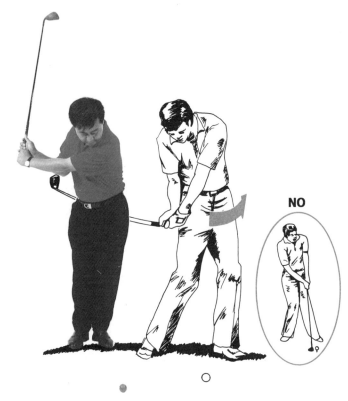

NO

백스윙의 정상에서 양발을 모았다가 다운스윙 시작 전 왼발을 벌려 주며 무게 중심을 옮겨 주는 훈련을 통해 스핀아웃을 방지할 수 있다.

스핀아웃(spin-out)이란 골프 용어는 다운스윙에서 가장 많이 발견되는 오류로서, 상반신과 하반신이 거의 동시에 움직이면서 회전해 버리게 되므로 상체가 뒤쪽으로 넘어지듯 스윙하는 것을 말한다. 이러한 현상의 가장 큰 원인은 잘못된 체중 이동이라고 말할 수 있다.

즉, 백스윙 때 오른발에 모여 있는 힘을 다운스윙을 통하여 왼발로 옮겨진 후에 스윙을 하여야 함에도 불구하고, 다운스윙에서 상체와 하체가 동시에 움직여 버리는 잘못된 스윙을 하고 있는 것이다.

또 상체와 하체가 동시에 회전하면서 체중이 왼발로 옮겨졌다 하더라도 머리가 왼쪽으로 같이 따라가 버리거나, 혹은 다운스윙에서 체중 이동과 함께 머리가 왼쪽으로 나가 버리면, 몸의 축이 자연히 움직이기 때문에 스윙이 망가지게 된다. 그러므로 이러한 스핀아웃 현상을 막기 위해서는 다운스윙의 올바른 순서를 알아두는 것이 바람직할 것이다.

백스윙의 정상에서 다운스윙의 시작은 먼저 왼발 뒤꿈치의 착지로부터 시작해서 다음은 체중을 왼발로 옮겨 주고, 그 다음은 허리의 회전과 함께 상체의 되돌림으로 공을 때리게 되는 것이다. 그러나 이런 순서에 의한 다운스윙을 하지 못하고, 상체와 하반신의 회전이 거의 동시에 이루어져 버리는 잘못을 되풀이하게 된다.

이렇게 잘못된 습관을 고칠 수 있는 방법으로는 어드레스에서 상체를 충분히 꼬아 주면서 백스윙의 정상을 이루고, 그 다음엔 양발을 모은다.

그런 후에는 다운스윙의 순서를 생각하면서 왼발을 어깨 넓이만큼 벌려 주고 오른발에 모여 있는 힘을 왼발 무릎으로 옮겨 주는 일을 한 다음, 허리와 상체의 회전으로 공을 때리고 왼발의 축 위에 상체를 실어 주듯 균형 있는 멋진 피니시 동작을 하는 연습을 반복해서 해주는 것이 좋은 방법이다.

올바른 체중 이동을 위한 연습인만큼 많이 연습을 해두면 비거리를 내는 데에도 상당한 도움이 될 뿐만 아니라, 잘못되는 스핀아웃 현상도 막을 수 있게 된다.

스핀아웃(Spin-out) 방지 2

무게중심이 오른쪽에 남아 있으면 스핀아웃 현상이 발생한다.

가끔 TV에서 시니어 투어 중계를 볼 때가 있다. 이때 자세히 살펴보면 많은 시니어 프로 골퍼들이 공을 때리면서 곧바로 앞으로 걸어나가는 것을 볼 수 있는데, 이는 스핀아웃을 방지하려는 데 그 목적이 있다.

즉, 공을 때린 후 체중을 왼발에 옮기면서 멋진 피니시 자세를 취해야 하는데, 몸의 회전이 유연하지 못하여 자칫 뒤로 넘어지는 스핀아웃을 할 염려가 있기 때문에 아예 공을 때리는 순간 앞쪽으로 걸어나가는 것이다.

그러나 일반 골퍼들 중에서도 공을 때린 후 몸이 앞쪽으로 회전하지 못하고 뒤쪽으로 넘어지듯 스윙을 하는 것을 종종 볼 수 있다. 이러한 현상에 있어서 가장 큰 원인은 체중 이동을 올바르게 해주지 못하는 데 있다.

다시 말하면 다운스윙의 시작 단계에서 먼저 오른발의 체중이 왼발로 옮겨져야 하고, 그후에 허리를 회전시켜 주면서 공을 쳐주어야 하는데, 이러한 체중 이동이 선행되지 않은 상태에서 스윙을 하게 되므로 상체와 허리 부분만 돌고 하체 부분은 반대쪽에 남게 되는 것이다.

또 이런 스핀아웃의 형태로 스윙을 하게 되면 결국 팔로만 공을 때리는 현상이 일어나게 되므로, 자연히 아웃사이드 인으로 스윙을 하게 되는 것이다. 이때에는 슬라이스 현상이 일어날 수밖에 없게 된다.

그러므로 이런 현상이 일어나는 골퍼들은 우선 올바른 체중 이동에 신경을 써주어야 한다. 그렇지 않으면 다시 스윙의 기본으로 되돌아가서 스윙의 올바른 순서를 익히는 것이 바람직하다.

어드레스에서 체중이 오른쪽에 너무 많이 실려 있거나, 뒤꿈치 쪽에 너무 많이 실려 있지 않나 체크해 볼 필요가 있다. 그 다음 백스윙의 시작 단계에서는 오른발을 스윙의 축으로 삼으면서 상체의 충분한 코일(coil)을 해주는 연습을 해야 한다.

다운스윙의 시작 단계에서는 오른발에 실려 있는 체중을 왼쪽으로 옮겨 주는 체중 이동을 먼저 해주는 작업이 선행되어야 한다. 그런 다음 왼발을 축으로 상체와 허리가 회전하면서 스윙을 하게 되면 완벽할 스윙이 될 것이다.

NOTE | 코일(coil) : 상체를 회전시켜 몸을 꼬아 주는 것.

방향과 거리 조절

백스윙은 상체로,

다운스윙은 하체로!

골프가 다른 운동에 비해 어렵다고들 하는데, 이는 아마도 골프의 샷의 중요성과 예민성 때문일 것이다. 골프의 샷은 크게 두 가지로 구분되는 데, 먼저 방향이 좋아야 하며 다음으로 거리 역시 잘 맞아야 한다.

그러나 이 두 가지를 두고 어느 것이 더 중요한지를 묻는다면, 이는 당연히 방향이 우선이라고 할 수 있을 것이다. 일단 방향이 좋아야 하며, 그 다음이 거리가 잘 맞아떨어져야 하는 것이다. 골프는 이렇게 앞뒤 좌우가 잘 맞아야 하기 때문에 다른 운동보다 더 어렵다는 것이 아닐까?

먼저 비거리를 내기 위해서는 올바른 하체의 사용법을 알아두어야 할 것이다. 골프의 스윙은 어드레스에서 백스윙을 이룬다. 이때 상체의 회전으로 인해 몸의 꼬임 현상이 일어나게 되며, 이렇게 꼬인 몸을 다운스윙을 시작하면서 힘차게 풀어 주어야 하는데, 이때 어떻게 풀어 주느냐에 따라서 비거리가 달라지게 되는 것이다.

여기에서 가장 중요한 것은 백스윙과 다운스윙은 반드시 역순이 되어야 한다는 것이다. 백스윙 때에 상체의 회전으로 꼬인 몸을 다운스윙 때에는 반드시 하체의 리드와 허리의 빠른 회전으로 꼬인 몸을 풀어 주어야 할 것이다. "백스윙은 상체로, 다운스윙은 하체로."라는 말이 바로 여기에서 기인된 것이다.

다음은 방향을 잡아 주는 역할인데, 이는 양손으로 해주어야 한다. 어드레스에서부터 백스윙과 다운스윙을 이루는 동안에 클럽헤드의 올바른 움직임을 잘 기억하여야 하며, 또 백스윙의 정상에서 다운스윙을 이루면서 양손의 팔꿈치를 오른쪽 겨드랑이 쪽으로 붙여 주어야 한다.

이렇게 팔꿈치를 오른쪽 겨드랑이 쪽으로 붙이려다 보면 자연히 허리의 회전이 빨라지게 되며, 임팩트 순간에 클럽페이스가 직각으로 공을 맞힐 수 있게 된다.

그러나 하체의 리드와 허리의 회전도 없이 팔꿈치만 오른쪽 겨드랑이 쪽으로 붙이려다 보면, 이상한 모양의 스윙이 나오게 되므로 유의하여야 할 것이다.

백스윙(Backswing)과 다운스윙(Downswing)의 차이

백스윙은 꼬아 주고 다운스윙은 풀어 주고!

　모든 골퍼들은 각자 나름대로 스윙에 대한 일가견을 가지고 있을 것이다. 그러나 자신이 가지고 있는 일가견과는 전혀 다른 방법으로 스윙을 하고 있는 경우가 허다한 것이 골퍼들의 맹점이라고 할 수 있다. 골프 연습장에서 골프를 가르치다 보면 주위의 분주함을 가끔씩 느낄 수 있다.

　즉, 싱글 핸디캡을 가졌다는 골퍼가 자신의 친구들이나 혹은 친지들에게 골프를 가르쳐 주느라 일어나는 현상이다. 그때마다 일손을 잠시 멈추고 그 주위를 살펴보면, 그 사람이 가르치는 동작이나 요령에 동감이 가는 부분이 있지만, 정작 시범 스윙을 할 때에는 전혀 다른 스윙을 하는 것을 볼 수가 있다. 이렇게 골프는 말은 하기 쉬워도 실제로 하기는 그다지 쉬운 일이 아니라는 것을 또다시 느낄 수 있었다.

골프의 스윙은 클럽을 들어올렸다 내리면서 공을 맞히는 규칙적인 원운동이라고 할 수 있다. 그러나 이것이 스윙에 대한 충분한 설명이라고 말할 수는 없다.

골프의 스윙은 많은 기술들을 필요로 하며, 이러한 기술들을 정확하게 한 가지씩 익히기에는 상당한 시간과 노력이 필요하다. 그러나 동작동작마다 정확하게 해주지 못한다 하더라도 자연스럽고 부드러운 스윙의 리듬만 가지고 있다면 큰 문제는 없을 것이다.

그러면 자연스럽고 부드러운 스윙의 리듬은 어디에서, 어떻게 찾을 수 있을까? 그것은 바로 스윙의 목적을 잘 알아두어야 한다.

즉, 백스윙의 목적과 다운스윙의 목적 등을 정확하게 알고 있으면서 일정하게 지켜 주어야 한다.

몇 번에 걸쳐서 설명했듯이 백스윙과 다운스윙은 역순이 되어야 한다. 그러므로 이 두 가지 스윙의 목적과 시작 포인트는 당연히 달라야 한다. 백스윙의 목적은 상체를 회전시켜 몸을 꼬아 주면서 그 꼬인 힘을 오른쪽 허벅지에 모으는 일이 최상의 목적이 되어야 한다. 그러므로 백스윙의 시작 포인트는 몸을 어떻게 꼬아야 하는 것이 중점이 되어야 하며, 클럽 헤드의 움직임으로 시작되어야 한다.

그러나 다운스윙의 시작 포인트는 꼬인 몸을 풀어 주는 데 최선을 다하여야 하므로, 당연히 하체의 리드와 허리의 빠른 회전에 있다. 단정적으로 표현하자면 백스윙은 상체로, 다운스윙은 하체로 하여야 한다.

체중 이동과 스웨이(Sway)에 대한 올바른 이해

적절한 좌우 움직임은 체중 이동에 효과적이다.

스윙의 축

일반 골퍼들과 골프에 관한 이야기를 나누다 보면 상당수가 잘못된 상식을 가지고 있음을 느낄 수가 있다. 그들은 그들이 알고 있는 방법이 올바른 방법이라고 굳게 믿고 있으며, 자기의 주장만 앞세우다 보면 주의가 산만해지게 되기도 한다.

이렇게 잘못 오해하고 있는 것 중에서 대표적인 것은 체중 이동과 몸의 흔들림인 스웨이(sway) 현상이다.

대부분의 일반 골퍼는 골프의 스윙에서 몸이 좌우로 움직이는 것은 크게 잘못된 것으로 알고 있다. 즉 어디까지가 체중 이동이며, 어디서부터 몸의 스웨이(sway)인지 구분하는 것이 불투명한 것이다. 그러다 보니 제자리에서만 스윙을 하려고 하게 되어 자연히 몸이 넘어지면서 스윙을 하게 되는 결과를 초래하고야 만다.

골프의 스윙에 있어서 스윙의 축에 대하여 올바르게 알아두어야 할 필요가 있다. 스윙의 축은 하나의 선, 즉 몸의 중앙을 기준으로 한 선이 결코 아니며, 오히려 폭이라 할 수 있다.

즉, 어드레스 때 양발을 자신의 어깨 넓이만큼 벌려 주게 되며, 이때 벌려진 폭이 자신의 스윙의 축이 되어야 하는 것이다.

그러므로 스윙을 이루는 과정에서 자신의 스윙 폭 안에서 몸을 다소 움직인다 하더라도 아무런 문제가 되지 않으며, 또한 체중 이동을 해주기 위해서는 오히려 자신의 폭만큼 움직여 주는 것이 필요하다. 그리고 백스윙 때에는 오른발이 무릎의 축이 되고, 다운스윙 때에는 왼쪽 무릎이 스윙의 축이 되어야 할 것이다.

이때 축이 옮겨지는 과정에서 몸을 움직이게 되는데, 이것이 바로 체중 이동이라 할 수 있다. 그러나 자신의 폭 이상으로 몸이 밀리면서 몸이 흔들리게 되면, 이는 곧 스웨이 현상이 되는 것이다.

그러므로 스윙을 이루는 과정에서 너무 지나치게 몸의 축을 고정시키려 하지 말고 조금 여유를 주면서, 몸을 백스윙 때에는 오른쪽으로, 다운스윙 때에는 왼쪽으로 약간씩 움직여 주는 것이 올바른 방법이라 할 것이다.

스윙의 요령-스윙은 가볍게, 공은 힘차게

골프에서는 공을 멀리 보내는 것도 중요하지만, 정확하게 보내는 것 역시 중요하다. 그렇다면 이렇게 공도 멀리 보내고, 또 정확하게 보내는 방법은 없을까?

요즘 P.G.A.투어 중계를 보면 공을 날려 보내는 프로 골퍼들의 비거리가 상당하다. 드라이브는 보통 300yd(274m) 이상이고, 아이언 샷도 일반 골퍼들이 입을 벌릴 만큼 멀리 날려 보내고 있다.

  이렇게 공도 멀리 날려 보내고 정확하게 보내는 기술은 무엇일까? 그것은 바로 훌륭한 스윙의 리듬이라 할 수 있으며, 가볍게 들어서 힘차게 공을 치는 것이 그 요령이라 하겠다.

  이렇게 가볍게 클럽을 들어올려야 하는 데에는 크게 두 가지 이유가 있다. 그 첫째로, 스윙의 시작을 천천히 하면서 가볍게 올려야 하는데, 이는 자신의 몸에 있는 힘을 한 곳으로 모으기 위함이다.

  모든 운동의 원리가 그러하듯이 스윙의 시작은 늦어야 한다. 즉, 야구에서 공을 던지는 투수가 가장 강한 힘으로 공을 던지기 위해서 와인드업을 천천히 시작하는 것과 같은 원리이며, 만약 빠르게 와인드업을 시작한다면 결코 힘차게 공을 던지지 못하게 될 것이다. 이와 같이 백스윙의 시작은 가벼우면서도 천천히 시작하여야 한다.

  다음으로는 공의 방향을 조정해 주기 위함이다. 가령, 야구공으로 일정한 장소를 맞히기 위해서 공을 던진다고 가정해 보자. 이때 정한 곳으로 정확하게 공을 맞게 위해서는 공을 던지기 위한 동작의 시작을 천천히 해주어야 하는 것과 같다.

  즉, 백스윙을 천천히 하고, 앞으로 공을 던지려고 할 때에 힘과 방향을 컨트롤하게 된다.

  이렇게 두 가지를 두고 보면 결국 백스윙의 시작은 가벼우면서도 천천히 이루어야 할 것이다. 그렇다고 마냥 천천히 하라는 뜻은 결코 아니며, 그래도 어느 정도의 속도감을 가지면서 최대한으로 천천히 시작해 주어야 한다.

  그런 후에 백스윙의 정상을 이루고, 다운스윙의 시작에서는 최대한의 강한 힘으로 공을 쳐주게 되는 것이다.

  즉, 백스윙 때 최대한의 힘을 모아서 다운스윙을 거쳐 임팩트 순간 가장 강한 힘으로 공을 맞히기 위해서 백스윙은 가볍고 천천히, 다운스윙은 가장 강한 힘으로 빠르게 해주어야 한다.

자연스러운 스윙(Swing)

　골프를 처음 시작하는 사람에게는 무엇보다도 먼저 공을 멀리 치는 방법을 가르쳐 주어야 하며, 그런 후에야 방향을 컨트롤하는 방법을 가르쳐 주는 것이 올바른 순서이다. 공이 아무리 똑바르게 날아간다 하더라도 비거리가 나지 않으면 결코 좋은 점수를 낼 수 없다.

　반대로 공이 엉뚱한 방향으로 날아가면서 비거리를 충분히 낸다면 비록 지금은 점수를 낼 수 없지만 장래성이 있다고 볼 수 있다. 그러므로 먼저 멀리 날려 보내는 방법을 배우고, 나중에 방향을 컨트롤하는 것이 최상의 방법이라 할 수 있다.

즉, 이것은 골프의 스윙을 하기 위해 너무 지나치게 동작 하나하나에 신경을 쓰지 말라는 뜻이기도 하다. 물론 올바른 동작을 하나하나 제대로 익히는 것은 좋은 일이나, 조금 어색하다 하더라도 자신의 동작이 부드럽고 편안하면서 자연스러운 것이 더 좋다는 것이다.

예를 들자면 공을 잘 치고 있던 사람이 어느 날 갑자기 비거리가 나지 않으면서 공이 오른쪽으로 날아가기 시작하는 경우이다. 그래서 어떻게 연습을 하였느냐고 물어 보았더니, 백스윙의 정상에서 클럽의 손잡이 끝부분을 공을 향해 끌어내리는 것을 연습했다는 것이었다.

이것은 맞는 이론임에는 틀림이 없으나, 이 부분에 너무 지나치게 신경을 쓰다 보니 임팩트 순간에 손목의 코킹을 릴리스시켜 주지 못해 공을 컷(cut)으로 맞게 된 것이다. 물론 그 동작을 올바르게 해주는 것은 좋은 일이나 그 동작만 올바르게 해주는 것만 중요한 것이 아니라, 그 부수적인 동작들 역시 올바르게 해주었을 때만이 그 동작이 효과를 보게 되는 것이다.

그러므로 자연스럽고 부드러운 스윙 동작이 우선이며, 기술적인 면에 너무 치우치게 되면, 결국 스트레스만 받는 골프를 하게 된다. 올바른 동작을 하기 위해서는 기본적인 동작들을 잘 지켜 주면서 자신의 스윙에 맞게 자연스럽고 부드럽게 해주는 것이 가장 좋은 방법이라 할 수 있을 것이다.

히트(Hit)와 스윙(Swing)의 차이

스윙스루(Swing Through)

애트 볼(at Ball)

골프를 하기에 유리한 체격 조건은 몸이 날씬하면서 키가 크고 근육질인 체격이 적합하다고 말한 적이 있을 것이다. 이러한 체격이 너무 근육질인 체격이나, 혹은 체격이 뭉친 듯하며 몸집이 좋은 체격보다는 더 유리하다는 뜻이며, 그렇다고 후자의 체격이 골프를 하기에 나쁘다는 뜻은 결코 아니다.

이렇게 굳이 구분해 보는 이유는, 골프는 클럽헤드가 원을 그리면서 빠른 속도로 공을 지나가게 되는데, 이때 몸의 유연함이 있어야 하기 때문이다.

일반 골퍼들 중에는 골프 스윙을 하면서 공을 때리려고 하는 경향이 많다. 즉, 어드레스에서 백스윙을 할 때 클럽을 위로 들어올렸다가 공을 향해 내리찍어 주듯이 공을 때리려고 하는 자세이다. 골프에서의 힘은 공을 향해 얼마나 강한 힘을 가해 주느냐가 아니라, 클럽헤드가 공의 위치를 얼마나 빠르게 지나가느냐에 달려 있다. 그러므로 공을 힘껏 때리려고 해서는 결코 안 될 것이며, 클럽헤드를 뿌리치듯 휘둘러 주면서 클럽헤드의 움직이는 속도를 최대한으로 해주려고 하는 것이 바람직하다.

그렇다면 아이언 샷에서는 공을 찍어 주듯이 스윙을 하여야 하며, 반드시 디벗(divot)을 내주어야 하는데, 이때 '클럽헤드가 공만 쓸고 지나가면 어떻게 될까?' 하는 의문이 생기게 된다.

우리는 여기에서 히트(hit)에 유의해 볼 필요가 있다. 히트는 클럽헤드가 공을 강한 힘으로 맞힌 후 그자리에서 멈추어 버리는, 즉 애트 볼(at ball)을 의미하는 것이기도 하다.

골프에서의 올바른 스윙은 클럽헤드가 백스윙의 정상에서 다운스윙을 거쳐 임팩트 순간과 폴로스루 동작이 거의 동시에 이루어지는 느낌으로 공을 힘차게 맞힌 후 동시에 공의 위치를 빠져나가야 한다. 즉 스윙스루(swing through) 해야 함을 의미한다.

예를 들면, 정면에서 강한 바람이 불어올 때나 공이 나무 밑에 들어가 있어서 트러블 샷을 할 때, 펀치 샷을 해야 하는 경우가 생기기도 하는데, 이런 경우의 샷이 히트 또는 애트 볼이 되는 것이다.

그러므로 공을 힘차게 맞히기 위해서는 강한 힘을 공에다 가하려는 생각보다는 클럽헤드가 공을 치고 빠져나가는 스루 더 볼(through the ball)을 해야 한다.

몸의 코일(Coil)에 대한 올바른 이해

　많은 일반 골퍼들을 지도하다 보면 백스윙을 하는 동작에서 가장 많은 문제점을 발견하게 된다. 이는 백스윙에 대한 올바른 이해의 부족과 그 중요성을 인식하지 못하는 데서 기인하기도 하지만, 대부분은 그 동작을 하는 방법을 잘 모르는 데에 있다.

　골프에서 백스윙의 목적은 공을 때리기 위해 클럽헤드를 위로 들어올리는 동작은 결코 아니다. 어드레스에서 몸을 오른쪽으로 회전시켜 주면서 단단히 받쳐 주는 하체 위에 상체를 꼬아 주어서 몸의 힘을 오른쪽 허벅지 부분에 모으는 데 그 목적이 있다. 즉, 백스윙은 상체를 회전시켜 몸을 꼬아 주는 것이지, 클럽을 들어올리는 동작이 아닌 것이다. 그러면 클럽은 어떻게 올려야 할까?

어드레스에서 백스윙을 시작할 때 클럽헤드의 움직임을 시작으로 상체가 오른쪽으로 회전을 하게 되는데, 이때 클럽헤드가 원을 그리면서 위로 올라가게 된다. 즉, 상체는 옆으로 회전하면서 몸을 꼬아 주고 클럽헤드는 원을 그리면서 뒤쪽 위로 올라가게 된다.

여기에서 가장 유의해야 할 것은, 머리의 지나친 고정을 피해야 한다.

즉, 어드레스에서 백스윙을 이룰 때 지나치게 머리를 고정시키려다 보면 머리가 제자리에 고정되어 있으므로 상체가 회전을 이루지 못하게 된다.

전에 언급한 것처럼 스윙의 축은 하나의 선이 아니라, 자신의 스탠스의 폭 정도가 축이 되므로 머리를 오른쪽으로 조금 움직여 주면서 상체를 회전시켜 주면 자연히 좋은 백스윙이 이루어지게 된다. 이때 머리가 오른쪽으로 움직이면 스웨이 현상이라고 생각하기 쉽고, 혹은 몸이 오른쪽으로 너무 많이 움직이는 것 같은 느낌을 가질 수도 있으나, 자신의 스탠스 폭인 스윙의 축 안에서는 조금씩 움직이는 것이 좋다.

그러므로 너무 지나치게 제자리에서만 백스윙을 하려고 하지 말고, 머리를 약간 오른쪽으로 움직여 주면서 상체를 회전시켜 백스윙을 하게 된다면 아주 훌륭하다고 하겠다.

결론적으로 백스윙의 올바른 목적은 몸을 꼬아 주는 것이지, 결코 공을 때리기 위해 클럽을 들어올려 주는 것이 아님을 인지하여야 할 것이다.

풀 스윙
FULL SWING

힘의 원천

코일(Coil)

언코일(Uncoil)

　골프에 있어서 힘의 원천은 어디에서부터 기인하는 것일까?

　이에 대한 정확한 답을 하기 위해서는 골프의 스윙에 대한 원리를 올바르게 이해하고 있어야 가능하다.

　골프의 스윙은 몸을 꼬아 주었다가 그 꼬인 몸을 힘차게 풀어 주는 것을 전제로 한다. 그러므로 백스윙 때에는 최대한으로 몸을 꼬아 비틀어 주듯이 하고, 다운스윙 때에 이렇게 꼬인 몸을 최대한의 빠른 속도로 풀어 주면, 바로 거기에서 가장 강한 힘이 생기게 되는 것이다.

　일반 골퍼들과 프로 골퍼들의 스윙을 비교 분석해 보면, 이것이 확실히 다르다는 것을 느낄 수가 있다.

　즉, 일반 골퍼들은 백스윙 때에 공을 때리기 위해 클럽을 들어올렸다가 다운스윙을 통해 공을 때리는 동작을 하는 경우가 많다.

　즉, 공을 때리려는 마음이 많기 때문에 상체만 사용하여 공을 때리려고 하는 것이다.

　그러나 프로 골퍼들의 스윙은 몸의 코일(coil)과 언코일(uncoil)이 반드시 이루어지고 있다. 즉, 백스윙 때 상체를 회전시켜 몸을 꼬아 주고, 다운스윙을 통해 꼬인 몸을 가장 강하게 풀어 주는 것이다.

　그러므로 골프에서의 힘의 원천이란 몸을 꼬았다가 힘차게 풀어 주는 데 있다고 볼 수 있으므로, 백스윙 때에는 상체를 오른쪽으로 회전시켜 주면서 상체를 충분히 꼬아 주고, 다운스윙을 통해 꼬인 몸을 하체와 허리·부분으로 빠르게 풀어 주어야 하는 것이다.

NOTE ｜ 언코일(uncoil) : 꼬였던 몸을 풀어 주는 것.

스루(Through)와 스쿠핑(Scooping)의 차이

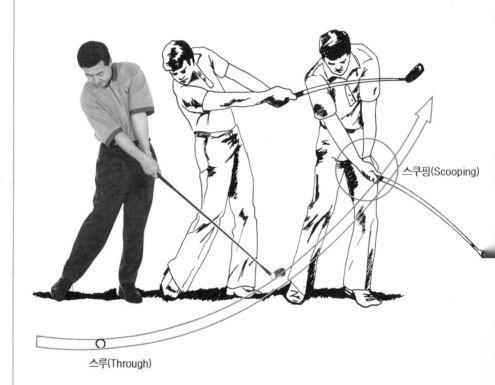

스쿠핑(Scooping)

스루(Through)

　공을 맞히는 임팩트는 상당히 짧은 시간이라고 할 수 있다. 그 순간에 공을 어떻게 맞히느냐에 따라 샷이 좌우된다.

　일반 골퍼들 중 상당수가 임팩트 순간에 공을 떠올려 주려고 하고 있다. 스쿠핑(scooping), 즉 손목을 사용하여 공을 퍼올려 주려고 하는 것인데 이는 잘못된 것이다.

　임팩트 순간에는 어드레스 때 클럽의 각도가 놓여진 상태가 그대로 유지된 상태에서 공의 위치를 지나가는 것뿐이다.

말 그대로 스루(through)한다는 것이다. 자신이 임팩트 순간에 공을 퍼올려 주려고 했는지 아닌지는 폴로스루 동작에서 잘 나타나게 된다.

그것을 확인하는 방법으로는 어드레스에서 백스윙과 다운스윙, 임팩트, 그리고 폴로스루 동작까지 마친 후, 피니시 동작을 하지 말고, 폴로스루 동작에서 동작을 멈추어 보면 알 수 있다.

그때 손목 부분이 구부러져 있게 되면 스쿠핑을 했다는 증거가 되고 손목 부분이 어드레스 때의 각도와 같다면, 이것이 스루했다는 증거가 된다..

이때 왼팔이 잘 펴져 있는지, 아니면 왼팔꿈치가 뒤로 빠지면서 구부러지지 않았나 하는 것을 확인할 수 있는데, 만약 팔이 잘 펴져 있지 않고 구부러져 있으면, 그것은 임팩트 순간에 공을 퍼올리려는 동작 때문이다.

그러므로 올바른 동작은 폴로스루 때 왼팔이 잘 펴진 상태에서 그립을 잡은 손목 부분이, 어드레스 때의 모양을 잘 유지해 준 상태를 말하는 것이다.

NOTE ┃ 스쿠핑(scooping) : 손목을 사용하면서 공을 퍼올리듯 스윙하는 것.

심플 스윙(Simple Swing)

몇 년 전 미국 여자 아마추어 골프 경기들 중에서 최고로 치는 아마추어 여자 챔피언쉽 경기에서 두 명의 한국 선수가 8강에 올라 시합하는 것을 TV중계를 통해 본 기억이 있다.

두 선수의 이름은 그레이스 박(Grace Park)과 제니 리(Jenny Lee)이다. 아깝게도 그레이스 박은 4강 진출에서 탈락하고, 제니 리는 4강에서 결승 진출에 탈락하고 말았다. 그 경기를 보았던 한국 사람들의 마음이 모두 같았겠지만, 같은 한국 사람으로서 또 같은 골퍼로서 얼마나 많은 응원을 했는지 모른다. 안타깝게도 우승은 못 했지만, 이제 한국 여성 골프가 드디어 세계 시장에서 빛을 보는구나 하는 뿌듯한 마음이 있었다.

그 경기를 보면서 그레이스 박 선수의 스윙을 자세히 관찰해 보았는데, 어드레스부터 피니시 동작이 끝날 때까지 하체를 거의 사용하지 않은 것을 알 수 있었다. 그럼에도 불구하고 드라이브의 비거리가 상대 경기자보다 무려 50yd(46m)나 더 나가고 있었다. 그 스윙을 보면서 스윙이 심플하면서도 상당한 파워를 내고 있구나 하는 생각을 가졌다. 일반 골퍼들이 비거리를 내지 못하거나 방향성이 좋지 못하는 것은 스윙 도중에 몸의 흔들림이 많기 때문이라 할 수 있다.

골프의 스윙은 컴퍼스로 원을 그리는 원리와 같다고 볼 수 있으며, 몸의 축은 컴퍼스의 대로, 클럽헤드는 원을 그리는 연필로 생각하면 될 것이다. 스윙을 올바르게 해주려면 스윙의 축을 중심으로 몸의 흔들림을 최대한으로 줄이면서 스윙을 해줄 때, 클럽헤드가 그리는 원이 정확하게 될 것이며, 원심력 역시 강해져서 상당한 비거리를 얻을 수 있게 되며 방향성 역시 좋아지게 된다.

어드레스에서 백스윙을 할 때 하체의 사용을 억제시켜 주며, 상체를 오른쪽으로 회전시켜 주고, 다운스윙과 임팩트, 폴로스루 동작을 할 때 하체를 사용하여 왼쪽 허리의 회전과 함께 클럽헤드를 공을 향해 휘둘러 뿌리치듯 스윙을 한다.

좋은 스윙은 심플하면서도 파워 있는 스윙이라 할 수 있다. 지나친 몸의 사용을 줄이고 제자리에서 상체를 충분히 꼬았다가 왼쪽 허리의 빠른 회전으로 꼬았던 몸을 빠르게 풀어 주어야 한다. 이렇게 해주었을 때 비로소 좋은 스윙이라 할 수 있다.

스윙 플래인(Swing Plane)

오른쪽 어깨 재봉선과 목덜미 사이 중간 부분에서 백스윙 정상을 이뤄야 정상적인 스윙 플래인이라 할 수 있다.

미국의 TV광고를 보면 스윙의 플래인(plane)을 올바르게 잡아 준다는 장비를 소개하는 것을 종종 볼 수 있다. 그것은 커다란 원으로 만든 것이며, 그 원의 중심에 서서 스윙을 원을 따라 해주게 되면 각 개인에게 알맞는 스윙의 플래인을 가질 수 있다고 소개한다.

스윙의 플래인은 크게 두 가지, 즉 플랫스윙(flat swing)과 업라이트스윙(upright swing)으로 나누어진다.

플랫스윙은 키가 작은 사람들에게 자연스럽게 생기는 스윙의 궤도라할 수 있으며, 업라이트 스윙은 키가 큰 사람들에게서 자연스럽게 나타나는 스윙의 궤도라 할 수 있다.

그러나 자신의 키에 너무 집착해서 "나는 키가 작으니까 플랫스윙을 해야 해." 하면서 단정할 필요는 없다. 이는 자신에게 알맞는 스윙의 플래인이 있기 때문에 굳이 자신의 키에 맞출 필요는 없는 것이다.

어드레스에서 백스윙의 정상을 이룬 다음, 자신의 클럽의 샤프트가 어느 위치에 와 있는지를 확인해 볼 필요가 있게 된다.

가령, 클럽의 샤프트가 자신의 오른쪽 어깨 재봉선보다 아래쪽으로 위치하고 있다면, 이는 너무 지나치게 플랫으로 스윙을 하고 있다는 증거가된다.

또 목덜미 윗부분에 클럽의 샤프트가 위치하게 되면, 이는 너무 지나친업라이트 스윙이 된다.

그러므로 올바른 위치는 키가 큰 사람이든, 혹은 작은 사람이든 상관없이 클럽의 샤프트가, 오른쪽 어깨의 재봉선 위치와 목덜미의 중간 정도에위치하는 것이 가장 좋다.

이를 올바르게 하려면 어드레스에서 백스윙을 이루는 과정 중에 손목의 코킹을 이루지 않은 상태에서 클럽헤드가 낮고 긴 테이크백을 해주고, 이때 클럽헤드가 인사이드 45° 방향으로 원을 그리듯 스윙하면서 상체의가슴을 돌려 주는 느낌으로 백스윙의 정상을 이루게 되면, 자연스럽게 올바른 위치에 머무르게 된다.

NOTE 스윙 플래인(swing plane) : 클럽헤드가 원을 그리면서 움직이는
스윙 궤도.
플랫스윙(flat swing) : 스윙의 궤도가 지면과 수평선에 가깝게 움직이는 것.
업라이트 스윙(upright swing) : 스윙의 궤도가 지면과 수직선에 가깝게 움직이는 것.

플랫스윙(Flat Swing)의 교정

플랫(Flat)

30cm

플랫스윙 교정 연습법. 이때 클럽헤드가 벽에
부딪히면 자신이 플랫스윙하고 있다고 판단해야 한다.

    사람의 키에 따라서 자연스럽게 플랫스윙과 업라이트 스윙으로 구분된
다. 키가 큰 사람은 공과 몸의 거리가 가깝게 되어 업라이트 스윙을 하게
되며, 반대로 키가 작은 사람은 공과 몸의 거리가 멀어지게 되므로 자연
히 플랫스윙을 하게 된다.

    이렇게 자신의 키에 따라서 자연스럽게 스윙이 이루어진다면 다행일
것이나, 그렇지 못하고 키가 큰 사람이 지나친 플랫스윙을 한다든지, 혹

은 키가 작은 사람이라 할지라도 너무 지나치게 플랫스윙을 한다면, 이 모두가 잘못된 스윙이라고 할 수 있을 것이다.

너무 지나치게 플랫스윙을 하게 되는 이유로서는 잘못된 그립에서 그 원인을 찾을 수 있다.

클럽을 잡는 방법은 사람에 따라서 각기 다를 수도 있으나, 최근의 패턴은 스트롱 그립(strong grip)이 주류를 이루고 있다. 다른 표현으로는 훅 그립(hook grip)이라고도 하는데, 이 그립은 왼손의 경우 위에서 내려보았을 때, 왼손등의 둘째손가락과 셋째손가락의 관절 부분이 보일 정도로 클럽을 말아 잡는 것이다.

이렇게 그립을 잡았을 때 엄지손가락과 둘째손가락이 이루는 역V자는 오른쪽 귀를 향하거나 그 이상이 된다.

이렇게 그립을 잡은 상태에서 백스윙을 하게 되면, 손목의 코킹이 일찍 이루어지게 되면서, 그만큼 뒤쪽으로 비스듬히 눕혀진 상태로 백스윙의 정상을 이루게 되므로, 지나치게 플랫스윙을 하게 되는 결과를 초래하게 된다.

이와 같이 잘못된 스윙의 플래인을 교정하기 위해서는 벽 같은 곳에 서서 엉덩이를 갖다 대고 어드레스를 취한 후 30㎝ 정도 전방으로 몸을 옮겨 주고, 그 지점에서 백스윙을 해보는 것이다.

이때 클럽헤드가 뒤쪽의 벽에 부딪히게 되면 이는 계속적으로 플랫하게 스윙을 하고 있다는 증거다. 그러므로 클럽헤드가 벽에 부딪히지 않을 때까지 반복, 연습을 해보면 많은 도움이 될 것이다.

NOTE │ 스트롱 그립(strong grip) : 클럽을 잡을 때 손을 덮어 위에서 눌러 잡는 것.

업라이트 스윙(Upright Swing)

NO

YES

백스윙시 양 어깨 높이는 거의 변하지
않아야 하며 너무 빠른 코킹은 미스 샷을 유발하기 쉽다는 것을 유념해야 한다.

플랫스윙은 스윙의 궤도가 지면에 대해 수평에 가깝게 움직이는 것이
며, 반대로 업라이트 스윙은 수직에 가깝게 움직이는 것이다.

백스윙을 시작하자마자 손목의 코킹을 이루면서 스윙을 하게 되면 왼
쪽 어깨가 낮아지게 된다.

이러한 모양으로 백스윙을 하게 되면 오른쪽 무릎 부분에 꼬임 현상이

일어날 수 없게 되어 백스윙의 본분을 다하지 못하게 된다. 또 이런 식으로 만들어지는 스윙은 정확한 샷을 할 수 없게 될 뿐만 아니라 파워도 없다.

백스윙 때 왼쪽 어깨가 너무 밑으로 떨어지는 경우는 업라이트 스윙을 강조하는 사람들에게서 많이 나타난다. 따라서 업라이트 스윙에 대한 올바른 이해가 필요하다.

업라이트 스윙이라고 해서 스윙의 궤도가 지나치게 지면과 수직으로 움직이는 것은 아니다. 어드레스 때의 왼쪽 어깨의 높이는 백스윙을 이루는 과정에서 그 높이가 낮아지거나 달라져서는 안 된다. 즉, 양 어깨는 레벨 턴(level turn)을 해주어야 한다.

어드레스에서는 왼쪽 어깨가 오른쪽 어깨보다는 약간 높고 자연스럽게 위치하여야 한다. 이러한 자세에서 백스윙을 진행하면서 백스윙의 두 번째 단계인 클럽의 샤프트가 지면과 수평을 이루고 그립을 잡은 손이 허리 부분 위치에 올 때까지 왼쪽 어깨의 높이는 어드레스의 높이를 그대로 유지해 주어야 한다.

그런 다음 백스윙이 더욱 진행되면서 손목의 코킹이 이루어지게 되고, 비로소 왼쪽 어깨는 오른쪽 어깨보다는 약간 아래쪽으로 낮아지면서 백스윙의 정상을 이루게 된다.

자신의 스윙 플레인이 업라이트이든 플랫이든 이와 같은 방법으로 연습을 해주는 것이 올바른 스윙을 익히는 방법이라 할 수 있다. 이는 스윙의 플레인에 너무 지나친 생각을 버리라는 의미이기도 하다.

NOTE 레벨 턴(level turn) : 스윙시 양쪽 어깨를 잇는 선이 지면과 수평으로 회전하는 것.

인사이드 아웃 스윙(Inside-out Swing)

골프는 본능적으로 자연스럽고 멋있는 스윙을 할 수 있을 때까지 많은 연습을 해야 한다. 그런데 일반 골퍼들 중에는 골프를 몇 시간만 배운 후 많은 연습을 하지 않았으면서도 공이 잘 맞지 않는다고 불평을 하는 것을 종종 보게 된다. 그중에서는 특히 슬라이스에 대한 고민이 가장 많은 것이 일반적인 현상이다.

슬라이스(slice)의 원인으로는 여러 가지가 있을 수 있으며, 그립, 어드레스, 스탠스, 그리고 스윙에 이르기까지 그 원인은 아주 다양하다.

그러므로 그 원인을 확실하게 찾아내어 그에 대한 대책을 세워서 반복 연습을 하다 보면 슬라이스를 잡는 일이 그렇게 힘든 일만은 아니다.

일반적으로 슬라이스만 났다 하면, 그 원인이 스윙이 아웃사이드 인이 거나, 아니면 헤드업이라고 말하기도 한다.

클럽헤드가 백스윙의 정상에서 아웃사이드 인으로 움직이게 되면 크게 두 가지의 미스 샷으로 연결되게 된다.

그 하나가 슬라이스이다. 이는 클럽페이스가 아웃사이드 인으로 움직이 면서 공이 컷되면 생기는 현상이다. 그러면 이 아웃사이드 인 스윙을 인 사이드 아웃 스윙으로 고칠 수 있는 방법은 무엇일까?

우선 어드레스에서 백스윙을 이룰 때, 클럽헤드의 움직임을 인사이드로 해주어야 한다. 즉, 상체를 충분히 꼬아 주어야 한다는 뜻이다. 그렇게 해주면 백스윙의 정상에서 클럽헤드의 위치가 인사이드, 즉 목의 약간 뒤 쪽이 되기 때문에 다운스윙시 인사이드에서 출발하게 되는 것이다.

그리고 백스윙의 정상에서 다운스윙의 시작은 반드시 허리의 빠른 회 전과 체중 이동으로 이루어져야 한다.

즉, 어드레스에서 백스윙을 이룰 때 반드시 인사이드 테이크백을 해주 면서 백스윙의 정상을 이루고 다운스윙의 시작은 체중 이동과 함께 허리 의 빠른 회전으로 다운스윙을 리드하게 되면 자연히 클럽헤드의 움직임 이 인사이드에서 아웃사이드로 움직이게 되는 것이다.

아웃사이드 인(Outside to in) 교정

불충분한 백스윙은 아웃사이드 인 스윙을 유발한다.

골프의 스윙은 클럽헤드의 움직이는 방향에 따라서 세 가지의 스윙 패스(path)로 구분할 수 있다. 그 첫째는 인사이드 인(inside to inside), 둘째로는 인사이드 아웃(inside to out), 그리고 마지막으로 아웃사이드 인(outside to in)이다.

이 중에서 가장 좋은 것은 클럽페이스가 인사이드에서 들어와 공을 정면으로 맞히고 다시 인사이드로 들어가는 인사이드 인이다. 그 다음은 클럽페이스가 인사이드에서 들어와 공을 맞히고 바깥쪽으로 빠져나가는 인사이드 아웃 스윙이다.

만약 인사이드 아웃으로 스윙을 하게 되면 대부분 드로성 구질이거나 훅성 구질의 샷을 하게 된다. 마지막으로는 클럽페이스가 아웃사이드에서 들어와 공을 맞히고 인사이드로 빠져나가는 아웃사이드 인이다. 이 스윙을 하게 되면 대분분은 슬라이스성 구질의 샷이거나 풀 샷, 혹은 페이드성 구질이 나오게 되어 있다.

이렇게 세 가지로 구분해 볼 때, 일반 골퍼들에게 있어서 아웃사이드 인 스윙이 가장 많이 일어나는 스윙의 궤도라 할 수 있다. 이렇게 아웃사이드 인의 스윙 궤도가 나오게 되는 원인이 어디에 있을까?

이러한 물음에 대해 전문가들은 그 원인이 잘못된 백스윙에 있다고 주장한다. 즉, 백스윙의 정상 때에 충분한 상체의 회전으로 백스윙을 크게 해주어야 하는데, 백스윙의 크기를 너무 작게 한 상태에서 다운스윙을 시작해 버리면서 자연히 아웃사이드 인이 이루어지게 되는 것이다.

혹은 어드레스에서 백스윙을 이루는 과정에서 오른쪽 허리 부분이 펴지면서 올라가고 반대로 왼쪽 허리 부분은 낮아지면서 스윙을 이루게 되기 때문이기도 하다.

그러므로 이처럼 잘못된 방법을 교정하려면 먼저 어드레스에서 백스윙을 이루는 과정에서 양쪽 허리 부분의 높이를 일정하게 해주어야 한다. 그런 다음 단단한 하체 위에 상체를 충분히 꼬아 주면서 충분한 백스윙의 정상을 이루어야 한다.

이렇게 하여야만 다운스윙 때에 쉽게 풋워크(footwork)를 할 수 있게 되며, 허리 부분의 부드러운 회전으로 인해 자연스럽게 인사이드 아웃 스윙을 하거나 혹은 인사이드 인 스윙을 하게 된다.

스윙 패스(Swing Path)에 대한 올바른 이해

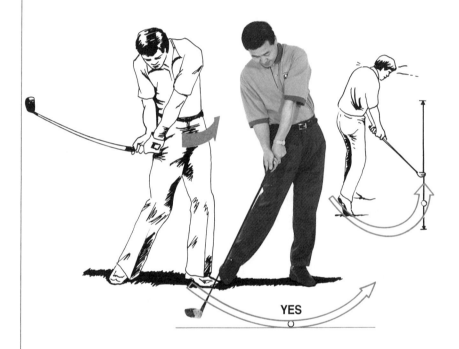

YES

올바른 샷을 하기 위한 좋은 동작들은 여러 가지가 있다. 그러나 가장 중요한 것은 임팩트 순간에 공이 클럽페이스와 목표 방향으로 직각이 되게 맞히는 일이다. 즉, 백스윙을 시작하는 동작에서 클럽을 빨리 들어올려 미리 코킹을 하는 방법, 혹은 손등을 뒤집듯이 돌려 주면서 백스윙을 하는 요령, 반대로 클럽페이스를 공과 직각이 되게 유지해 주면서 위로 올려 주는 방법, 업라이트 스윙 방법, 그리고 플랫스윙 방법 등 여러 가지가 있다.

그러나 어떻게 출발하든 공을 맞히는 순간에 직각으로 맞히는 일이 가장 중요한 것이라 할 수 있다. 위에서 예를 든 백스윙에 대한 방법들은 임팩트 순간에 공을 직각으로 맞히는 데 있어서 가장 좋은 방법이라고 해도 과언이 아니다.

아마도 클럽헤드의 움직임에 대해 인사이드-스퀘어-인사이드(inside-square-inside)에 대해 들어본 적이 있을 것이다. 이는 클럽헤드가 다운스윙 때 인사이드에서 들어와 직각으로 임팩트를 이루고, 다시 인사이드로 폴로스루함을 말한다. 클럽헤드가 인사이드-스퀘어-인사이드로 움직인다 하여 골프의 스윙 자체를 인사이드-스퀘어-인사이드로 해서는 안 되는 것이다.

만약 그러한 요령으로 한다면, 이는 결국 손목을 사용하는 스윙이 되거나, 아니면 보기에 심히 흉한 스윙이 되고야 말 것이나, 클럽헤드가 인사이드-스퀘어-인사이드로 움직이는 스윙을 하기 위해서는 인사이드 아웃 스윙의 요령만 확실히 익혀 두면 될 것이다.

이는 어드레스에서 백스윙을 인사이드 45° 방향으로 상체의 회전과 함께 클럽헤드를 움직여 주면서 백스윙의 정상을 이루고, 다운스윙 때에는 반드시 체중 이동과 함께 허리의 빠른 회전으로 스윙을 리드하게 되면, 자연히 오른쪽 팔꿈치가 몸에 붙여지면서 인사이드로 다운스윙을 이루게 된다. 그후에는 직각으로 임팩트 순간을 맞이하게 될 것이다.

이때 그 다음 동작에서 클럽헤드가 인사이드로 움직여야 한다고 해서 팔을 몸 쪽으로 끌어당기듯 폴로스루하는 것은 좋은 방법이 아니다. 폴로스루 때에는 클럽헤드의 움직임에 전혀 상관하지 말고 아웃사이드로 폴로스루하려고 하면 몸의 빠른 회전에 의해 클럽헤드가 공을 정면으로 맞히고 곧바로 인사이드로 들어가게 되는 것이다.

즉, 스윙을 인사이드에서 아웃사이드로 이루게 되면 클럽헤드의 움직임은 인사이드-스퀘어-인사이드로 이루어지게 되는 것이다.

NOTE 스윙 패스(swing path) : 클럽헤드가 공의 위치를 지나가는 방향.

스윙(Swing)의 운동 법칙

YES

NO

배치기

    골프 경기에 있어서 일반 골퍼들과 프로 골퍼들은 우선 그 환경부터 크게 다르다. 프로 골퍼들은 컨디션이 최상인 골프장에서 경기를 하게 되며, 그에 따른 모든 조건들 또한 모두 갖추어져, 최상의 조건에서 경기를 가지게 된다.

    그러나 일반 골퍼들, 특히 주말 골퍼들의 사정은 이와 판이한 것이 사실이다. 일 주일에 한 번 주어진 기회를 놓치지 않기 위하여 여러 골프장에 예약을 해보기도 하지만 좋은 시간은 이미 다 정해져 있고, 아침 이른 시간이나, 혹은 오후 늦은 시간이 겨우 주어지기 십상이다. 게다가 골프장에 도착하면, 충분히 연습할 시간도 없이 곧바로 티업을 해야 한다.

이때 가장 조심해야 할 것은 충분하게 몸이 풀리지 않은 상태에서 공을 쳐야 하므로, 허리 부분을 다칠 위험이 많다. 사람의 근육은 잠에서 깨어난 지 2시간이 지나야 정상적인 기능을 할 수 있다고 한다.

그러므로 무리한 스윙을 해서 몸을 다치는 일이 없도록 유의하여야 할 것이다.

골프를 할 때 사람의 신체 부위 중에서 가장 많이 사용되는 부분은 허리이다. 일반 골퍼들 중에는 골프의 스윙 때 허리를 어떻게 움직여야 하는지를 잘 모르고 있는 경우가 더러 있다.

골프의 스윙에서 허리는 좌우로 회전한다. 즉, 어드레스 때 상체의 숙여진 각도에서의 허리는 그 높이와 각도가 변하지 않은 상태에서 좌우로 평행하게 회전하여야 한다.

그러나 일반 골퍼들 중에는 배치기 스윙을 하면서 허리를 상하로 사용하는 경우가 많이 있다. 허리는 좌우로 평행이 되게 회전만 하는 것이지 상하로, 또는 앞뒤로 움직이는 배치기가 아니다.

그러므로 어드레스에서 백스윙을 이룰 때에는 몸을 꼬아 비틀어 준다는 느낌이 되어야 하며, 다운스윙 때에는 꼬인 몸을 풀어 준다고 생각하면 몸은 자연히 좌우로 회전을 하게 된다.

그러지 않고 백스윙 때에 공을 때리기 위해 클럽을 들어올리는 듯 백스윙을 하고, 다운스윙과 폴로스루 때에는 공을 퍼올려 주듯이 배치기 스윙을 하게 되면 안 된다. 즉, 골프의 스윙은 몸을 꼬았다가 풀어 주는 좌우 평행 회전 운동임을 확실히 기억해야 한다.

장타의 비결 1

팔과 클럽 길이를 최대한 활용하라.

클럽헤드의 스피드

골프의 스윙을 제대로 배우지 않고 본인 스스로, 혹은 친구의 도움을
얻어 골프를 계속해 오다가 1~2년이 지난 후에야 다시 제대로 배우려고
티칭 프로를 찾아가는 경우도 더러 있다. 이런 경우에는 가르치는 티칭
프로나 배우는 본인도 상당한 어려움을 느끼게 된다.

나쁜 습관을 1~2년 가지고 있다가 그것을 몇 시간 동안의 레슨으로
고치기는 상당히 어려운 것이다. 그래서인지 본인은 상당한 기대를 가지
고 티칭 프로를 찾았고 레슨도 받았는데, 공은 왠지 지난번보다 더 안 맞

288

는다고 불평을 늘어놓게 되는 것이다. 나쁜 습관을 좋게 하는 데에는 본인의 끝없는 노력과 오랜 시간이 필요하게 된다. 오랫동안 해오던 스윙이 순간적으로 바뀌거나 고쳐지는 것은 아니므로, 오랜 시간을 가지면서 인내하여야 하는 것이다.

공을 멀리 이왕이면 똑바로 날려 보내고 싶은 마음은 누구나 똑같을 것이다. 그러기 위해서 부단히 노력하는 것이 아닐까?

예전의 드라이브는 우드(wood)로 만들어진 데 반하여, 요즘엔 우드는 거의 찾아볼 수가 없고 메탈(metal)로 만들어진 드라이브가 시장을 휩쓸고 있다. 특히 티타늄을 소재로 만든 드라이브가 골프장을 휩쓸고 있다.

그러나 언뜻 생각하기에는 우드로 만든 드라이브보다 메탈로 만든 드라이브가 공을 더 멀리 날려 보낼 것 같은데, 이것은 그 요령을 제대로 알고 있을 때에만 가능한 일이다.

메탈 드라이브는 강한 펀치력으로 공을 치는 것보다는 몸의 빠른 회전에 의해 휘둘러지는 클럽헤드의 스피드로 공을 때려 줄 때 그 위력이 강해지는 것이다.

그러기 위해서는 스윙의 아크(arc)를 크게 해주어야 하며, 어드레스에서 백스윙을 이룰 때 클럽헤드가 지면을 스치듯 낮고 길게 테이크백을 해주어야 한다. 그리고 백스윙의 정상을 이루고 다운스윙을 거쳐 임팩트에서부터 폴로스루 과정이 이루어질 때에는 백스윙의 시작 때와 같이 낮고 긴 폴로스루를 해주어야 하는 것이다.

장타를 치는 프로 골퍼들의 스윙을 자세히 관찰해 보면, 폴로스루 동작에서는 자신의 팔 길이와 클럽의 길이를 최대한으로 사용하는 것을 볼 수 있다.

그러므로 요즘 사용하고 있는 메탈 소재의 드라이브로 스윙을 할 때에는 공을 때리려고 하는 것으로 만족하지 말고, 몸의 회전을 이용한 스윙의 아크를 최대한으로 크게 해주면서 클럽헤드가 만들어내는 원심력을 이용한 클럽헤드의 스피드로 쳐야 할 것이다.

장타의 비결 ②

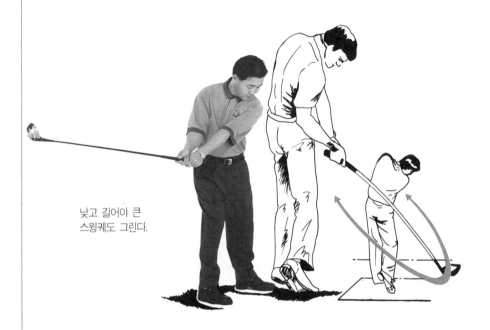

낮고 길어야 큰
스윙궤도 그린다.

골프의 스윙은 클럽을 휘둘러서 클럽헤드가 움직이는 속도, 즉 원심력
으로 공을 때려야 한다. 아무리 강하게 공을 친다 하더라도 클럽헤드의
스피드가 없으면 아무 소용이 없게 된다.

그러므로 클럽을 휘둘러서 뿌리치듯 스윙을 해주어야 한다. 이왕이면
클럽헤드가 그려 주는 아크가 크면 클수록 그 원심력은 더 강해지게 된
다. 그래서 백스윙의 시작은 낮고 길게 하여야 하며, 폴로스루 역시 낮고
길게 스루해 주라고 하는 것이다.

그러면 클럽을 크게 휘둘러 스윙의 아크를 크게 해주려면, 어드레스에

서 백스윙을 시작할 때 오른쪽 무릎의 축을 잘 지탱시켜 주면서 클럽헤드가 지면을 스치듯 낮고 길게 스윙을 시작하여야 한다.

이때 손목을 사용하여 일찍 코킹을 하려고 해서는 안 되며, 그립 부분이 오른쪽 허리 부분까지 올 때까지 길게 테이크백을 해주어야 한다.

혹시 백스윙을 하면서 오른쪽 팔꿈치를 몸 쪽으로 붙여 주면서 스윙을 이루는 골퍼가 있으면, 그것은 스윙의 아크를 작게 만들어 주는 것이 되므로 유의하여야 할 것이다.

클럽헤드가 그리는 원은 가능한 한 크게 그려 주어야 한다. 이렇게 백스윙의 정상을 이룬 후 다운스윙의 시작에서는 반드시 체중 이동이 선행되어야 한다. 체중 이동 없이 다운스윙을 하게 되면 이것은 결국 손으로만 공을 때리는 결과가 된다. 몸이 왼쪽으로 약간 빠져나가는 것 같은 느낌이 들 정도로 체중 이동을 충분히 해주는 것이 좋으며, 지나치게 스웨이가 되지 않도록 유의하여야 할 것이다.

올바른 체중 이동과 함께 다운스윙과 임팩트를 이루고 폴로스루 역시 클럽헤드가 지면을 스치듯 낮고 길게 빠져나가야 한다.

이렇게 해줄 때만이 클럽헤드가 그려 주는 원이 가장 크게 되며, 거기에다 스피드만 붙여 주게 되면 자연히 원심력이 강해져서 장타가 나오게 되는 것이다.

비거리와 원심력

빠른 회전

체중 이동

좋은 스코어를 내기 위한 많은 조건 중에서 중요한 것 한 가지는 비거리이다. 쇼트 게임에 아무리 능하다 하더라도 드라이브 샷이나 아이언 샷에 비거리가 없으면 자신의 능력에 한계를 느끼게 된다. 만약 비거리도 좋고 쇼트 게임도 잘할 수 있으면, 이는 프로 골퍼와 다를 바가 없다고 하겠다.

요즘 가장 인기 있는 프로 골퍼들 중의 한 사람으로 타이거 우즈 (Tiger Woods)라는 유명한 선수가 있는데, 이 선수의 비거리는 상당히 길다. 젊기 때문인지는 몰라도 몸의 유연성이 뛰어나며, 키도 훤칠하게 크면서 몸의 근육 역시 굉장히 탄력성 있게 보인다.

이 선수의 스윙하는 동작을 자세히 살펴보면, 상당히 빠르게 클럽을 휘둘러 준다는 것을 알 수 있다.

즉, 클럽헤드를 뿌리쳐 휘둘러 주면서 클럽헤드가 만들어내는 원심력을 가장 강하게 이용하는 것이다. 결국 비거리는 클럽헤드가 만들어내는 스피드, 즉 원심력이 되는 것이다.

그렇다면 가장 강하게 클럽헤드의 스피드를 내주려면 어떻게 하여야 할까? 우선 클럽헤드가 그려 주는 스윙의 아크(arc)가 커야 한다. 그러려면 어드레스에서 백스윙을 시작하기 전에 최대한으로 몸이 릴랙스되어야 한다. 그런 후에 클럽헤드가 지면을 스치듯 낮고 길게 테이크백을 이루어야 한다.

즉, 클럽헤드가 자연스럽게 원을 크게 그리면서 움직여 주어야 한다. 그러려면 손목의 코킹은 당연히 레이트 코킹(late cocking)이 되어야 한다.

또 백스윙의 정상을 이룬 후에는 반드시 약간의 멈춤이 있어야 한다. 즉, 어드레스에서 백스윙의 정상을 이룰 때까지 클럽헤드의 움직임을 천천히 가볍게 해주면서 정상을 이루어야 하는데, 이는 다운스윙 때 가장 강한 힘으로 클럽을 휘둘러 주기 위한 동작이다.

완벽하게 백스윙의 정상을 이룬 후에는 클럽헤드를 공을 향해 휘둘러 뿌리치듯 강한 스피드로 클럽을 끌어내려야 한다. 즉, 체중 이동과 함께 몸의 빠른 회전으로 클럽헤드의 스피드를 최대한으로 높여 주어야 하는 것이다.

이때 백스윙의 정상에서 피니시의 마지막 동작까지 순간적으로 아주 빠르게 스윙이 이루어지는 것을 느끼게 되는데, 이것이 곧 원심력인 것이다.

NOTE 레이트 코킹(late cocking) : 백스윙시 손목을 상하로 움직이게 꺾어야 하는데, 그 동작을 백스윙의 마지막 동작 직전에 함.

스윙(Swing)의 아크(Arc)

클럽헤드 스피드

골프는 다른 운동에 비해 많은 적과 싸워야 하는 운동이다. 여기에서 말하는 적이란, 골프장의 환경을 의미한다. 즉 세차게 불어치는 바람이나, 잔디의 길이가 긴 러프(rough), 그리고 그린 주위의 벙커(bunker)와 해저드(hazard), OB 선 등을 들 수가 있다.

그중에서도 가장 강한 적은 상대방 선수의 마음을 불편하게 하는 태도나 말일 수가 있다. 그러나 골프는 자신과의 싸움이므로 상당한 인내가 필요하게 되는 것이며, 어떠한 나쁜 상황에서도 자신을 잘 극복하면서 홀

륭한 경기를 한다면, 이것이야말로 진정한 골퍼라 할 수 있다.

앞에서 몇 번에 걸쳐서 장타의 비결과 원심력에 대해 언급한 적이 있지만, 스윙의 아크에 대해 좀더 자세히 해둘 필요가 있어서 다시 한 번 알아보기로 한다.

클럽헤드가 그려 주는 원을 크게 하라고 하니 원만 크게 그리려고 하다가 오히려 몸이 춤을 추듯 오른쪽, 왼쪽으로 움직이는 경향이 많이 나타나는 것 같다.

스윙의 아크란, 스윙 때 몸의 축을 확실히 잡아놓은 상태에서 스윙의 아크를 크게 해주어야 하는 것이지, 축이 움직이면서까지 스윙의 아크를 크게 해주는 것은 크게 잘못된 것이다.

스윙의 원심력이란 클럽을 휘둘렀을 때 클럽헤드의 무게가 바깥쪽으로 달아나려고 하는 힘을 말하는 것이다.

그러므로 강한 원심력을 내려면 클럽헤드가 큰 원을 그려야 하지만, 스윙의 축을 철저히 잡아 주어야 한다. 어떤 이는 스윙의 아크를 크게 해주려고 백스윙 때에 왼발 뒤꿈치를 벌떡 들어올려 주면서까지 스윙을 하는 경우가 생기는데, 이는 크게 잘못된 방법이므로 주의해야 한다. 스윙은 단순하면서 크게 해주어야 한다.

즉, 스윙이 단순하다는 것은 스윙의 축을 철저히 지켜 주어야 한다는 뜻이며, 스윙을 크게 해야 하는 것은 클럽헤드의 스피드를 빠르게 해줌으로써 원심력을 강하게 해주라는 뜻인 것이다.

스윙의 축을 잘 지켜 주려면 백스윙은 상체의 회전으로 이루어져야 한다. 즉 하체의 흔들림이 생겨서는 안 되며, 반대로 다운스윙에서는 체중 이동과 함께 허리의 빠른 회전으로 클럽헤드를 끌어내려야 하는 것이다. 이때 체중 이동으로 인해 몸이 약간 밀리는 정도는 괜찮으나, 계속해서 밀리는 스웨이에 유의하여야 할 것이다.

NOTE ┃ 러프(rough): 잔디의 길이가 긴 곳.

클럽헤드(Clubhead) 스피드의 감속 방지 요령

볼을 때리는 것에 신경을 쓰는 것보다는 자신의 스윙궤도 속에 볼이 있다고 간주하고 자연스럽게 스윙을 해주는 것이 클럽헤드 스피드를 빠르게 해주는 요령이다.

비거리를 내기 위해서는 클럽헤드의 빠른 움직임이 있어야 하며, 클럽헤드의 페이스 정면(sweet spot)에 공을 맞혀야 한다. 아무리 빠른 헤드의 움직임이 있다 하더라도 스위트 스폿(sweet spot)에 공을 맞히지 못하면 소용없게 되고, 오히려 더 잘못될 수 있는 소지가 높아지게 된다.

또 반대로 아무리 클럽페이스의 정면에 공을 잘 맞혔다 하더라도 클럽헤드의 빠른 움직임이 없으면 비거리를 내지 못하게 된다.

일반 골퍼들이 비거리를 제대로 내지 못하는 이유 중에는 이 두 가지가 모두 포함될 수 있겠지만, 클럽헤드의 스피드를 내지 못하는 데에는 일반 골퍼들의 잘못된 이해에서 기인되는 또 다른 이유가 있다고 생각한다.

다운스윙에서 의식적으로 체중 이동을 하려고 애쓰는 사람들이 많은데, 이렇게 다운스윙에서 의식적으로 체중 이동을 하려는 데에서 잘못이 생기게 되는 것이다. 체중 이동을 의식적으로 하려고 하는 경우, 체중 이동보다는 오히려 머리가 먼저 움직이게 되는 잘못을 범하기 쉽다. 그러므로 의식적인 체중 이동보다는 스윙의 올바른 순서를 지켜 주려고 하는 것이 보다 중요하다.

몇 번에 걸쳐서 설명해 왔지만, 다운스윙의 순서는 왼발 뒤꿈치의 착지를 시작으로 하반신의 리드에 따라 왼쪽 무릎, 왼쪽 허리, 그리고 상체의 부드러운 스윙스루로 피니시까지 연결하게 된다. 이렇게 하면 체중 이동 또한 자연스럽게 이루어지게 되고 클럽헤드의 스피드도 강화시킬 수가 있다.

또한 백스윙의 정상에서 왼발 뒤꿈치를 먼저 땅에 디딘 후 주저하지 말고 한꺼번에 힘껏 클럽헤드를 뿌리치듯 휘둘러 주어야 한다. 너무 공을 때리는 것에만 신경을 쓰다 소심한 스윙을 해버리게 되면, 스윙의 스피드가 낮아지고 또 임팩트 때 왼손등이 열려 버리면서 공의 위치보다 앞쪽으로 나가 버리고 만다.

스윙을 할 때에는 임팩트에 너무 구애받지 말고 백스윙의 정상에서부터 피니시 동작까지 한꺼번에 공을 쳐낸다는 기분으로 스윙스루 해주는 것이 좋다. 임팩트를 하나의 점으로 생각하지 말고 클럽헤드가 그리는 원 안에 공이 들어 있다 생각하는 것이 좋다.

NOTE | 스위트 스폿(sweet spot) : 클럽페이스의 정가운데를 말함.

올바른 시선

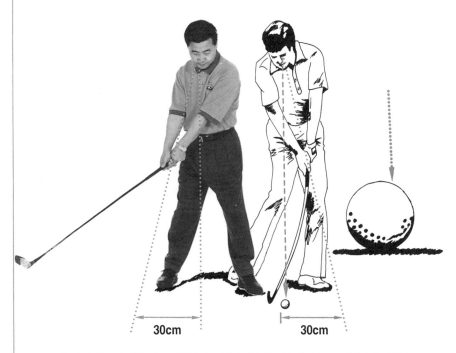

30cm   30cm

백스윙시에는 볼 뒤쪽 30㎝ 지점까지, 다운스윙시에는 볼 앞쪽 30㎝ 지점까지 시선을 넓혀 줘야 유연한 스윙이 가능하다.

골프는 공을 멀리 보내는 데에도 그 목적이 있지만, 그보다도 정확하게 보내는 데 진정한 목적이 있다고 말할 수 있다. 그러므로 공을 보내야 할 장소에 정확하게 보내기 위해서는, 스윙을 하는 과정에서 눈의 시선이 상당히 중요하다고 말할 수 있다.

대부분의 골퍼들도 스윙 중에는 반드시 눈으로 공을 응시해야 한다고 알고 있다. 그러나 너무 지나치게 공을 응시하다 보면 스윙을 어렵게 만 드는 수가 생기게 된다.

스윙에 있어서 눈이 장애의 요인으로 작용하는 경우는 크게 두 가지로 말할 수 있다.

하나는 백스윙을 할 때 공을 너무 지나치게 응시함으로써 상체의 충분 한 회전을 방해하는 경우이다.

또 다른 경우는 다운스윙에서 공이 눈에 보이기 때문에 서둘러 공을 치려고 덤비게 되는 것이다. 그러므로 백스윙을 시작하는 과정에서 눈의 시선을 공에다 너무 집착하지 말고 클럽헤드의 움직임을 따라 시야의 범 위를 넓혀 주는 것이 좋다.

즉, 어드레스에서 백스윙의 시작은 클럽헤드가 지면을 스치듯 낮고 길 게 해주어야 한다. 이때 클럽헤드가 지면에서 20~30㎝ 정도 끌리듯 할 때 눈의 시선을 공에 두지 말고 클럽헤드를 따라 조금 오른쪽으로 움직 여 준다. 이렇게 하면 어깨의 회전이 한결 잘 이루어져서 상체의 꼬임을 충분히 할 수가 있게 된다.

이렇게 한다 하더라도 눈이 공에서 완전히 떨어지는 것은 아니고, 거의 본능적으로 공이 눈에 들어 오게 되어 있으므로 걱정하지 않아도 된다.

또 다운스윙에서도 마찬가지로 공의 20~30㎝ 앞쪽으로 시선을 넓혀 서 클럽헤드가 공을 치고 충분히 빠져나갈 수 있도록 해주어야 한다.

눈의 시선을 한자리에만 지나치게 고정시키려 하지 말고, 공의 앞뒤로 20~30㎝ 지점으로 시야를 넓히면서 유연하고도 부드러운 스윙을 유도 하여야 할 것이다.

양팔의 사용 순서

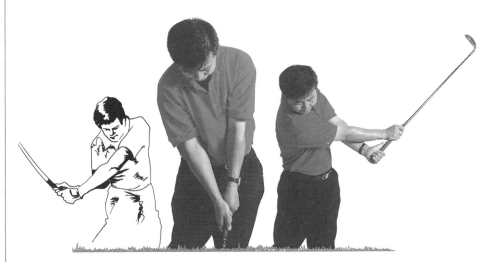

다운스윙은 왼손, 임팩트는 양손, 폴로스루는 오른손이 리드!

골프를 시작하기 가장 좋은 나이는 몇 살인지에 대한 질문을 종종 받는다. 이에 대한 좋은 답으로는 요즘 한창 인기 있는 프로 골퍼 타이거 우즈(Tiger Woods) 경우를 들 수 있다.

타이거 우즈의 아버지는 골프를 무척 좋아하는 사람이며, 군인출신이었다. 아버지는 타이거 우즈를 임신한 아내 앞에서 골프 스윙을 하며 태교를 시켰다고 한다. 그렇게 간절한 아버지의 태교 덕분이었는지, 이미 세 살 때부터 클럽을 휘두르면서 공을 맞히기 시작하여 아버지와 골프 코스에서 많은 시간을 보냈다고 한다.

이와 같은 예는 골프를 시작하기 좋은 때가 언제인지를 확실히 말해

주는 좋은 예라 할 수 있을 것이다.

골프를 하는 사람이면 누구든지 공을 멀리 날려 보내고 싶어한다. 이는 골프를 처음 시작하는 초보자이거나, 혹은 프로 골퍼들까지도 마찬가지이다.

경험이 많지 않은 초보자인 경우에는 무조건 힘껏 때리면 공이 멀리 날아갈 줄 알고 온몸으로 공을 때리는 것을 볼 수 있다. 그러나 얼마 후에는 옆구리가 아프거나, 혹은 등 뒤쪽, 갈비뼈 등이 아프다고 불편해한다.

골프에서는 힘을 다해 공을 때린다고 해서 공이 멀리 가는 것이 아니라, 스윙의 원리를 알고 그 원리에 맞추어서 올바르게 휘둘러 주어야만 힘들지 않고도 공을 멀리 날려 보낼 수가 있는 것이다.

골프에서 공을 때릴 때 양손을 동시에 사용하여야 한다. 이때 가장 유의하여야 할 것은 오른손과 왼손을 번갈아 가면서 사용하여야 하는 것이다. 손은 동시에 사용하지만 스윙을 이루는 동안 두 손의 사용 시기가 달라야 한다. 즉, 어드레스에서 백스윙의 정상을 향해 올라갈 때에는 양손을 같이 사용하여 같은 힘을 사용하여야 하며, 백스윙의 정상에서 피니시까지 이룰 때에는 그때마다 양손의 사용 시기가 달라지게 된다.

백스윙의 정상에서 다운스윙 때까지는 왼팔이 리드가 되면서 오른팔이 끌려 내려가듯이 스윙을 이루어야 하며, 임팩트에 와서는 양손을 동시에 사용하여 가장 강한 힘으로 공을 맞혀 주어야 한다.

또 곧바로 폴로스루로 넘어가게 되는데, 이때에는 오른팔이 리드가 되어야 한다. 긴 폴로스루를 해주기 위해서이다. 그러나 이때 왼손이 너무 약해서 왼팔 팔꿈치가 구부러지면서 일찍 몸 쪽으로 당겨지는 일이 있어서는 곤란하다.

그리고 피니시에서는 다시 양손이 똑같이 사용되어야 한다. 여기에서 유의하여야 할 것은 양손의 리드가 다르다고 해서 갑자기 왼손만 강하게 쓴다거나 또 오른손만 사용하는 일이 없어야 할 것이다. 거의 동시에 일어나는 것이므로 왼손 - 양손 - 오른손의 개념은 느낌으로 할 것이며, 너무 지나치지 않도록 하여야 한다.

왼팔의 사용 요령

어드레스의 왼팔꿈치를 자연스럽게 뻗어 주어야지, 너무 힘을 줘 직선을 유지하다 보면 자연스런 스윙을 할 수 없게 된다.

골프는 왼팔을 위주로 스윙을 해주어야 한다고 늘 들어왔을 것이다. 그러나 이것은 일반 골퍼들에게는 상당히 느끼기 힘든 부분이기도 하다. 아무래도 왼팔보다는 오른팔이 더 강하며, 왼팔을 사용하는 것보다는 오른팔로 공을 때리는 것이 더 유리하리라는 생각이 들기 때문이다.

그러나 어드레스에서 그립을 잡는 주된 손은 왼손이다. 그러므로 클럽의 샤프트는 왼팔의 연장이라고 생각하고, 왼팔의 리드로 스윙을 주도하는 것이 바람직하다.

　어드레스 때 특히 주의를 요하는 곳은 왼팔의 팔꿈치 부분이다. 왼팔꿈치 부분이 어드레스에서 강조되는 이유는 왼팔꿈치를 제대로 사용하느냐, 혹은 힘을 제대로 사용하느냐에 따라서 그 여부가 결정되기 때문이다.

　그러므로 어드레스 때 왼팔꿈치에 여유를 주고 자연스럽게 자세를 잡아 주는 것이 자신의 힘을 최대한으로 발휘할 수 있게 하는 요인이 된다.

　만일 어드레스 때 왼팔을 쭉 펴서 팔꿈치 쪽에 힘을 주고 자세를 취하게 되면, 자신도 모르는 사이에 온몸에 힘이 들어가 스윙은 딱딱해질 수밖에 없게 된다. 그리고 양 어깨 부분에 힘이 잔뜩 들어가게 되므로 미스 샷이 나오기 쉽고 설상가상으로 공을 맞혔다 하더라도 비거리가 나지 않는 샷을 할 수밖에 없을 것이다.

　간혹 어드레스 때 왼팔을 쭉 펴주라고 권하는데, 이러한 충고는 어디까지나 왼팔이 직선이 되는 것처럼 해주라는 뜻이지, 말 그대로 힘을 잔뜩 주어서 직선처럼 꼿꼿하게 해주라는 뜻은 아니다.

　어드레스 때 자연스럽게 펴진 왼팔은 풀 스윙을 이루는 과정에서도 부드럽게 여유를 가져야 한다. 왼팔을 부드럽고 여유 있게 해주면, 언제 힘을 가해야 하는가에 대한 의구심이 생길 것이다.

　골프의 스윙은 말 그대로 스윙(swing), 즉 휘두른다는 뜻이다. 히트가 아니고 클럽헤드의 원심력을 이용하여 클럽헤드를 공을 향해 휘둘러 준다는 의미인 것이다.

　그러므로 어느 순간에 힘을 가하려고 해서는 안 되며, 오직 클럽헤드의 스피드만 내주려고 하는 것이 올바른 방법이라 할 수 있다.

몸통 스윙(Swing) 1

 골프에서도 다른 스포츠와 마찬가지로 좋은 티칭 프로를 만나는 것이 골퍼들에게는 굉장히 중요한 일이다. 열심히 가르치는 것과 올바르게 가르치는 것은 엄연히 구별되어야 마땅한 일이다.

 요즘 골프 인구가 늘어남에 따라서 티칭 프로들의 수도 함께 늘어나고 있는 추세이며, 일주일 골프 스쿨을 다녀오고서도 티칭 프로 라이센스를 받았다며 자신있게 남을 가르치겠다고 나서는 사람들도 상당수 있다. 누가 어떻게 가르치던 나무랄 수는 없지만 배우는 학생들에게는 굉장히 중요한 일이므로, 어떤 근거로 그리고 올바른 방법으로 가르치고 있는지를 충분히 살피고 선택해야 할 것이다.

골프의 스윙은 정확한 원운동, 즉 몸을 중심으로 배꼽을 오른쪽으로 회전했다가 반대로 회전하는 원운동이라 할 수 있으며, 이때 상체와 하체의 움직임은 많이 일어나지 않는다.

즉, 어드레스에서 클럽의 끝을 배꼽에 대고 어드레스를 취한 후 허리 부분을 오른쪽으로 회전시켜 주면서 클럽의 끝부분과 배꼽 부분이 일치되도록 해주고, 또 반대로 왼쪽 방향으로 회전시켜도 마찬가지로 한다.

이때에는 머리와 하체의 무릎 부분은 움직임이 거의 없어야 한다. 이렇게 해주는 것을 몸통 스윙이라고 한다. 이렇게 반복 연습을 한 후 정상적인 스윙을 해본다.

어드레스 때 클럽의 끝부분이 배꼽과 일치되게 해준 후 백스윙의 두 번째 동작으로 옮겨간다. 이때까지 클럽의 끝부분은 배꼽과 일치되어야 하며, 곧바로 손목의 코킹을 해주면서 백스윙의 정상을 만들어 주고 다운스윙을 거쳐 임팩트 순간을 지나 폴로스루 두 번째 동작에서 다시 클럽의 끝과 배꼽이 일치하여야 한다.

이때 무릎이나 머리를 많이 움직이면 곤란하며, 허리 부분만 움직여 주는 느낌이 되어야 할 것이다.

이렇게 이것을 강조하는 이유는 스윙의 일관성을 가지게 하기 위함이며, 원피스 스윙을 해주기 위한 것이다. 이는 클럽헤드가 그리는 원과 몸통이 회전하면서 그리는 원이 똑같아야 하기 때문이다. 이것을 완벽하게 해주게 된다면 공은 자연히 똑바로 날아가게 될 것이다

몸통 스윙(Swing) 2

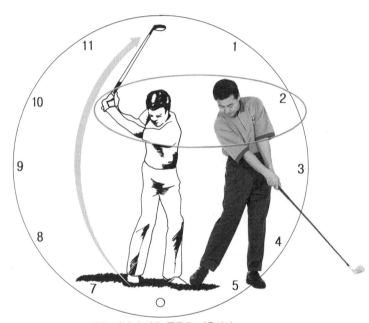

짧은 아이언 샷은 몸통을 이용하라.

클럽의 길이가 길면 길수록 다루기가 힘들게 마련이다.

그래서 숏아이언 샷을 할 때에는 자신감이 생기는 데 반해 드라이브는 왠지 부담감이 생기기도 한다.

그러나 이렇게 두 가지 클럽을 모두 놓고 볼 때, 드라이브는 방향만 좋으면 거리가 조금 짧다 하더라도 크게 문제될 것은 없다. 그러나 숏아이언은 다루기는 다소 쉬워도 방향과 거리가 좋아야 하는 부담이 있으며, 숏아이언을 너무 만만하게 다루면 크게 잘못되는 경우가 생기기도 한다.

결국 스코어는 숏아이언을 어떻게 다루느냐에 따라서 크게 달라질 수 있는 여지가 있음에 유의해야 한다.

일반 골퍼들이 숏아이언으로 샷을 할 때 흔히 저지르기 쉬운 잘못은 손목만 사용하여 공을 퍼올리듯 스윙을 하려고 하는 것이다.

즉, 그것은 손으로 클럽을 들어올렸다가 손목으로만 공을 쳐내려고 하는 것이다.

이렇게 손을 위주로 한 스윙을 하게 되면, 자연히 몸의 회전을 방해하게 되고, 이 때문에 샷은 엉뚱하게 나오게 된다. 그러므로 짧은 아이언 샷을 할 때에는 몸통을 이용하는 것이 좋다.

즉, 손과 팔로만 스윙을 하려고 하지 말고 몸통의 회전으로 인해 클럽헤드가 공을 때리는 바디 스윙을 하여야 한다.

어드레스에서 백스윙을 이룰 때 손으로만 테이크백을 하는 것이 아니고, 몸의 상체와 팔이 함께 백스윙의 정상을 이루고, 다운스윙에서는 몸의 회전에 따라 클럽헤드가 함께 움직이면서 공을 때리게 하고, 폴로스루와 피니시까지 같은 동작을 해야 한다.

몸통과 클럽을 원피스로 간주하고 백스윙의 처음부터 피니시 동작이 끝날 때까지 함께 행동하여야 한다.

이때 임팩트에 너무 집착하지 말고, 스윙의 한 과정으로 생각하는 것이 좋을 것 같다.

컴팩트 스윙(Compact Swing) 1

트러블 샷은 컴팩트 스윙으로 탈출한다.

트러블 샷을 할 때에는 컴팩트 스윙을 해야 한다고 많이 들어왔을 것이다. 그러나 일반 골퍼들 중에는 컴팩트 스윙에 대해서 상당 부분을 잘 이해하지 못하고 있는 것 같다.

컴팩트 스윙(compact swing)이란, 스윙의 크기를 적게 해주면서 심플하게 스윙을 하는 것을 말한다. 그래서 정확한 웨지 샷(wedge shot)을 해야 할 때에는 컴팩트 스윙을 하는 것을 전제 조건으로 한다.

몸의 움직임을 크게 해주면서 스윙을 하다가 미스 샷으로 연결되면 미스의 정도도 그만큼 커지게 되므로, 스윙의 폭을 줄이고 정확하게 목표 방향으로 공을 보내기 위해서는 컴팩트 스윙이 필요하며, 이에 대한 올바른 이해가 요구되는 것이다.

올바르게 컴팩트 스윙을 하기 위해서는 먼저 스탠스의 폭을 평소보다 조금 좁게 줄여 주어야 하며, 그런 후에는 공에 가깝게 다가서서 스탠스의 폭에 맞는 정도의 스윙을 해주어야 한다. 스윙을 하는 도중에는 몸의 움직임을 최대한으로 줄여 주는 것이 좋다.

그러므로 어드레스에서 백스윙을 시작하는 과정에 손목의 코킹을 조금 일찍 해주는 것도 좋을 것이다. 또 다운스윙에서도 하체의 움직임을 최대한으로 줄이고 상체가 회전되는 힘으로만 공을 때린다는 생각으로 샷에 임해야 할 것이다.

즉, 몸의 움직임을 최대한으로 줄인 펀치 샷(punch shot)을 의미하는 것이다. 그러나 폴로스루는 반드시 있어야 하므로, 임팩트에서 동작을 멈추어 버리는 일이 없도록 하여야 한다.

짧은 클럽을 사용하여 컴팩트 스윙 연습을 많이 해주게 되면, 풀 스윙을 할 때에도 똑같은 동작으로 드라이브 샷을 하게 되고, 이때 몸의 움직임이 적어지면서 더 멋있는 샷을 해줄 수 있게 된다.

컴팩트 스윙은 하체는 거의 사용하지 않고, 상체와 허리의 회전으로만 이루어지는 스윙으로 생각하면 될 것이다.

NOTE | 펀치 샷(punch shot) : 공을 친 후 동작을 멈추어 버리는 샷.

컴팩트 스윙(Compact Swing) 2

클럽은 짧게 잡고 공은 몸 쪽 가까이.

100yd(91m) 안쪽에서 정확한 웨지 샷을 하기 위해서는 컴팩트 스윙을 해주는 것이 전제 조건이라 할 수 있다. 컴팩트 스윙을 해주게 되면 자연히 몸의 움직임도 그만큼 적게 마련이며, 이러한 스윙이 바로 올바르게 핀에 접근할 수 있는 가장 적합한 방법이 되는 것이다.

컴팩트 스윙(compact swing)은 스탠스의 폭을 좁게 하여 어드레스 자세를 취하고, 공도 몸에 가깝게 위치하도록 해주어야 한다. 그리고 클럽 또한 짧게 잡고 샷을 해주어야 하는데, 이는 클럽을 짧게 잡는 정도만큼 스윙을 컨트롤하기가 쉬워지기 때문이다.

요즘 프로 골퍼들 중에는 클럽의 손잡이를 짧게 잡아 주는 경우가 많다. 이런 형태는 보다 더 정확한 샷을 하기 위한 하나의 방법이라고 할 수 있다. 그러므로 피칭 웨지 샷에서도 클럽의 손잡이를 2~3cm 정도 짧게 그립을 하게 되면 보다 더 정확한 샷을 할 수 있게 되는 것이다.

클럽을 짧게 잡게 되면 자연히 공이 몸 쪽으로 더 가깝게 되며, 이러한 것들이 모여서 결국에는 컴팩트 스윙을 가능하게 해주는 것이다.

거리가 짧은 샷에서는 거리감을 잘 잡는 것이 대단히 중요한 사항 중의 하나이다. 클럽을 길게 잡고 스윙을 하게 되면 클럽헤드가 그리는 원이 크게 되면서 공을 컴팩트하는 힘이 강해져서 그린을 넘어가는 샷을 하기 쉬워진다.

그러므로 클럽을 조금 짧게 잡아 주고 공도 몸 쪽에 가깝게 두면, 스윙의 아크를 적게 하여 공을 예리하게 때릴 수 있다. 또 클럽을 짧게 잡으면 잡을수록 양손의 손바닥과 클럽페이스의 간격이 좁아지게 되고, 간격이 좁아질수록 손바닥의 감각을 클럽페이스에 잘 전달할 수 있게 되는 것이다.

그렇다고 모든 클럽을 짧게 잡아 주라는 것은 아니다. 정확한 거리와 방향을 요하는 쇼트 클럽은 짧게 잡아 주면 되지만, 비거리를 요하는 긴 클럽은 클럽의 손잡이 끝부분을 1cm 정도 남기고 잡는 것이 좋다.

그립 엔드(Grip End)

그립의 끝은 몸의
중심으로 향하게 !

　어드레스에서 백스윙의 시작은 원피스(one-piece)로 해야 하고, 또 백스윙의 시작 동작과 폴로스루의 시작 동작은 그 모양이 같은 대칭이 되어야 한다. 이를 종합해서 생각해 볼 때, 쉽게 알아차릴 수 있는 모양으로는 클럽의 끝부분이 배꼽을 향한다는 것이다.

　또 백스윙의 정상에서 다운스윙으로 연결될 때 잊지 말아야 할 중요한 사항은 그립의 끝이 항상 몸의 중심을 가리키도록 스윙을 해주어야 하는 것이다. 즉, 그립을 잡은 왼손의 엄지손가락 뿌리 부분이 항상 자신의 배꼽 쪽을 향하도록 해야 한다는 것이다.

그립의 끝(end)이 몸의 중앙을 향하도록 해야 하는 것은 바로 어드레스 때 클럽의 리딩 에지와 몸이 이루었던 스퀘어 상태를 백스윙과 폴로스루를 이루는 과정에서도 똑같이 변하지 않도록 해주기 위해서이다.

또 이렇게 스윙을 하게 되면 클럽헤드의 스피드가 빨라져서 비거리도 더 늘어나게 되면서 방향성 역시 좋아지게 된다.

그러나 일반 골퍼들은 클럽헤드와 공에 대해서만 신경을 쓰는 경향이 있는데, 그렇게 해서는 결코 골프의 진전을 기대할 수가 없다. 그리고 위에서 설명한 동작에 너무 집착해서도 안 될 것이다.

왜냐하면 이런 동작에 너무 신경을 쓰다 보면 몸통은 돌지 않고 손목만 돌려 주면서 작위적으로 공을 쳐버릴 수가 있게 되기 때문이다.

따라서 다운스윙의 임팩트 에어리어에서 폴로스루까지는 특별히 클럽의 끝부분이 자신의 몸의 중심을 향하도록 하면서 스윙을 해주는 것이 좋다.

즉, 백스윙의 시작 단계에서는 클럽의 끝부분이 가리키는 방향을 최선을 다해 지켜 주고, 백스윙의 정상에서 다운스윙까지는 의식하지 않은 채 스윙을 이루고, 임팩트와 폴로스루 과정에서는 원위치로 다시 돌아와 몸의 중심과 일치를 이루도록 해주어야 한다.

스윙(Swing)의 일관성

80%의 힘으로 3박자 스윙 반복 연습!

　골프의 샷에서 멀리 치는 것도 물론 중요하지만 항상 일관성 있게 일정하게 샷을 하는 것이 더 중요하다. 가령 150yd(137m) 거리에서 9번 아이언을 치는 사람과 5번 아이언을 치는 사람이 있다면, 클럽에 있어서 상당한 차이가 있지만, 보다 더 중요한 것은 누가 더 일관성 있게 공을 치느냐는 것이다. 즉, 어떤 클럽으로 치느냐보다는 어떻게 치느냐가 더 중요한 문제인 것이다.

　골프 연습장에서 일반 골퍼들은 대부분 공을 멀리 치는 데에 많은 시간을 투자한다. 그러나 보다 더 정확하고 일관성 있게 치기 위한 연습에 비중을 두는 것이 좋은 결과를 가져올 수 있다고 생각된다. 비록 비거리 는 짧더라도 일관성 있게 공을 칠 수 있다면, 현재의 점수보다 훨씬 나은 점수가 나올 수 있을 것이다.

샷을 일정하게 해주기 위해서는 먼저 훌륭한 리듬이 있어야 한다. 즉 항상 같은 템포로 스윙을 해주어야 한다. 즉, 스윙의 전체를 3박자의 리 듬으로 간주하여 스윙을 할 것이며, 스윙시에는 항상 힘을 일정하게 해주 어야 한다. 어떤 때에는 힘껏, 어떤 때에는 약하게, 이렇듯 일정하지 않 으면 좋은 샷을 기대할 수가 없다.

스윙의 템포를 일정하게 해주려면 어드레스에서 백스윙을 이룰 때 천 천히 그리고 가볍게 해주어야 한다. 그리고 어드레스에서 백스윙의 두 번 째 자세까지를 '하나', 백스윙의 정상을 '둘', 그리고 백스윙의 정상에서 피니시까지를 '셋'으로 카운트 해주면서 스윙을 해주면 될 것이다.

이때 천천히 슬로모션으로 하면 위와 같이 되지만, 실제로 조금 속도를 가지고 스윙을 하게 되면 어드레스에서 백스윙의 정상까지가 '하나'가 되 며, 백스윙의 정상에서 약간 멈추게 되는데, 이때가 '둘'이 되는 것이다. 마지막으로 다운스윙부터 피니시 동작까지가 '셋'이 되는 것이다.

이 동작들을 올바르게 연습하려면 먼저 짧은 클럽을 가지고 80% 정도 의 스윙을 해주면서 항상 일정한 힘과 일정한 템포로 공을 치는 연습을 해주고, 그후에 점점 스윙을 키워가면서 힘을 더 가해 주게 되면 좋은 템 포의 멋있는 스윙이 될 것이며, 일관성 있는 샷을 할 수 있을 것이다.

스윙(Swing)의 기본

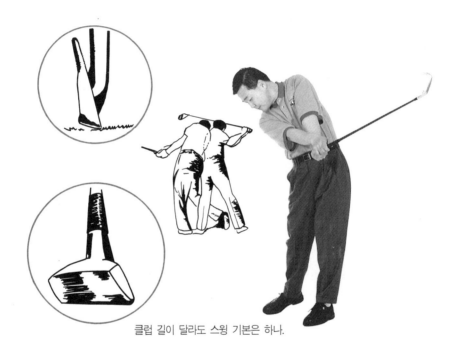

클럽 길이 달라도 스윙 기본은 하나.

골프를 가르치는 티칭 프로로서 학생들을 가르칠 때 힘든 것 중 하나는, 배우는 학생들의 성격이 모두 다르다는 것이다. 열심히 목소리를 높여 가면서 많이 가르치는 것을 좋아하는 학생이 있는가 하면, 차분히 요점만 정리하여 가르쳐 주는 것을 좋아하는 학생도 있어서, 가르치는 사람으로서는 그 부분이 가장 어렵다.

마찬가지로 골프의 이론 역시 매우 다양하다. 배우는 사람들이 어느 것이 올바른 방법인지를 구분하기 어려울 정도로 여러 가지 방법과 이론이

존재하며, 각 클럽마다 스윙이 달라야 한다.

클럽의 길이가 달라지게 되면서 자신이 느끼는 느낌은 달라지겠으나 스윙의 기본은 모두 똑같다. 이는 퍼팅에서부터 드라이브의 풀 스윙까지 모두 해당되는 원칙이다. 그러나 클럽의 길이가 길어지면서 스윙의 사이즈가 달라지게 되므로 다른 느낌을 받게 되기도 한다. 만일 클럽마다 스윙의 기본이 다르다고 생각하고 스윙을 하고 있다면 필요없이 어려운 스윙을 하고 있다고 볼 수 있다.

예를 들자면 숏아이언은 이렇게, 미들아이언을 저렇게, 또 롱아이언이나 페어웨이 우드, 그리고 드라이브는 또 다르게 스윙을 하게 되면, 우선 스윙이 너무 복잡하게 되어 생각해야 할 것 역시 많아지게 된다. 템포 역시 각 클럽마다 다르다고 생각하는 사람도 많다. 숏아이언은 짧으니까 빨리하고, 긴 클럽은 기니까 천천히 한다든가 하는 생각이다.

그러나 클럽에 상관없이 스윙의 기본은 같기 때문에 템포 역시 같다고 볼 수 있으며, 조금 다른 점이 있다면, 클럽의 길이가 짧을수록 공이 몸 가까이에 위치하게 되어 자연히 스윙의 궤도가 약간 업라이트가 되며, 길이가 긴 클럽은 자연히 공이 몸에서 멀어지게 되어 스윙의 궤도가 플랫으로 움직이게 되는 점이다.

클럽의 길이가 달라졌다고 하여 억지로 스윙을 만들려고 하면 안 된다. 앞에서 설명한 것은 자연스럽게 이루어지는 현상이므로 구태여 염려할 필요가 없다.

그리고 스윙이 단순하면 단순할수록 오히려 좋다. 또 템포에 있어서도 클럽의 길이에 상관없이 스윙을 하게 되면 타구는 훨씬 안정되고 비거리도 늘어나게 될 것이다.

키에 따른 스윙(Swing) 차이

　한국사람이 한국에서 살 때에는 키가 비슷한 사람들이 모여 살아서인
지 키에 대한 관심이 그다지 많지가 않다. 그러나 미국에서는 키가 큰 사
람들을 기준으로 모든 것이 만들어지기 때문에, 키가 작은 동양인들에게
있어서 잘 맞지 않거나 어색한 부분이 있게 마련이다. 특히 골프 장비나
골프 코스 등에도 키가 큰 자신들의 기준에 잘 맞게 되어 있어서, 체격이
작은 동양인들에게 완벽하게 맞추기는 여간 어렵지 않다.

골프의 기술 또한 마찬가지이다. 요즘은 골프 채널이 생겨서 온종일 골프 방송만 하는 TV채널이 있는데, 거기에서 가끔씩 시청할 수 있는 골프 강의를 들어 보면, 그들이 소개하는 이론들이 모두 맞는 말이기는 하지만, 우리 동양인들에게는 적합하지 않는 것이 있는 것 같다.

그립에서부터 피니시까지의 동작에 동감이 가는 부분도 있지만, 어떤 부분에서는 우리에게는 좋은 방법이 아니라, 오히려 불리할 수도 있는 부분도 있었다. 그중에서 대표적인 것은 바로 스윙의 플래인에 관한 것이다.

키가 큰 사람과 키가 작은 사람은 스윙의 플래인이 달라야 한다. 키가 큰 사람은 키가 크기 때문에 자연히 공이 몸에 가깝게 위치하게 되며, 따라서 스윙의 플래인이 자연히 업라이트를 이루게 된다.

반면에 키가 작은 동양인들은 키가 작기 때문에 자연히 공이 몸에서 멀어지게 위치하므로 클럽헤드가 만들어내는 플래인은 자연히 플랫하게 나타나는 것이다.

이러한 현상은 키에 따라서 나타나는 자연스러운 현상일 뿐이므로 플랫스윙이 더 좋다, 혹은 업라이트 스윙이 더 좋다고 단정짓고 말하는 것은 잘못된 것이라 할 수 있다.

키가 작은 동양인들은 대부분 플랫스윙을 하게 되는데, 어드레스에서 클럽헤드를 시작으로 상체를 오른쪽으로 회전시켜 주면서 백스윙을 이루게 되면, 자연히 클럽헤드는 몸의 회전에 따라 안쪽 45° 방향으로 움직이게 된다. 그리고 클럽의 손잡이 부분이 오른쪽 허리 부분에 왔을 때 손목의 코킹과 함께 계속해서 위로 올라가면서 자연히 플랫하게 스윙을 하게 된다.

이렇게 백스윙의 정상에 도달했을 때에는 클럽의 샤프트가 목표 방향을 가리키게 되며, 그 위치가 오른쪽 어깨 부분에 놓이게 되는 것이다. 이러한 모든 동작들은 인위적으로 만들어지는 것이 아니라, 자연스럽게 스윙을 함으로써 이루어지는 현상일 뿐이다.

코킹(Cocking)과 힌지(Hinge)의 올바른 이해

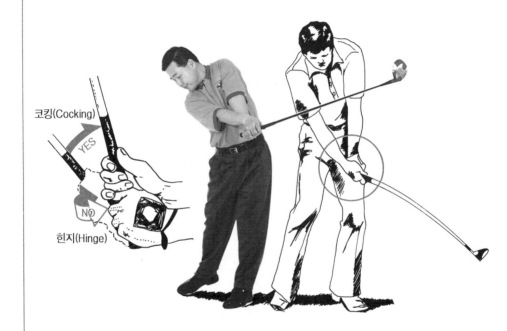

골프의 스윙은 필요에 따라 손목을 사용할 경우가 생긴다. 그러나 일반 골퍼들 중에는 손목의 사용을 잘못 이해하여 아주 잘못된 스윙을 하는 경우를 종종 볼 수 있다.

손목의 사용을 크게 두 가지로 나눌 수 있는데, 첫째는 손목을 상하로 움직이는 현상인 코킹(cocking)과 언코킹(uncocking)이 있다. 둘째로는 손목이 좌우로 움직이는 힌지(hinge) 현상이다.

골프의 스윙에 있어서 손목의 코킹은 상당히 중요시되고 있지만, 손목의 힌지는 금하여야 할 금기사항 중의 하나이다.

손목의 코킹은 스윙을 이루는 과정에서 손목 부분이 꺾어져야 할 때 꺾기는 현상이며, 또 풀어져야 할 때에는 풀어 주어야 한다. 그러나 손목의 힌지는 손목을 좌우로 사용하면서 손목의 힘으로 공을 때리려고 하거나, 혹은 공을 퍼올려 주려고 하는 경향이 생기므로 사용을 금하고 있다.

또 공을 맞히는 임팩트 과정에서 손목의 롤이 이루어져야 한다. 이때에는 백스윙의 정상에서 이루었던 손목의 코킹 상태를 다운스윙의 마지막 순간까지 유지해 주었다가 임팩트 순간에 릴리스시켜 주면서 손목의 롤이 자연스럽게 이루어져야 하는 것이다.

만약 손목을 사용하여 손목의 힘을 이용하여 공을 쳐내려고 하면 이는 잘못된 것이다. 즉, 손목을 사용하여 스냅하듯이 공을 때리려고 하는 경우이다.

그러므로 손목을 사용하여 좌우로 움직이면서 손목을 꺾어 주는 것은 좋은 방법이라 할 수 없다.

어드레스 때의 그립 부분은 백스윙을 이루면서 수직으로 한 번 꺾어졌다가 다운스윙을 거쳐 임팩트 순간에는 다시 펴지면서 폴로스루 과정으로 이어지면서 자연스럽게 회전을 하게 된다.

폴로스루가 끝날 때까지 손목은 펴진 상태가 유지되며, 피니시 동작에서 다시 한 번 꺾어지면서 스윙을 이루게 되는 것이다.

NOTE │ 힌지(hinge) : 스윙시 손목의 움직임을 좌우로 하는 것.

PART 8

실전 골프
ACTUAL GOLF

두뇌 골프

스윙 전에 생각하는
습관을 가지자.

'두뇌골프'란 말이 있다. 이 말은 골프는 머리로 친다(?)는 의미이다. 사실 골프는 단순히 공을 치는 것만으로는 좋은 스코어를 기대할 수는 없다. 매 홀마다 클럽의 선택이나 강하게 불어오는 바람의 강도, 경기장의 경사도, 그리고 그린 위에서의 표면의 흐름 등 여러 가지를 판단할 수 있는 두뇌가 필요한 것이다.

이와 같은 관점으로 골프 게임의 전체에서 각 클럽이 차지하는 비중을 계산해 보면, 드라이브가 25%, 숏아이언이 8%, 미들아이언이 18%, 롱아이언이 6%, 그리고 나머지 43%는 쇼트 게임과 퍼팅이라 할 수 있다. 그러므로 이와 같은 비중으로 연습을 하는 것이 바람직할 것이다.

골프의 샷은 크게 두 가지로 분류할 수가 있다. 그 첫째는 방향과는 상관없이 멀리 보내는 샷과, 둘째로 방향은 정확하지만 비거리가 나지 않는 노약자 스윙이다.

여기에서 의미하는 노약자란 골프를 치는 골퍼로서의 힘도 충분히 있고 공도 멀리 칠 수 있는데도 불구하고 공을 또박또박 치는 골퍼를 뜻한다. 공을 짧게 또박또박 치게 되면 우선 자신의 스코어는 지킬 수가 있겠지만 발전은 기대할 수가 없다.

그러므로 비록 스코어가 좋지 않더라도 우선 공을 멀리 날려 보내는 것이 중요하다. 일단 공을 멀리 보낼 수 있으면 거리를 조금씩 줄여 가면서 컨트롤하고, 컨트롤이 잘되면 그때 힘껏 쳐서 공을 날려 보내면 될 것이다. 그러므로 처음으로 골프를 시작하거나 혹은 거리가 나지 않는 사람은 우선 비거리를 내는 방법을 익히고, 그후에 다시 컨트롤하는 법을 배우는 것이 순서라 할 것이다.

골프를 잘하기 위해서는 머리를 많이 써야 한다. 연습을 할 때에나 실전에서 생각 없이 공만 때리는 그런 골프를 해서는 좋은 스코어를 기대할 수 없으므로, 연습할 때에 머리를 사용하며 연습해야 한다. 즉, 실전처럼 신중하게 하여야 하는 것이다. 무의미하게 연습공을 많이 때리고는 연습을 많이 했다고 생각하여 좋은 스코어를 기대해서는 안 될 것이다.

연습장에서 각 클럽의 비거리와 샷의 일관성, 일정한 스윙 템포, 그리고 방향의 컨트롤을 생각하면서 하나하나 신중하게 연습했다가 실전에서 그대로 사용하는 것이 진정한 '두뇌골프'일 것이다.

최고의 연습 효과 1

연습장에서는 짧은 클럽부터 연습한다.

골프는 그 사람의 성격을 잘 나타내 주며, 그 사람의 행동으로 골프 수준을 짐작할 수도 있다. 가령 연습장에 도착하여, 차 속에서 골프 가방을 내리고, 그렇게 내린 골프 가방을 메고 연습장 안으로 걸어들어올 때의 모습만 봐도 핸디가 대충 얼마 정도인지 짐작이 된다.

또 연습을 하기 위해 연습공을 치기 시작하는 것을 보아도 쉽게 알 수 있는데, 도착하자마자 1번 우드, 즉 드라이브부터 연습하는 사람이 있는가 하면 7번 아이언부터 시작하는 사람이 있다. 아니면 샌드 웨지나 피칭 웨지를 시작으로 스윙을 시작하는 사람이 있다.

이러한 세 종류의 사람을 볼 때, 굳이 설명하지 않아도 핸디 순서를 쉽게 알아차릴 수 있는 것이다.

골프 연습장에서 연습을 시작할 때에는 짧은 클럽부터 시작하는 것이 좋다. 스윙이 적은 것에서부터 시작하여 점차로 키워 나가는 것이 몸도 풀 수 있고, 스윙의 느낌을 찾아가기가 용의하기 때문이다.

그러므로 피칭 웨지나 샌드 웨지를 시작으로 연습을 시작하면서 몸도 풀고 느낌도 찾은 후 조금씩 긴 클럽으로 옮겨가는 것이 좋으며, 드라이브는 몸이 충분히 풀린 후에 연습을 시작하는 것이 자신의 몸을 보호하기에도 좋으며, 더 좋은 연습 효과를 얻을 수가 있다.

골프장에 가게 되면 드라이브부터 치게 되니 드라이브부터 연습하는 것이 당연하지 않겠느냐는 의문이 생길 수도 있지만, 그것은 아마추어들의 골프 진행 방법이 잘못되어서 일어나는 일이라고 생각하면 될 것이며, 이는 자신의 티업 시간에 맞게 도착하여 곧바로 경기를 진행하기 때문일 것이다.

웬만한 골프장에는 거의 대부분 연습장이 설치되어 있다. 그래서 조금 일찍 도착하여 연습공을 치면서 몸을 충분히 풀어 주는 것이 좋다. 그런 다음 경기에 임하게 되면 훨씬 더 좋은 게임을 기대할 수가 있다.

만약 그러한 환경이 못 되면 골프장에서야 어쩔 수 없겠지만, 연습장에서 연습을 할 때에라도 올바른 방법을 지켜 주는 것이 자신의 게임 향상과 몸 관리를 위해서 좋은 방법이 된다. 그리고 연습은 실전처럼 신중하게 할 것이며, 얼마나 많은 양을 연습했느냐보다는 어떻게 연습을 했느냐에 더 비중을 두고 연습을 하는 것이 바로 최상의 연습 효과를 얻을 수 있는 비결인 것이다.

최고의 연습 효과 2

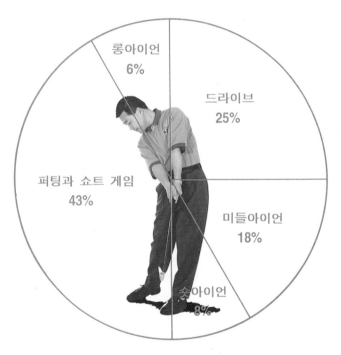

각 클럽이 골프 게임에 끼치는 영향

골프 애호가의 수가 증가되면서 해를 거듭할수록 토너먼트의 수도 늘어나고 있다. 그래서 신문을 보면 매일같이 토너먼트 안내가 실리게 되고 또 신문을 통하지 않는 토너먼트의 수도 헤아릴 수 없을 정도로 많은 것도 사실이다.

사회적으로 광고를 하면서 가지는 큰 경기가 있는가 하면 친분이 가까운 몇몇 사람들끼리 모여서 친선으로 가지는 토너먼트 수도 대단하다.

필자는 큰 시합이 있을 때 가끔씩 경기 진행을 맡아보기도 하는데, 그때마다 느끼는 것은 매번 우승자가 바뀐다는 것과, 같이 경기를 했던 경기자가 우승자의 점수를 믿지 않으려고 한다는 것이다.

우승자의 이름이 매번 바뀐다는 것은 골프의 실력이 그만큼 향상되면서 평준화되었다는 뜻이므로, 상당히 좋은 일이라 할 수 있다. 그러나 그 점수에 대해서 믿지 않으려고 하는 것은 아직까지 속임수가 있다는 뜻이기도 하다.

만약 점수를 속여서 우승을 했다면, 그 우승이 무슨 의미가 있겠는가? 그리고 정말 깨끗하게 경기에 임하여 좋은 성적을 냈음에도 불구하고 그 잘못된 우승자로 인해 진정한 우승자가 우승하지 못한 경우에는 참으로 허망한 일이 될 것이다.

골프 전체를 100으로 간주하며 각 클럽이 차지하는 비중을 나누어 보면, 드라이브는 25%, 퍼팅과 쇼트 게임은 43%, 미들아이언은 18%, 숏아이언은 8%, 그리고 페어웨이 우드와 롱아이언은 6% 정도이다. 그러므로 위에서 설명한 바와 같이 경기에서 차지하는 비중에 비례하여 연습을 해주는 것이 가장 좋은 연습 방법이라 할 수 있다.

그러나 연습장에서 퍼팅과 쇼트 게임 연습을 할 수 없는 조건이면, 따로 연습을 해야 하고, 드라이브의 연습량은 40%로 올려 주고, 미들아이언을 40%, 그리고 나머지 20%를 숏아이언에 연습량을 두면 될 것이다.

롱아이언이나 페어웨이 우드 같은 것은 별도로 연습을 하려고 하지 말고, 간혹 몇 번씩 쳐보는 수준에서 끝내면 될 것이다.

골프는 자신과의 싸움

연습은 실전처럼!

골프의 룰은 아주 다양하다. 아주 넓은 경기장에서 경기를 하다 보면 별 이상한 현상들이 일어나기도 한다. 그러나 만약 자신이 처한 위치에서 룰을 잘 몰라서 실수를 했다면, 그것은 몰라서 그런 것이니 다음부터 잘 지키면 될 것이지만, 알면서도 지키지 않는 경우가 허다하다고 한다.

골프는 신사의 게임이다. 자기 스스로가 지켜야 하는 것이며, 누가 보든 안 보든, 있던 없던 상관없이 자신과의 진실된 싸움에 임하여야 하는 것이다. 이렇게 해서 골프를 즐기는 것이 진정 멋있는 골퍼라 할 수 있지 않을까?

골프는 그 사람의 성격을 아주 잘 나타내 주고 있는 운동이라 할 수 있다. 많은 사람을 가르치다 보면 성격이 급한 사람은 시작부터 끝까지 급하게 행동을 하게 되며, 성격이 느긋한 사람은 그나마 차분한 편이다. 연습공을 칠 때 급하게 공을 치는 분들은 대부분 성격이 급하다고 할 수 있다. 연습공이라 할지라도 실전에서 경기를 한다는 생각으로 같은 리듬과 같은 템포를 지켜 주어야 하는 것이다.

연습장에서는 급하게 빨리 연습을 했다가 막상 골프장에서 경기를 할 때 '어떻게 잘할 수 있을까?' 하는 생각을 해보지만, 막상 생각이 떠오르지 않아 연습장에서 연습한 그대로 경기에 임하게 되는 것이다.

그러므로 '연습은 실전처럼, 실전은 연습처럼' 하는 것이 참으로 좋은 방법이 아닐까 싶다.

연습을 할 때 얼마나 많은 양의 공을 쳤느냐가 중요한 것이 아니라, 어떻게 연습을 하였느냐가 보다 더 중요하다. 시험을 앞둔 수험생이 책을 대충 읽으면서 많은 책장을 넘겼다고 가정해 보자. 이 사람의 시험 점수는 대충 나올 것이 뻔하다. 그러나 신중하게 책을 읽으면서 통독을 했다면 시험 점수는 자신의 기대치를 넘을 수밖에 없을 것이다.

골프 연습에서도 마찬가지로 자신의 성격이 아무리 급하다고 하더라도 서둘러서는 안 되며, 대충하는 연습은 하나마나 한 것이 되고 만다. 공의 양을 적게 치더라도 연습은 실전처럼 하고, 실전에서는 연습 때에 했던 것처럼 그대로 임하게 되면, 자연히 자신과의 싸움에서 이길 수 있게 될 것이다.

어떤 클럽으로 공을 치느냐보다 어떤 스윙으로 공을 치느냐는 것이 더 중요하며, 얼마나 많은 양의 연습을 했느냐보다는 어떻게 연습을 했느냐가 더 중요한 것이다.

숏아이언 샷(Short Iron Shot)

찍어치는 듯

숏아이언으로 스윙 기본 다져야 한다.

일반 골퍼들이 가장 자신있어하는 클럽은 바로 숏아이언이다. 그래서인지 연습장에서 연습할 때 숏아이언에는 별 관심없이 연습에 임하게 되며, 길이가 긴 클럽에 보다 많은 시간을 보내게 되기도 한다. 일반 골퍼들이 골프를 시작할 때 아무에게도 배우지 않고 혼자서 연구해 가면서 골프를 익힌 경우에도 숏아이언으로 공을 잘 맞힐 수도 있다.

그러나 롱아이언으로 들어가면서 왠지 생각처럼 되지 않으며, 특히 필드에서는 더욱더 어렵게 느껴지게 되는데, 그것은 스윙의 기본 동작을 올바르게 익히지 못했기 때문이다.

숏아이언인 경우에는 공을 쉽게 맞힐 수 있으므로 숏아이언을 이용해서 스윙의 올바른 기본 동작을 익힐 수 있다. 그러므로 올바른 동작을 익히기 위해서는 숏아이언 연습에 많은 시간을 보내는 것이 좋다. 그런 후에 한 클럽씩 클럽의 길이를 높여 가는 것이 올바른 동작을 익히는 최상의 방법이라 할 수 있다.

숏아이언은 클럽의 길이가 짧으므로 스윙의 아크가 그다지 커야 할 필요가 없으며, 백스윙을 할 때 낮고 긴 테이크백을 해야 하지만 스윙의 아크를 너무 크게 만들지 않도록 해야 한다. 낮고 긴 테이크백을 자연스럽게 해야 하고, 클럽헤드가 곧바로 위로 올라가는 느낌이 되어야 한다.

그런 후에 백스윙의 정상에서 약간 멈추는 듯 해주고, 다운스윙은 체중이동과 함께 클럽헤드가 공을 향해 수직으로 떨어지면 공을 맞히는 느낌으로 약간 찍어 치는 듯한 느낌이면 좋다. 폴로스루 역시 구태여 낮고 길게 하려고 할 필요가 없으며, 그냥 클럽헤드가 떨어지면서 공을 맞히고 계속해서 그 힘으로 공의 앞쪽을 빠져나가는 느낌이면 좋다.

가령 지나치게 낮고 긴 폴로스루를 해주게 되면 백스핀이나 비거리는 더 날지 모르지만, 자칫하면 뒤땅을 치거나 토핑을 할 위험성이 높아진다. 그러므로 숏아이언은 약간 찍어 치듯이 하는 것이 좋으며, 반면에 미들아이언은 찍어서 던져 주는 느낌이 동시에 이루어져야 하고, 길이가 긴 클럽은 반드시 쓸듯이 공만 치고 빠지는 듯한 느낌으로 스윙을 해주는 것이 좋다.

숏아이언은 공을 멀리 보내는 클럽이 아니라, 공을 정확하게 보내야 하는 것이다. 그러므로 너무 지나치게 큰 스윙의 아크로 공을 치려고 하지 말고 손목의 코킹을 약간 일찍 이루는 듯하면서 백스윙의 정상을 이루고 클럽헤드가 공을 향해 수직으로 떨어지는 느낌으로 공을 찍어 치는 듯하는 것이 좋다.

NOTE 숏아이언(short iron) : 8번, 9번, 피칭 웨지, 샌드 웨지와 같은 길이가 짧고 각도가 많은 클럽을 말함.

미들아이언 샷(Middle Iron Shot)

찍어서　던지듯

　골프에 있어서 각 클럽이 차지하는 비중은 각기 다르지만, 그 비중이 크든지 혹은 작든지 모두 중요한 것이다.

　풀 스윙에 있어서 짧은 아이언부터 드라이브까지 스윙의 기본은 똑같아야 한다. 그러나 스윙의 기본 동작은 똑같다고 하더라도 자신이 느끼는 느낌은 조금씩 달라지게 마련이다. 즉, 짧은 클럽은 클럽의 길이가 짧기 때문에 클럽헤드가 그려 주는 원이 작아지게 되어 백스윙의 시작 때부터 손목의 코킹이 일찍 이루어지는 것처럼 느껴지게 되며, 또 다운스윙에서는 클럽이 공을 찍어 주듯이 공을 맞히는 느낌을 받게 된다.

또 반대로 클럽의 길이가 긴 것은 클럽헤드가 그려 주는 원이 자연히 커지게 되므로 클럽헤드가 지면을 스치듯 낮고 길게 백스윙을 이루게 되면서 손목의 코킹도 나중에 이루어지는 것처럼 느끼게 된다.

이런 동작들은 올바른 동작으로 스윙을 해주게 되면 자연히 만들어지는 현상들이다. 그럼에도 불구하고 인위적으로 공을 찍어 친다거나 공을 퍼올리듯 스윙을 하려고 하면 결국 이러한 느낌을 가질 수 없다.

미들아이언 역시 스윙의 기본은 똑같다고 할 수 있다. 어드레스 때 백스윙을 이루는 동작이나 다운스윙에서 피니시 동작까지는 항상 그 일련의 동작들이 같아야 한다. 그러나 미들아이언 역시 느끼는 느낌은 달라지게 되며, 숏아이언은 찍어 치듯 하는 느낌이어야 하고 롱아이언은 쓸어치는 듯한 느낌이어야 하나, 미들아이언은 이 두 가지 동작이 복합적으로 찍어서 쓸어치는 듯한 느낌이 나타나야 하는 것이다.

느낌은 찍어서 던지듯 쓸어치듯 하여야 하지만 스윙의 기본은 제대로 해주어야 한다. 스윙의 기본이란 어드레스에서 클럽헤드가 지면을 스치듯 낮고 길게 시작하면서 약간 안쪽으로 백스윙을 이루어 주면서 클럽을 잡은 그립 부분이 허리 부분에 왔을 때부터 자연스럽게 손목의 코킹이 이루어지게 되면서 백스윙의 정상을 이루고, 백스윙의 정상에서 다운스윙의 시작은 체중 이동과 함께 허리의 빠른 회전으로 리드하여야 한다.

그리고 임팩트 순간에는 위에서 설명했듯이 찍어서 쓸어치는 듯한 느낌으로 임팩트와 폴로스루로 스윙이 연결되게 되면 아주 멋있는 스윙이 될 것이다. 스윙 때에 느끼는 느낌은 다르게 나타날지 모르지만, 스윙의 기본은 항상 똑같다는 생각을 하는 것이 중요하다.

NOTE 미들아이언(middle iron) : 5번, 6번, 7번 아이언을 말함.

롱아이언 샷(Long Iron Shot)

NO

사이드 블로(Side Blow)

일반 골퍼들이 가장 어렵게 느끼는 클럽은 역시 길이가 긴 클럽들이라고 말할 수 있다. 특히 5번 아이언 이상에서 3번 아이언까지와 드라이브가 좋은 예라 할 수 있다. 길이가 긴 클럽과 롱아이언이 어렵게 느껴지는 것은 우선 길이가 길어지므로써 공이 몸에서 멀리 위치하게 되어 자연히 컨트롤이 어렵게 되며, 또 클럽의 길이가 길어지면서 클럽의 로프트가 적어지게 되므로 더욱더 어렵게 느껴지는 것이다.

그러나 페어웨이 우드인 5번이나 7번 우드는 잘 맞는데, 왜 롱아이언은 생각처럼 잘 맞지 않는 것일까? 그것은 롱아이언은 페어웨이 우드에 비해 클럽의 밑부분(sole)이 좁으면서 로프트(loft)가 적기 때문에 상당이 어려워지는 것이다. 그러나 클럽의 길이가 길어지면서 어렵게 느껴질 수도 있겠지만, 이는 올바른 사용법을 몰라서 일어나는 현상일 수도 있으므로 올바른 사용법을 익히는 것이 중요하다.

올바른 사용법이란, 클럽의 길이가 길수록 스윙의 아크가 커지므로 공을 쓸듯이 사이드 블로(side blow)로 쳐주어야 하는데, 그렇지 못하고 짧은 아이언을 치듯이 공을 찍어 치거나, 혹은 손목을 사용하여 공을 퍼 올려 주는 것은 잘못된 방법이다. 사이드 블로로 공을 쳐주기 위해서는 우선 클럽의 길이에 맞게 스윙의 아크를 크게 그려 주어야 한다. 그러므로 백스윙의 시작 때 클럽헤드가 지면을 스치듯 낮고 길게 테이크백을 해주면서 가볍고 천천히 백스윙의 정상을 향해 클럽헤드를 움직여 주어야 한다. 이때 상체는 견고히 받쳐진 양 다리의 축 위에서 오른쪽으로 회전하여야 하며, 몸을 꼬아 비트는 느낌으로 몸의 코일에 최대한의 신경이 집중되어야 한다.

몸을 충분히 꼬아 주기 위해서는 백스윙의 시작을 목표선으로 일치되게 똑바로 뽑아 주는 것보다는 약간 인사이드로 낮고 길게 해주는 것이 더 좋은 요령이 될 수도 있다. 즉, 약간 플랫스윙으로 해주는 것이 좋다는 뜻이다. 클럽의 길이가 길면 길수록 상체의 꼬임이 더 많이 필요하게 되므로, 충분한 상체의 코일을 위해 올바른 동작을 해주어야 할 것이다.

또 다운스윙과 임팩트 그리고 폴로스루로 연결할 때에도 마찬가지로 스윙의 아크를 크게 해주면서 클럽헤드의 무게를 이용한 원심력으로 공을 쳐내려고 해야 하며, 그렇지 않고 인위적으로 공을 강하게 쳐서 공을 날려 보내려고 해서는 결코 좋은 스윙을 할 수가 없다.

클럽의 길이가 길면 길수록 자신의 힘을 사용해서는 뒤땅을 치거나 토핑을 하게 되므로 충분히 릴랙스된 상체로 클럽을 휘둘러 뿌리치듯 스윙을 해주게 되면 자연히 클럽헤드가 그리는 원이 커지면서 클럽헤드가 공을 쓸듯이 맞게 되고 사이드 블로 샷을 하게 되는 것이다.

NOTE 롱아이언(long iron) : 1번, 2번, 3번, 4번 아이언을 말함.
사이드 블로(side blow) : 공의 옆쪽을 때리면서 스윙하는 것.

드라이브 샷(Drive Shot) 1

어퍼 블로(Upper Blow)가 드라이브 샷의 생명 !

골프를 잘할 수 있는 조건으로는 여러 가지가 있겠으나, 일반 골퍼에게 꼭 권하고 싶은 말이 있다. 골프를 할 때 항상 친분이 있는 분들과 계속해서 라운드를 하거나 혹은 늘 같은 골프장에서 계속해서 플레이를 하게 되면 골프는 자칫 나약해지기 쉽다.

즉, 성숙된 골프를 하기 위해서는 잘 모르는 분들과도 어울려 라운드를 해야 하고, 여러 골프장을 찾아다니며 라운드를 하여 많은 경험을 쌓는 것이 중요하다.

이처럼 낯선 사람들과 라운드를 하게 되면 항상 긴장된 상태에서 샷을 하게 됨으로써 자신의 진정한 실력 수준도 알 수 있을 것이며, 보다 멋있는 골프를 할 수 있는 여력을 기를 수가 있다.

일반 골퍼들에게 있어서 드라이브 샷은 최고의 고민거리로 남아 있다. 숏아이언이나 페어웨이 우드는 잘 맞는데 또 3번 우드로 티 샷을 할 때에도 잘 맞는데 드라이브 샷은 왜 그렇게 속을 썩이는 것일까?

드라이브나 숏아이언이나 스윙의 기본은 똑같으며, 드라이브를 사용할 때 올바르게 동작을 해주지 못함으로써 생기는 결과인 것이다. 드라이브를 잘 치기 위해서는 많은 부수적인 동작이 필요하며, 그중에서도 중요한 것은 공을 반드시 어퍼 블로(upper blow)로 맞혀야 한다.

즉, 클럽헤드가 지면을 스치듯 지나 위쪽으로 올라가는 단계에서 공을 맞히는 것을 의미한다. 어퍼 블로로 공을 맞히기 위해서는 우선 백스윙 때 상체의 충분한 꼬임이 있어야 하며, 그러기 위해서는 백스윙의 시작을 클럽헤드가 지면을 스치듯 낮고 길게 해주고, 상체를 릴랙스된 상태에서 오른쪽으로 충분히 회전시켜 주어서 몸의 꼬임(coil)이 좋아야 한다. 이때 백스윙을 약간 플랫하게 해주는 느낌이면 몸의 꼬임을 더 많이 느낄 수가 있다.

이렇게 백스윙의 정상을 이루고 다운스윙의 시작에서 체중 이동과 함께 왼쪽 허리의 빠른 회전으로 다운스윙을 리드하여야 하며, 이때 오른쪽 팔꿈치 부분을 몸 쪽으로 가까이 해주면서 인사이드에서 아웃사이드로 스윙을 해주어야 한다.

가령 백스윙의 정상에서 체중 이동도 없고 허리의 회전도 없이 손으로 클럽헤드를 휘둘러서 공을 때리려고 하면 찍어 치는 스윙이 되므로, 스카이 볼이 아니면 슬라이스성 구질이 나오게 된다. 폴로스루 때 유의할 것은 임팩트 순간부터 폴로스루가 이루어질 때 손목을 사용하여 공을 억지로 떠올려 치려고 해서는 안 된다. 자연스럽게 인사이드 아웃 스윙을 해주면서 인사이드 테이크백과 인사이드 다운스윙을 해주게 되면, 스윙은 자연히 어퍼 블로로 연결되게 된다.

NOTE 어퍼 블로(upper blow) : 클럽헤드가 공의 하단부를 맞히면서 위쪽으로 올라가면서 스윙하는 것.

드라이브 샷(Drive Shot) 2

클럽샤프트 · 왼팔, 일직선 유지

 일반 골퍼들이나 프로 골퍼들 중에서 장타를 치는 사람과 함께 라운드를 하면 자기 페이스를 잃어버리고 비거리에 욕심을 내어 그만 게임을 망치는 경우가 더러 있다. 그러나 정말 노련한 골퍼라면 상대 선수 때문에 자기 페이스를 잃어버리는 일은 결코 없을 것이다.

 드라이브를 똑바르게 또 멀리 보내려면 스윙의 기본을 철저히 지켜 주어야 하는 것이다. 힘으로 어떻게 해서 비거리는 낼 수 있다 하더라도 방향을 일정하고 똑바르게 잡아 주는 일은 그다지 쉬운 일이 아니다. 드라이브를 올바르게 샷을 하기 위해서는 어퍼 블로 샷을 하는데, 즉 공을 찍어 치듯이 해서는 안 된다는 뜻이며, 이는 클럽헤드가 원을 그리면서 움직일 때, 원의 최하단점을 지나 상단점을 향해 올라가면서 공을 맞혀야 한다는 것이다.

그러기 위해서는 첫째로 스윙의 올바른 순서를 꼭 지켜 주어야 하며, 둘째로는 클럽헤드가 그리는 스윙의 아크(arc)를 최대한으로 크게 해주어야 할 것이다. 그외 다른 동작들도 많이 있지만 우선 이 두 가지 동작이라도 올바르게 지켜 주는 것이 중요하며, 이렇게 해주기 위해서 무엇을 해주어야 하는지 알아둘 필요가 있다.

먼저 그립(손의 위치) 부분을 잘 확인할 필요가 있다. 일반 골퍼들이 대부분은 슬라이스성 구질의 샷을 하고 있다. 그러므로 드라이브 샷을 잘 해보려는 뜻에서 어드레스 때 그립 부분을 목표 방향 앞으로 옮겨 주면서 클럽페이스를 크로스 페이스로 하여 샷을 해보기도 한다.

이렇게 하면 때로는 잘 맞기도 하고, 방향도 똑바르게 가는 경우도 더러 있다. 그러나 이 방법을 계속 해주게 되면 자연히 찍어 치듯 다운 블로 샷을 하는 결과가 되므로, 스카이 볼이나 하이 볼이 나오게 된다. 그러므로 어드레스 때에는 클럽페이스, 클럽 샤프트, 그립 부분, 그리고 왼팔이 있는 선이 일직선으로 일치되게 직각으로 놓아 주는 것이 좋다. 그런 후에 스윙의 순서에 따라 클럽헤드를 움직여 주어야 하며, 이때 손목을 사용하여 코킹을 일찍 이루려고 해서는 안 된다.

무엇보다도 중요한 것은 어깨, 팔, 그리고 손목 부분에 힘이 빠져 있어야 하는데, 이는 클럽헤드를 휘둘러 주듯이 스윙을 하여야 하므로 몸을 부드럽게 해주기 위함인 것이다. 이렇게 계속하여 상체를 오른쪽으로 회전시켜 주면서 백스윙을 해주어야 한다.

그 다음은 다운스윙의 시작인데, 이때에는 반드시 체중 이동과 함께 왼쪽 허리의 회전으로 다운스윙이 시작되어야 한다. 만약 하체의 리드가 없이 상체로 다운스윙을 리드하게 되면, 결국 찍어 치는 결과가 되는 것이다. 편법을 쓰면서 잘해 보려고 하지 말고 원칙대로 기초를 잘 연습하면, 금방 좋은 결과가 나오지는 않지만, 차츰 실력이 향상될 것이다.

드라이브 샷(Drive Shot) 3

골프를 잘 해낼 수 있는 요체를 3D로 표현할 수가 있다. 그 첫째는 Desire(욕망), 둘째는 Devotion(헌신), 셋째는 Determination(결단) 이 바로 3D인 것이다. 여기에서의 욕망이란 목표와 집념이 있어야 한다 는 뜻이며, 헌신이란 열성과 노력이 따라야 한다는 것이다. 마지막을 결 단이란 정확한 상황 판단에 따른 결행의 능력을 말하는 것이다. 만약 이 렇게 세가지만 완벽하게 갖춘다면 가장 멋있는 골프를 즐길 수 있으리라 생각된다.

드라이브 샷을 제대로 해주기 위해서는 여러 가지로 강조되는 점이 많지만 그중에서 손목의 그립 부분에 대해 말하지 않을 수가 없다. 골프에 있어서 그립 부분은 클럽과 사람이 닿는 유일한 부분이다. 몸의 동작을 이 그립 부분을 통해 클럽에다 전달시켜 주어야 하기 때문에 상당히 중요한 부분이므로, 스윙 때 손목의 올바른 움직임을 잘 알아둘 필요가 있다.

먼저 어드레스 때 손목의 힘의 강도를 잘 알아두어야 할 것이다. 어드레스 때 그립 부분을 강하게 잡고 있다면 이는 아무래도 좋은 샷을 기대할 수가 없게 된다. 왜냐하면 어드레스 때 그립을 강하게 잡아 주게 되면 자연히 팔과 어깨, 그리고 상체의 전체에 힘이 잔뜩 들어가게 되므로 몸의 유연성을 느낄 수 없기 때문이다. 가령, 그립을 부드럽게 잡고 스윙을 했더니 그립이 돌아가 버렸다는 일이 생기게 되면, 이는 클럽헤드가 공을 컨택할 때 스위트 스폿(sweet spot)에 맞히지 못해서 돌아간 것이지, 그립을 부드럽게 잡아서 잘못된 것이 아님을 알아두어야 할 것이다.

다음은 백스윙 때 손목을 사용하여 일찍 코킹을 이루려고 해서는 안 된다. 만약 일찍 손목이 코킹을 이루게 되면 자연히 상체에 힘이 들어가게 된다. 혹시 백스윙의 정상에서 손목의 코킹이 너무 많이 이루어져서 오버스윙이 되는 일이 없도록 유의하여야 할 것이다. 백스윙의 정상에서의 올바른 손목의 동작은 클럽의 샤프트가 지면과 수평을 이루게 해주고 클럽의 샤프트가 목표 방향으로 일치되게 해주는 것이 올바른 동작이다. 그러나 클럽의 샤프트가 지면에서 15° 정도 아래로 내려가는 것까지는 오버스윙이 아니라고 할 수 있다.

이처럼 중요한 것으로 다운스윙부터 임팩트 순간과 폴로스루의 연결 과정에서의 손목의 동작이라 할 수 있다. 일반 골퍼들 중에는 임팩트 순간 공을 퍼올리듯 스윙을 하는 경우가 대부분이다.

그러나 임팩트 순간에는 손목을 꺾어 공을 퍼올리는 것이 아니라, 손목 부분이 회전하면서 공을 빠르게 지나가는 것이다. 그러므로 손목의 회전으로 공을 감아치는 것이지, 손목을 사용하여 공을 퍼올리는 것이 아님을 꼭 명심하여야 할 것이다.

드라이브 샷(Drive Shot) 4

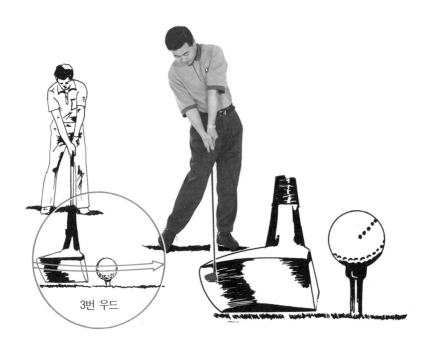

3번 우드

골프가 잘되다가 어느 날 안 되기 시작하더니 계속해서 같은 상태가
지속될 때 우리는 흔히 '슬럼프에 빠졌다'고 한다. 슬럼프라는 말을 사전
에서 찾아보면 '일시적으로 컨디션이 떨어진 상태를 의미한다'고 한다. 골
프에서 슬럼프의 원인을 살펴보면 크게 두 가지로 구분할 수 있다.

그 첫째는 심리적인 것이며, 다음으로는 기술적인 면이며, 두 가지 다
본인의 노력으로 충분히 극복할 수 있다.

이와 같은 슬럼프 현상은 특히 드라이브 샷에서 가장 많이 일어나게
된다. 드라이브는 클럽의 길이가 길면서 로프트가 적고 또 공을 티 위에

올려놓고 치기 때문에 클럽헤드와 공의 컨택이 정확하지 않으면 공이 똑바로 날아가지 않는다. 그래서 일반 골퍼들에게 가장 어려운 클럽이 되는 것이다.

드라이브의 총길이는 43in(1 inch는 약 2.5㎝)를 기준으로 한다. 그러나 요즘에는 클럽헤드가 커지면서 자연히 클럽의 길이가 길어지고 있다. 44in, 45in, 46in 정도의 긴 클럽이 사용되기도 하는데, 이는 일반 골퍼들의 비거리에 대한 욕구를 충족시키기 위한 것이다.

그러면 클럽의 길이가 길어지고 클럽헤드가 크면, 과연 그만큼 공이 멀리 날아가는 것일까? 그렇다고 볼 수 있다. 그러나 보다 더 중요한 것은 클럽의 길이가 길면 길수록 그만큼 사람이 컨트롤하기가 어렵게 된다.

특히 키가 작으면서 몸집이 작은 동양인들에게는 더 말할 나위없이 컨트롤하기가 어렵다. 그러나 키가 크면서 몸집도 좋고 또 좋은 기술을 가지고 있다면, 이러한 클럽은 당연히 비거리가 나게 되어 있다.

일반 골퍼들은 비거리가 우선이지 정확성은 나중 이야기일 수 있다. 공도 멀리 날아가야 하지만 정확성도 있어야 하므로, 자신의 체형에 맞지 않게 너무 긴 클럽이나 헤드가 큰 드라이브는 피하는 것이 좋다. 또 드라이브의 로프트(loft)는 $10°$를 기준으로 아래로 $9.5°$, $9°$, $8°$, 심지어는 $7°$까지 나오며, 또 위로는 $10.5°$, $11°$가 대부분이다.

일반 골퍼들은 비거리에 대한 욕심 때문에 로프트가 적은 클럽을 사용하기를 원하는 경향이 있다. 그러나 만약 3번 우드로 티 샷을 한다고 가정해 보면, 3번 우드로 티 샷을 할 때가 드라이브로 할 때보다 훨씬 잘 맞는 것이 확실하다.

그렇다면 드라이브와 3번 우드가 다른 점이 무엇일까 하는 것이다. 3번 우드는 드라이브보다 0.5in 짧으면서 로프트가 $15°$이다. 그런데 만약 드라이브의 로프트를 $15°$로 높이고 샷을 하게 되면 어떠한 현상이 일어날지 한번 상상해 보는 것도 좋을 것 같다.

드라이브 샷(Drive Shot) 5

3번 우드

드라이브는 골프 가방에 들어 있는 클럽들 중에서 가장 길이가 길고 반면에 가장 가벼운 클럽이다. 클럽을 만드는 재료에 따라서 크게 두 가지로 구분할 수 있다. 나무를 소재로 해서 만든 드라이브가 있고, 금속을 소재로 하여서 만든 드라이브가 있으며, 요즘은 나무로 만든 드라이브는 거의 사용되지 않고, 금속을 소재로 하여 만든 드라이브를 많이 사용하고 있는 추세이다.

드라이브는 클럽페이스의 로프트를 10°를 기준으로 아래로는 9.5°, 9°, 8.5°, 8°가 있고, 위로는 10.5°, 11°, 11.5°, 12°가 있다.

나무로 만든 드라이브와 금속으로 만든 드라이브를 동시에 사용해 보면, 나무로 만든 드라이브가 금속으로 만든 드라이브보다 공의 탄도가 더 높게 날아가는 것을 느낄 수 있다.

예를 들자면 감나무 재질로 만든 드라이브는 로프트의 각도가 9.5° 내지 10° 정도면 충분히 높은 탄도의 공을 쳐낼 수 있다. 그러나 금속으로 만든 메탈우드인 경우에는 10.5° 정도라도 공을 띄우지 못하고 낮게 날아가게 된다. 그러므로 공이 잘 뜨지 않는다고 고민하시는 분이 계신다면, 일단 드라이브의 로프트를 한번 점검해 보는 것도 좋을 것 같다.

메탈우드의 특성은 공이 오른쪽으로 날아가는 경향이 있다는 것이다. 그래서 대부분의 메탈우드는 클럽페이스를 훅페이스로 만들고 있다. 즉 이미 제조 당시부터 그렇게 만든다는 뜻이기도 하다. 따라서 메탈우드는 클럽페이스가 훅페이스로 되어 있기 때문에 훅페이스가 바로 스퀘어 페이스라고 간주하면 될 것이다.

만약 세트업이 훅페이스로 되어 있다 하더라도 임팩트 순간에 양손이 클럽헤드보다 약간 먼저 돌아와 공을 쳐내게 되기 때문에 클럽페이스는 스퀘어로 들어오게 되는 것이다.

그러므로 만약 자신의 구질이 오른쪽으로 많이 휘는 슬라이스성이거나 탄도가 낮은 샷을 하고 있다면, 자신의 로프트를 높여 보는 것이 좋다. 때때로 3번 우드로 티 샷을 해보면 쉽게 이해가 될 것이다.

NOTE │ 메탈 우드(metal wood) : 철을 소재로 해서 만든 드라이브.

페어웨이 우드 샷(Fairway Wood Shot)

3번 우드   4번 우드

우드의 종류는 크게 다섯 가지로 분류되는데, 1번 우드는 드라이브, 2번 우드는 브래쉬, 3번 우드는 스푼, 4번 우드는 버피, 5번 우드는 클리크라고 부른다. 요즈음은 7번 우드, 9번 우드, 심지어는 11번 우드까지 나왔지만, 이는 제조회사에서 나름대로의 이름을 사용하고 있는 것이다.

이러한 우드들은 비거리를 내기 위한 클럽으로 사용되며, 일반 골퍼들 중에서 롱아이언에 자신이 없는 사람들은 페어웨이 우드를 자주 사용하기도 하는 것이다. 페어웨이 우드가 롱아이언에 비해 클럽의 밑바닥 (sole) 부분이 상당히 넓어서 스윙시에 클럽헤드의 밑바닥이 지면에 떨어지면서 바운스를 잡아 주게 되므로, 롱아이언에 비해 쉽게 느껴지는 요인이 된다.

그렇다고 클럽의 밑바닥이 무조건 지면에서 바운스를 잡아 주는 것은 결코 아니다. 그러므로 올바르게 사용하는 요령을 알아두는 것이 좋을 것이다.

우리는 일반적으로 숏아이언은 다운 블로 샷, 롱아이언은 사이드 블로 샷, 그리고 드라이브는 어퍼 블로 샷으로 해야 한다는 것을 잘 알고 있다. 그렇다면 페어웨이 우드는 분명히 사이드 블로 샷을 해주어야 할 것이다.

여기에서 뜻하는 사이드 블로 샷을 쉽게 표현해 보면 공을 쓸듯이 쳐야 하고, 공을 찍어 치려고 한다거나 손목을 사용하여 공을 퍼올리거나 혹은 일부러 공을 띄우려고 해서는 안 되는 것을 의미한다.

클럽헤드의 밑바닥이 지면에 가장 많이 닿으면서 지면을 스치며 공을 쓸고 나가듯 공을 쳐주어야 한다. 즉, 어드레스에서는 그립을 부드럽게 잡아 주면서 상체를 편안하게, 그리고 몸 전체를 릴랙스시켜 주어야 한다.

백스윙은 클럽헤드가 지면을 스치면서 낮고 길게 해주고, 손목의 코킹은 백스윙의 정상 부분에서 자연스럽게 이루면서 상체를 충분히 회전시켜 몸을 충분히 꼬아 주고, 다운스윙 때에는 반드시 체중 이동을 하면서 왼쪽 허리의 리드와 함께 빠른 회전으로 스윙을 리드하면서 백스윙 때 꼬였던 몸을 힘차게 풀어 주면서 클럽을 뿌리쳐 휘둘러 주게 되면 자연히 사이드 블로 샷이 된다.

포워드 프레싱(Forward Pressing)

골프는 이해되지 않는 부분도 많이 있다. 일반 골퍼들의 대부분이 느끼는 부분이지만 연습장에서는 공을 잘 맞히는데 어떻게 필드에서는 잘 안 되는지, 또 평소에 잘되던 골프가 갑자기 이상해지면서 생각지도 않는 미스 샷이 나오는지, 친한 친구들이나 부담없이 라운드를 할 때에는 그런대로 잘되는데 모르는 사람이 옆에서 본다거나 혹은 같이 라운드를 하게 되면 왜 이상하게 되는지 잘 이해가 안 된다는 것이다.

뭔가를 보여 주려고 한다거나, 나름대로 중요한 시합에서 입상을 노리고 시합에 임할 경우, 욕심이 앞서면 앞설수록 더 좋지 않은 결과가 나오는 경우도 경험해 보았으리라 짐작된다. 그러고는 골프를 원망하면서 골프를 나무랄 때가 많은 것이다.

골프는 자신 스스로가 주체가 되어 경기를 하는 것이며, 그에 대한 책임 역시 본인 스스로가 져야 할 것이다. 이렇게 욕심이 원인이 되어 잘못되는 경우의 대부분은 무엇인가를 보여 주려고 하면 자신도 모르게 몸이 경직되어 버리는 것이다.

그러나 아무런 부담이 없이 그냥 툭 쳐야지 하면서 샷을 했을 때에는 생각보다 공이 멀리 날아가는 것을 경험해 보았을 것이다. 그러므로 좋은 샷을 위해서는 마음가짐부터 잘하는 것이 매우 중요하다.

뿐만 아니라 자신에게 주어진 심리적인 압박감을 벗어 버리는 것이 좋다. 이 압박감은 때로는 어처구니없는 실수를 유발시키기도 하며, 큰 경기일수록 더욱더 강하게 나타나게 되기도 한다.

이러한 압박감을 극복하기 위한 방법으로는 그립 부분에 포워드 프레싱(forward pressing)을 걸어 주는 것이 좋다.

이는 양손을 잡은 그립 부분을 목표 쪽으로 살짝 움직인 후에 백스윙을 시작하는 것이다.

그렇지 않으면 오른쪽 무릎을 살짝 안쪽으로 차넣듯이 한 후 백스윙을 시작하는 것이다.

이러한 방법은 몸이 경직되어 있는 상태를 더 부드럽게 해주기 위함이며, 또 백스윙의 시작 포인트를 찾아서 좋은 리듬의 스윙으로 유도하기 위함이다.

어퍼 블로 샷(Upper Blow Shot)과
다운 블로 샷(Down Blow Shot)

　일반적으로 드라이브 샷은 어퍼 블로(upper blow) 샷으로 쳐야 하며, 아이언 샷은 다운 블로(down blow) 샷으로 쳐야 한다.

　이렇게 클럽의 길이에 따라 달라지는 스윙 방법으로 보아, 당연히 스윙의 요령 또한 달라져야 한다고 생각될지도 모른다. 그러나 생각과는 달리 이 두 가지 방법 모두 공을 치기 위한 스윙에 있어서는 다를 바가 없다.

　즉, 드라이브가 아이언보다 클럽의 길이가 길다고 하더라도 스윙은 똑같은 방법으로 해주어야 한다.

그것은 클럽의 길이가 긴 드라이브는 클럽헤드가 스윙의 제일 아래 지점을 통과한 후 올라가는 시점에서 공을 맞게 된다고 해서 어퍼 블로로 명칭이 붙게 된 것이며, 이에 반해 다운 블로는 스윙의 최저점으로 클럽헤드가 내려가면서 공을 맞히기 때문에 붙여진 명칭이다.

이러한 현상들은 억지로 만들어낼 수 있는 것이 아니라, 스윙의 원리에 따라 자연스럽게 나타나는 현상이다. 그러나 일반 골퍼들 중에는 아이언 샷을 할 경우 지나치게 클럽으로 공을 찍어 치려고 하거나, 반대로 드라이브 샷에서 손목을 사용하여 공을 퍼올려 주듯이 스윙을 하려고 하는 경우가 많다.

이것은 잘못된 동작이며, 올바른 스윙을 하기 위해서는 올바른 스윙의 순서와 동작들을 잘 익혀 두어야 하며, 이러한 문제는 저절로 해결된다.

올바른 스윙이란 백스윙은 상체의 회전으로 몸을 꼬아 힘을 형성시키고, 다운스윙은 하체의 리드에 의해 스윙의 리드가 이루어져야 한다.

하체의 리드에 의해 상체가 끌려 내려와 공을 때리게 되면 자연히 아이언은 다운 블로, 드라이브는 어퍼 블로로 공을 맞히게 된다.

그러므로 클럽헤드의 움직임에 신경을 두지 말고, 스윙의 올바른 순서를 익히는 일에 최선을 다해야 할 것이다.

NOTE 다운 블로(down blow) : 클럽헤드가 공의 상단을 맞히면서 계속해서 내려가면서 스윙하는 것(찍어 치는 것).

백스핀 샷(Back-spin Shot)

공 밑을 굉장히 빠른 속도로 통과시켜라.

스포츠 중에서 골프만큼 성별과 연령을 따지지 않는 것은 없는 것 같다. 그러나 나이가 들어갈수록 아무리 힘을 들여 공을 때려도 젊었을 때보다 멀리 날아가지 않는다고 실망하는 경우가 있다. 공이 멀리 날아가지 않는다고 해서 골프의 재미가 없어지거나 스코어 향상이 안 되는 것은 아니며, 오히려 나이가 들어갈수록 골프의 경력이 많아져서 골프에서 필요한 지혜, 인내, 그리고 경험이 풍부하게 되어 잘 극복해 낼 수 있다.

일반 골퍼들 중에서도 가끔 백스핀이 걸리는 샷을 하는 경우를 보는데,

이때 친 사람은 어깨가 으쓱해지고, 이를 바라보는 사람들은 이것을 부러워하기도 한다.

백스핀의 경우, 대부분 롱아이언 쪽보다는 숏아이언이 대부분이다. 그것은 다운스윙 때 클럽헤드가 지면을 향해 거의 수직으로 떨어지면서 다운 블로 샷을 하게 되므로 생기는 현상이다. 그렇다고 다운 블로로 공을 친다고 해서 모두 백스핀이 걸리는 것은 아니다. 그에 대한 기술을 확실히 알고 스윙을 했을 때에만 백스핀이 걸리게 된다.

프로 골퍼들에 비해 일반 골퍼들이 백스핀이 잘 걸리지 않는 이유는, 스윙 때에 자신도 모르는 사이에 상체로 스윙을 하거나 혹은 손목을 이용하여 공을 퍼올리려고 하면서 스윙을 하기 때문이다.

따라서 손목이나 팔로만 스윙을 하는 일을 방지하기 위해서는 우선 몇 가지 연습해야 할 것들이 있다. 그 첫째로는 백스윙 때 어깨의 충분한 회전의 필요하다. 즉, 몸의 코일이 충분하여야 한다.

둘째로는 몸의 스웨이 현상이 생기지 않도록 한다. 몸이 이쪽저쪽으로 흔들리면서 스윙을 하게 되면 공을 옆에서 맞히게 되는 결과가 되므로, 이 역시 백스핀이 걸리지 않게 되는 것이다.

셋째로는 다운스윙 때 충분한 체중 이동이 필요하게 된다. 즉, 체중 이동이 없이 스윙을 하게 되면 결국은 공을 퍼올리거나 몸이 뒤쪽으로 넘어지듯이 스윙을 하게 되어 이 역시 백스핀이 걸릴 수 없게 된다.

마지막으로 낮고 긴 폴로스루가 이루어져야 하며, 폴로스루 때 클럽헤드가 충분히 공을 치고 빠져나가도록 낮고 길게 해주어야 할 것이다. 즉, 클럽헤드가 공 밑을 굉장히 빠른 속도로 공을 치고 빠져나가는 느낌이 되어야 한다.

이렇게 네 가지 동작만 올바르게 해준다면 프로들이 즐겨하는 백스핀 정도는 쉽게 할 수 있을 것이며, 다른 일반 골퍼들과 라운드를 할 때에도 자신의 어깨에 힘을 줄 수가 있게 될 것이다.

하이 샷(High Shot)

약간 오픈 스탠스

6 4

좋은 골프를 하기 위해서는 재능, 체력, 그리고 지력이 필요하게 된다. 이러한 세 가지를 모두 갖추었다 하더라도 훌륭한 골퍼로 성공하기 위해서는 충분한 연습이 필요하다.

골프는 그날의 날씨에 많이 좌우되기도 한다. 가령, 바람이 강하게 부는 경우에는 두 가지 종류의 샷을 모두 할 수 있어야 한다.

바로 로 샷(low shot)과 하이 샷(high shot)이다. 맞바람이 불어칠 때에는 로 샷을 하여 공을 낮게 날아가게 하고, 반대로 뒷바람이 불어칠 때에는 공을 높이 띄워 그 바람을 이용하게 되면 더 많은 비거리를 낼 수가 있게 된다.

먼저 하이 샷에 대해 자세히 알아보기로 하자. 공을 높이 띄워서 치려면, 먼저 어드레스 때 공의 위치를 약간 왼쪽으로 옮겨 주어야 한다. 즉, 왼발 뒤꿈치 일치선상이면 좋다.

그리고 어드레스에서 체중의 좌우분배를 오른발은 6, 왼발은 4 정도로 해주어야 하며, 앞뒤 분배는 약간 뒤꿈치 쪽으로 실어 주는 것이 좋다.

그리고 항상 강조해 왔듯이 상체와 팔, 그리고 그립 부분에 힘을 빼주어야 할 것이다. 백스윙의 시작을 천천히 하면서 가볍게 해주어야 하고, 백스윙의 정상에서 최대한으로 힘을 모아야 한다. 다운 스윙은 체중 이동과 함께 허리의 빠른 회전이 필요하며, 지나친 체중 이동은 피하고 허리의 빠른 회전으로 클럽헤드의 스피드만 높여 주어야 한다.

그리고 스윙 패스(swing path)는 인사이드 아웃으로 해주어야 한다. 임팩트와 폴로스루 때에는 오른쪽 어깨가 약간 낮아지는 느낌으로 스윙을 해주어야 하는데, 마치 야구 경기에서 투수가 공을 언더스로 하듯이 오른쪽 어깨 부분을 약간 떨어뜨려 주는 느낌이면 좋다.

또 어드레스 때 스탠스는 스퀘어 스탠스가 일반적이나 경우에 따라서 약간 오픈 스탠스로 서주는 것도 하나의 요령이 될 수 있다.

특히 손목을 사용하여 일부러 공을 퍼올려 주려고 하지 않도록 한다. 스윙을 부드럽게 해주면서 클럽의 로프트가 자연스럽게 공을 띄워 주는 느낌으로 클럽헤드의 스피드를 이용한 멋있는 스윙을 할 수 있어야 할 것이다.

로 샷(Low Shot)

4 Vo o 6

　골프를 좋아하는 골퍼들에게는 겨울이 더욱더 길게 느껴진다. 그렇다고 겨우내 골프 클럽을 한 번도 잡아보지 않고 겨울을 보낼 수는 없지 않겠나? 기온이 약간씩 올라가는 날을 택하여 필드를 찾아가기라도 하는 날이면, 역시 겨울바람이 차고 강한 것을 느끼게 된다. 이때를 대비하여 바람의 저항을 가장 적게 받으면서 비거리를 낼 수 있는 샷을 연구해 보는 것도 좋을 것 같다.

　바람이 강하게 부는 날에는 가능한 공을 높이 띄우지 않아야 한다.

먼저 공을 낮게 날아가게 하려면 클럽의 선택을 한두 클럽 길게 잡아 주는 것이 좋다. 이는 공의 탄도가 낮기 때문에 아무래도 공이 지면에 일찍 떨어지게 되며, 또 바람의 저항으로 거리에서 손실을 보기 때문이다.

그리고 어드레스 때 공의 위치가 평소보다 약간 오른쪽으로 옮겨 주어야 하고, 그립을 잡은 손목 부분을 약간 앞쪽으로 나오게 왼쪽으로 옮겨 주면서 클럽의 로프트를 약간 강하게 해주는 것이 좋다. 또 상체는 평소보다 약간 더 숙여 주는 것이 좋으며, 몸의 체중 분배 역시 좌우 분배에서는 왼발에 6, 오른발에 4로 분배해 주고, 앞뒤 분배에서는 앞쪽(toe)으로 조금 더 실어 주는 것이 유리하다.

이렇게 어드레스를 취하게 되면, 이미 공을 낮게 칠 수 있는 자세가 되어 있어서 탄도에 대해 자신감이 생기게 된다. 그 다음은 백스윙의 시작에서 클럽헤드가 지면을 스치듯 낮고 긴 테이크백보다는 손목을 일찍 꺾어서 코킹을 이루는 것이 좋다. 이는 클럽헤드가 백스윙의 정상에서 공을 향해 수직으로 떨어질 수 있도록 해주기 위해서이다.

다운스윙의 시작 때에는 왼쪽 무릎의 리드로 왼쪽 무릎이 지면 쪽으로 낮아지는 듯하는 느낌으로 다운스윙을 해주어야 한다. 그리고 임팩트 순간에는 왼쪽 손목의 손등 부분으로 공을 눌러 때리는 느낌으로 공을 쳐내 주는 것이 좋다. 또 폴로스루는 임팩트의 연속 동작으로 임팩트 순간의 기분을 오래 지속시켜 주기 위해 낮고 길게 해주어야 한다. 마지막 피니시는 할 필요가 없다. 설사 한다고 해도 폴로스루의 최고 마지막 위치에서 멈추는 듯하는 것이 좋다.

이렇게 샷을 하는 것을, 다른 말로 펀치 샷(punch shot) 또는 녹다운 샷(knock-down shot)이라고 부르기도 한다. 아크가 큰 스윙보다는 컴팩트 스윙을 하는 것이 좋다. 즉, 백스윙의 정상에서 모인 힘을 공을 향해 힘껏 때리고 멈추는 느낌이면 된다.

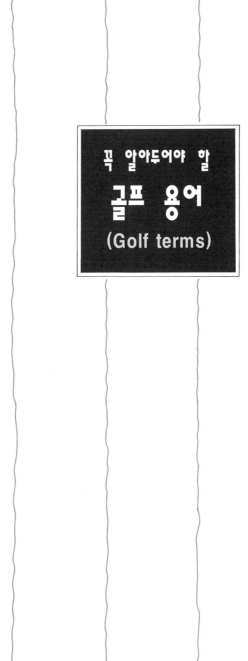

꼭 알아두어야 할
골프 용어
(Golf terms)

골프 용어(Golf terms)

▶ A ◀

action(액션) 움직임이나 동작, 스윙할 때 신체 각 부분의 움직임.

address(어드레스) 스탠스를 잡고 공에 클럽을 재고 겨누는 일. 골프 규칙에 는 "플레이어가 스탠스를 취하고 클럽을 땅 위에 댔을 때, 해저드 안에서는 스탠스를 취했을 때, 어드레스한 것으로 인정한다."라고 되어 있다.

advice(어드바이스) 골프 규칙에는 "플레이의 결단, 클럽의 선택 또는 스트로크의 방법, 결정 등에 영향을 미치는 조언이나 또는 묻는 것을 말한다. 규칙 또는 로컬 룰에 대해서 가르쳐 주는 것은 어드바이스가 아니다."로 되어 있다.

against wind(어겐스트 윈드) 마파람. 역풍.

age shutter(에이지 슈터) 18홀을 자기의 나이나 그 이하의 스코어로 끝낸 사람을 가리킨다. 예를 들면 82세의 사람이 81로 홀 아웃했을 때.

albertross(앨버트로스) 1홀의 표준 타수(파)보다 3개 적은 타수로 홀 아웃하는 것. 보통은 롱 홀의 2타째가 컵 인되었을 때 사용한다.

amateur side(아마추어 사이드) 비탈진 그린에서 컵(홀)에 대해 처음부터 낮은 쪽으로 빗나가게 치는 것. 그런 만큼 컵 인될 가능성이 없다.

approach shot(어프로치 샷) 그린 가까이에서 핀을 향해 모아치는 일. 쇼트 게임이라고 한다.

apron(에이프런) 그린 주위의 페어웨이로 에이프런처럼 늘어뜨려져 있는 경사진 면.

arison bunker(아리손 벙커) 호랑이가 입을 벌린 모양으로 그 바닥이 깊은 벙커.

average(에버리지) 평균이라는 뜻. 에버리지 골퍼라고 하면 핸디캡이 29 전후인 사람을 가리킨다.

▶ B ◀

back-spin(백스핀) 볼이 비구 방향과 반대로 회전하는 것. 볼이 떨어져도 굴러가는 힘이 약하다. 각도가 큰 미디엄 아이언을 사용하여 친다. 언더

스핀이라고도 한다.

backswing(백스윙) 클럽을 뒤편으로 휘둘러 올리는 동작.

back tee(백 티) 가장 뒤쪽에 있는 티 그라운드, 공식 경기에 사용된다.

beginner(비기너) 초보자.

best gross(베스트 그로스) 스트로크 플레이에서 총타수가 가장 적은 사람.

birdie(버디) 그 홀의 표준 타수(파)보다 1타 적은 타수로 홀 아웃하는 것.

blind(블라인드) 코스에서 지형의 기복이나 숲 등에서 목표 지점이 보이지 않는 것.

bogey(보기) 그 홀의 표준 타수보다 1타 많은 타수로 홀 아웃하는 것.

booby(부비) 경기 대회에서 최하위가 된 사람의 호칭. 또는 최하위에서 두째가 된 사람도 가리킴.

brush(브러시) 우든 클럽의 2번을 가리킨다.

buffy(버피) 우든 클럽의 4번을 가리킨다. 지금은 4번 우드, 5번 우드라고 한다.

bunker(벙커) 벙커에서의 샷.

▶ C ◀

carry(캐리) 볼을 때린 지점에서 그 볼이 지상에 떨어지는 지점까지의 비거리, 즉 체공거리(滯空距離).

cart(카트) 골프 가방을 싣고 운반하는 수레. 플레이어나 캐디도 탈 수 있는 승용 카트도 있다.

casual water(캐주얼 워터) 비나 물이 넘쳐서 된 일시적인 물 구덩이로 그 자체는 해저드가 아니기 때문에 볼이 그곳에 들어갔을 때는 규칙에 의해 구출된다.

close bunker(클로스 벙커) 팁 샷의 볼이 낙하하기 쉬운 페어웨이의 양쪽, 또는 한복판 근처에 가로지른 모양으로 만들어진 벙커.

closed stance(클로즈드 스탠스) 오른발을 약간 뒤로 당겨 두 발끝을 맺는 선이 비구선에 대해서 오른쪽에서 왼쪽으로 크로스되도록 서는 자세.

club(클럽) ① 공을 치기 위한 도구. ② 회원에 의해 구성된 조직.

cock(쿡) 백스윙할 때 손목을 꺾어 구부리는 것.

competition(컴피티션) 경기 대회를 말한다. 일반적으로 컴페라 말한다. 컴피니터는 경기자. 컴피티션 커미트라고 하면 경기 위원.

completion(컴플레이션) 볼의 경도(硬度)를 표시하는 단위를 말한다. 70이라든가 80 또는 90이라는 숫자로 표시한다.

control shot(컨트롤 샷) 풀 샷이 아니라 의식적으로 지정하는 샷.

course rate(코스 레이트) 코스의 난이도를 표시하는 숫자. 파 72에서 코스 레이트가 73이면 어려운 코스이고 69이면 쉬운 코스라고 할 수 있다.

cleek(클리크) ① 우든 클럽의 5번을 가리킨다. ② 코스 안에 흐르는 작은 개울을 말한다.

cup(컵) ① 그린에 뚫린 구멍(홀). ② 우승배를 가리킨다.

cut shot(컷 샷) 공을 비스듬히 자르듯이 치는 것. 즉 볼에 사이드 스핀을 가하는 방법이다.

▶ D ◀

dead(데드) 볼이 컵에 가장 가까운 위치에서 멈추는 것.

dimple(딤플) 볼의 표면에 파여 있는 곳.

dog-leg(도그 레그) 코스가 개의 뒷발과 같이 왼쪽 또는 오른쪽으로 < 모양으로 구부러져 있는 것을 말한다.

dormy(도미) 매치 플레이에서 이긴 홀의 수와 나머지 홀의 수가 같게 되었을 때를 가리킨다.

double bogey(더블 보기) 그 홀의 표준 타수보다 2타 많은 타수로 홀 아웃하는 것.

down(다운) 매치 플레이에서 패한 수를 표시하는 말.

down blow(다운 블로) 볼을 세게 두들기듯이 클럽을 휘둘러 내리는 것. 일반적으로 스윙의 호(弧)에서 최저점보다 앞단계에서 볼을 히트시키는 것.

downhill lie(다운힐 라이) 그린을 향해 내리막길의 경사면에 볼이 멈춰 있는 것을 말한다.

downswing(다운스윙) 클럽을 휘둘러 내리는 동작으로 톱에서 임팩트까지를 말한다.

draw ball(드로 볼) 일단 오른쪽으로 나간 후 떨어지려고 할 때에 왼쪽으로 휘어져 들어가는 탄도(彈道)를 그리는 타구(오른손잡이의 경우). 혹 볼과는 근본적으로 다르다.

driver(드라이버) 우든 클럽의 1번을 말함. 드라이버로 치는 볼을 드라이빙이라고도 말한다.

drop(드롭) 볼이 연못이나 저수지 등에 들어갔을 때 다른 볼(또는 주어올린 볼)을 규칙에 따라 자기의 어깨 너머 뒤편에 떨어뜨리는 것.

duff(더프) 실패한 타격. 볼을 칠 때 실패하여 볼 뒤의 지면을 치는 것. 뒤 땅치기라고도 함.

dynamite(다이너마이트) 샌드 웨지의 속칭.

▶ E ◀

eagle(이글) 파(기준 타수)보다 2개 적은 타수로 홀 인하는 것.

edge(에지) 그린이나 벙커, 홀 등의 주변이나 가장자리 끝을 가리킨다. 클럽페이스의 밑선도 에지(edge)라고 한다.

entry fee(엔트리 피) 경기 대회에 참가하는 자격을 얻기 위한 비용.

even(이븐) 같다는 뜻. 스트로크 플레이에서는 합계 스코어가 파의 합계와 같을 때 이븐 파라고 한다. 매치 플레이에서는 타수나 승패가 같은 수로 서로 우열을 가릴 수 없는 경우를 말한다.

explosion(익스플로전) 폭탄이라는 뜻. 벙커 안의 볼을 모래와 함께 쳐내는 샷.

extra hole(엑스트라 홀) 연장전의 홀. 규정의 홀에서 승부가 나지 않으면 거기에서 홀을 추가하여 승패를 결정할 때의 그 홀을 말한다.

▶ F ◀

face(페이스) 클럽헤드의 때리는 면.

fade ball(페이드 볼) 일단 왼쪽으로 나간 후 떨어질 때쯤에 오른쪽으로 휘는 탄도를 그리는 타구(오른손잡이의 경우).

fairway(페어웨이) 티 그라운드에서 그린에 이르는 사이의 잔디를 짧게 손질한 지역.

finish(피니시) 타구를 끝냈을 때의 자세.

flat course(플랫 코스) 평탄한 코스.

flat swing(플랫스윙) 스윙할 때 클럽헤드의 스윙 궤도가 지면에 거의 밋밋하게(평행이 되도록) 치는 타법.

follow-through(폴로스루) 볼을 때린 직후의 (휘둘러 빼는) 동작.

foursome(포섬) 매치 플레이에서 4인이 2조로 나누어, 각 조가 1개씩의 볼을 번갈아 쳐가는 경기법.

full swing(풀 스윙) 충분한 회전을 가하여 힘껏 치는 스윙. 풀 샷과 같다.

▶ G ◀

gallery(갤러리) 골프 경기의 구경꾼.

golf widow(골프 위도우) 남편이 골프에 열중하여 자주 집을 비우게 되면서 부인이 홀로 되어 마치 미망인과 같다고 해서 나온 말이다.

green(그린) 볼이 들어가는 구멍(홀)이 있는 지역.

green fee(그린 피) 골프 코스 사용료 .

grip(그립) ① 클럽을 쥐는 부분. ② 클럽을 쥐는 방법.

gross(그로스) 핸디캡을 빼지 않은 라운드의 총 스트로크의 수.

▶ H ◀

half round(하프 라운드) 9홀을 플레이하는 것. 또는 1홀의 타수가 같은 경우, 하프라고도 말한다.

half set(하프 세트) 7개가 세트로 되어 있는 클럽.

half swing(하프 스윙) 풀 샷의 절반 크기의 스윙.

handicap(핸디캡) 플레이어의 기량에 상응하여 정해진 표준 타수(파)와의 차이.

hazard(해저드) 코스 안에 있는 연못, 개울, 벙커 등의 장해 지역.

head(헤드) 클럽의 머리 부분.

head up(헤드업) 임팩트 순간에 머리를 올리는 것.

heel ball(힐 볼) 클럽헤드의 뒷부분인 힐에 맞는 볼.

hitting area(히팅 에어리어) 볼을 잡을 수 있는 범위를 가리킨다.

hole(홀) 공을 넣는 구멍으로 그린 위에 설치되어 있다.

hole in one(홀 인 원) 티 그라운드에서 1타로 홀에 공을 넣는 것.

hole out(홀 아웃) 볼을 홀에 넣어 1홀의 플레이를 끝내는 것.

home course(홈 코스) 자기가 있는 소속 골프 코스.

honour(오너) 티 샷을 맨 처음에 치는 영예가 주어진 사람. 또는 1홀의 타수가 적은 사람이 다음 티의 오너가 될 때, 첫번째 홀에서는 핸디캡이 적거나 추첨으로 치기 시작한다.

honourable member(오너러블 멤버) 명예 회원.

hook(훅) 타구가 왼쪽으로 크게 휘어져 나는 것(오른손잡이의 경우).

▶ I ◀

impact(임팩트) 볼이 클럽헤드에 맞는 것.

in(인) 코스의 10번 홀에서 18번 홀까지를 가리킨다.

inplay(인플레이) 플레이어가 티 그라운드에 제1스트로크를 하고 그 훅을 홀 아웃하기까지를 말한다.

inside out(인사이드 아웃) 샷을 했을 때 클럽헤드가 비구선에 대해 안쪽에서 바깥쪽을 향해 나가는 것을 말한다.

intentional hook(인텐셔널 훅) 의식적으로 훅 볼을 치는 샷.

intentional slice(인텐셔널 슬라이스) 의식적으로 슬라이스하는 것. 그린이 숲 저편에 있거나, 해저드를 피하지 않으면 안 될 경우. 볼을 날리면서 굴려야 될 필요가 있을 때 등에 사용한다.

interlocking grip(인터로킹 그립) 오른손 새끼손가락과 왼손 엄지손가락을 얽혀서 쥐는 방식으로, 손이 작고 손가락이 짧은 사람이 사용하면 스윙 중에도 풀어지지 않는 효과가 있다(오른손잡이의 경우).

iron club(아이언 클럽) 클럽헤드가 금속제로 된 것.

▶ L ◀

lateral water hazard(래터럴 워터 해저드) 플레이의 선과 평행하고 있는 워터 해저드를 말한다. 골프 규칙에는 워터 해저드 또는 그 일부로써 홀과 공이 해저드의 경계를 최후로 넘은 지점과는 선상 후방에 공을 드롭하는 것이 불가능한 수역(水域)이라 되어 있다.

lie(라이) 낙하한 볼의 위치, 상태.

line(라인) 볼과 목표를 연결하는 시각선.

local rule(로컬 룰) 그 골프 코스에서 특별히 정한 룰.

loft(로프트) 클럽페이스의 경사 각도.

long hole(롱 홀) 표준 타수(파) 5 이상의 홀. 거리는, 남자는 431m 이상, 여자는 367~526m.

long iron(롱 아이언) 1번, 2번, 3번의 아이언 클럽.

long putt(롱 퍼트) 긴 거리의 퍼팅.

loose impediment(루스 임페디먼트) 코스 안에 떨어져 있는 나뭇잎이나 나뭇가지, 잔돌 같은 방해물을 제거할 수 있는 것.

lost ball(로스트 볼) 분실구. 골프 규칙에는 "찾기 시작하여 5분 이내에

발견되지 않거나, 또는 자기의 공이라 확인할 수 없을 때 분실구이다."라고
되어 있다.

▶ M ◀

marker(마커) 플레이할 때 경기자의 스코어를 기록하는 사람. 이를 선임하
는 것은 위원이지만 동반 경기자가 임할 때도 있다.

match play(매치 플레이) 홀 매치라고도 한다. 각 홀마다 승부를 결정하여
모든 홀에서의 승자가 나머지의 홀 숫자를 넘었을 경우에 경기는 끝나게
된다.

middle hole(미들 홀) 표준 타수(파) 4번의 홀. 거리는 남자의 경우는 230
~430m, 여자의 경우는 193~366m.

middle iron(미들아이언) 4번, 5번, 6번의 아이언 클럽.

miss shot(미스 샷) 실패한 샷.

mound(마운드) 벙커나 그린 등의 주변에 있는 작은 언덕이나 흙더미보다
높은 곳.

▶ N ◀

nassau(낫소) 경기 방법의 하나. 18홀을 아웃의 성적(9홀), 인의 성적(9
홀), 그 양쪽의 합계의 성적을 셋으로 나누어 승패를 결정한다.

natural grip(내추럴 그립) '베이스볼 그립'이라고 한다. 야구의 배트를 쥘
때처럼 10개의 손가락을 모두 써서 샤프트를 쥐는 방식.

neck(넥) 클럽헤드가 샤프트와 연결되는 부분.

net(네트) 스트로크 플레이에서 총타수(그로스)에서 핸디캡을 뺀 수. 네트
스코어라고도 말한다.

nice shot(나이스 샷) 좋은 샷을 냈을 때 하는 칭찬의 말.

▶ O ◀

official handicap(오피셜 핸디캡) 공식 핸디캡. 우리나라에서는 한국 골
프협회에 가입해 있는 클럽이 결정한 것.

on(온) 볼이 그린 위에 오르는 것을 말한다. 원 온이라고 하면 1타로 그린
에 오르는 것. 투 온은 2타로.

one ball twosome(원 볼 투섬) 4인이 2조로 나누어, 각 조가 2개씩의

볼을 번갈아 쳐가는 경기 방법이다.

one on(원 온) 제1타로 볼이 그린에 오르는 것.

one-piece swing(원피스 스윙) 전신이 일체가 되어 스무스하게 이루어지는 스윙.

open face(오픈 페이스) 스윙의 정점에서 클럽페이스가 볼에 대해 열려져 있는 상태. 즉 지면과 수직으로 되는 것을 가리킨다.

open stance(오픈 스탠스) 왼발을 약간 앞으로 당겨서 두 발 끝을 맺는 선이 비구선에 대해서 왼쪽에서 오른쪽으로 크로스시키는 자세. 이외에도 스퀘어 스탠스와 클로즈드 스탠스가 있다.

out of bounds(아웃 오브 바운즈) OB라고도 한다. 코스 외의 플레이 금지 구역으로 표시되어 있다.

outside in(아웃사이드 인) 샷을 할 때 클럽헤드가 비구선(飛球線)에 대해 바깥쪽에서 안쪽으로 들어가는 것, 즉 슬라이스(slice)가 생기는 것.

over(오버) 타구가 겨냥하는 위치를 지난 지점에 떨어지거나 정지하는 것.

over drive(오버 드라이브) 드라이브로 친 공이 다른 사람보다 멀리 나는 것.

overlapping grip(오버래핑 그립) 오른손의 새끼손가락을 왼손의 인지 관절 위에 갈고리 모양으로 걸쳐 클럽을 쥐는 방법(오른손잡이의 경우).

over par(오버 파) 타수가 표준 타수보다 많은 것.

over spin(오버 스핀) 공이 비구 방향으로 회전하는 것.

overswing(오버스윙) 스윙을 필요 이상으로 크게 하는 것.

▶ P ◀

par(파) 각 홀의 표준 타수.

pass(패스) 앞서가는 조가 뒤따르는 조를 먼저 가게 하는 것. 이런 경우 "포어."라고 소리친다.

penalty(페널티) 벌타.

pin(핀) 그린 위 홀에 세워진 깃대.

pin position(핀 포지션) 핀의 위치.

pitch and run(피치 앤드 런) 어프로치 샷에서 가장 많은 편이다. 볼을 일단 올리고, 그린에 떨어진 후에 굴러가는 것을 계산하면서 치는 샷.

pitching wedge(피칭 웨지) 피치 샷용의 아이언 클럽.

pitch shot(피치 샷) 볼이 굴러가지 않게 높은 탄도에서 그린 위에 떨어지면 곧 멈추게 하는 샷.

place(플레이스) 규칙에 따라 주어올린 볼을 다른 위치에 놓는 섯.

play off(플레이 오프) 동점이 되었을 때 하는 결승전.

public course(퍼블릭 코스) 회원제가 아닌 일반에게 개방되어 있는 코스.

punch shot(펀치 샷) 손목을 최대한으로 구사하여 볼을 튕겨 날리는 샷. 풀 샷이 아닌 하프 샷으로 한다.

putt(퍼트) 그린 위에서 퍼터를 사용하여 볼을 치는 것.

putter(퍼터) 그린 위에서 볼을 굴리는 데 사용하는 클럽.

▶ R ◀

regular tee(레귤러 티) 비공식 경기 등 보통 사용되는 티 그라운드.

replace(리플레이스) 규칙에 따라 볼을 바꾸어 놓는 것을 말한다. 지금까지 사용해온 볼이 아니라 새 볼로 바꾸어 놓는 경우도 있다.

rough(러프) 잡초지대를 말한다. 코스의 페어웨이나 그린 등의 주변에 잡초가 길게 자라 있는 지역.

round(라운드) 각 홀을 차례로 플레이하며 도는 것. 보통 18홀을 플레이하며 도는 것을 '1라운드', 9홀을 플레이하며 도는 것을 '하프 라운드'라고 한다.

run(런) 볼이 구르는 것.

running approach(러닝 어프로치) 볼을 홀에 접근시키는 어프로치 샷.

▶ S ◀

sand wedge(샌드 웨지) 주로 벙커 전용의 클럽. 속칭 '다이너마이트'라고 한다.

score(스코어) 플레이어의 타수.

score card(스코어 카드) 스코어를 기입하는 카드.

scratch(스크래치) 핸디캡을 정하지 않고 동등한 조건으로 하는 경기.

semi public(세미 퍼블릭) 회원제의 코스로 멤버의 소개나 동반자 없이도 플레이할 수 있는 코스.

shaft(샤프트) 클럽의 손잡이 부분을 가리킨다.

shank(생크) 볼이 클럽헤드의 중앙에 맞지 않고 샤프트 쪽에 맞아 급각도로 비스듬히 오른쪽으로 휘는 미스 샷(오른손잡이의 경우).

short(쇼트) 타구가 겨냥한 위치에 도달하지 못하고 그 바로 앞에 떨어지든가 멈추는 것을 말한다.

short approach(쇼트 어프로치) 그린 주위의 짧은 어프로치 샷, 즉 그린을 향해 볼을 접근시켜 치는 것을 말한다.

short hole(쇼트 홀) 표준 타수(파) 3의 홀. 남자의 거리는 229m 이하, 여자의 거리는 192m 이하.

short iron(숏아이언) 보통은 7번·8번·9번의 아이언 클럽을 말한다. 여기에 피칭 웨지와 샌드 웨지를 포함하는 경우도 있다.

shot(샷) 클럽으로 볼을 치는 것을 말한다.

side bunker(사이드 벙커) 그린 주위에 만들어져 있는 벙커.

sidehill lie(사이드힐 라이) 볼이 비구선과 병행하는 경사면에 멈추어져 있는 상태를 말한다. 즉 오르막 코스와 내리막 코스를 말한다.

side spin(사이드 스핀) 볼이 옆으로 회전하는 것을 말한다.

single(싱글) ① 1단위의 핸디캡, 또는 그 핸디캡을 갖는 플레이어. ② 1대 1의 매치 플레이.

slice(슬라이스) 타구를 할 때 클럽페이스가 볼 바깥쪽에 맞아서 오른쪽으로 휘며 나가는 것(오른손잡이의 경우).

slope(슬로프) 경사지, 비탈면.

slow play(슬로 플레이) 경기가 느린 것. 경기에서 고의로 지연시키면 '부당한 지연'으로 간주되어 페널티가 부과된다.

socket(소켓) ① 클럽의 헤드와 샤프트의 연결 부분. ② 클럽의 소켓으로 공을 치는 미스 샷.

sole(솔) ① 클럽의 바닥면. ② 볼을 치기 위해 클럽의 바닥면을 지면에 대는 것.

spoon(스푼) 우든 클럽의 3번을 말한다.

square(스퀘어) 평행이라는 뜻.

square stance(스퀘어 스탠스) 양발을 연결하는 선을 비구선과 평행하게 자리잡는 것. 오픈 스탠스, 클로즈드 스탠스와 더불어 세 가지의 기본 스탠스다.

stance(스탠스) 플레이어가 볼을 치기 위해 양발의 위치를 정하는 것.

start(스타트) 플레이를 시작하는 것.

steel shaft(스틸 샤프트) 금속제의 샤프트.

stroke(스트로크) 볼을 치는 것. 골프 규칙에는 "공을 올바르게 칠 생각으로 클럽을 앞으로 움직이는 것을 말한다."라고 되어 있다. 또한 타수의 단위로도 사용된다.

stroke play(스트로크 플레이) '메달 플레이'라고 한다. 스트로크 수에 의해 승패를 결정하는 시합 방법. 최소 타수가 승자가 된다.

strong grip(스트롱 그립) 훅 그립을 말한다. 강타하는 데 적합하다고 해서 이렇게 불린다.

stymie(스타이미) 비구선상에 나무나 상대방의 공 등의 장해물이 있는 상태.

sudden death(서든 데스) 연장전(플레이 오브)에서 1홀마다 승부를 정하는 방법.

sway(스웨이) 스윙할 때 상반신이 좌우로 흔들리는 것을 말한다.

sweet spot(스위트 스폿) 클럽페이스의 중심점.

swing(스윙) 볼을 치기 위해 클럽을 휘두르는 것, 즉 플레이어가 어드레스하여 클럽을 위쪽으로 끌어 볼을 마지막으로 치기까지의 동작.

swing arc(스윙 아크) 스윙할 때 클럽헤드가 그리는 호(弧).

▶ T ◀

target(타깃) 표적, 목표.

tee(티) ① 티 그라운드의 약칭. 각 홀의 제1타를 하는 장소. ②볼을 얹어 놓는 좌대. 페그(peg).

tee ground(티 그라운드) 각 홀의 제1타를 치는 장소. 약칭 '티'라고 한다.

tee mark(티 마크) 티 그라운드의 앞쪽에 놓여 있는 2개의 마크. 레귤러 티는 흰색, 백 티는 청색, 레이디스 티는 빨간색으로 칠해져 있다.

tee pot(티 포트) 볼을 칠 때, 클럽에서 잘려진 잔디나 흙을 가리킨다.

tee up(티 업) 티(페그)에 볼을 얹는 것. 골프 규칙에는 "지상 또는 지면을 부풀려 올린 곳에 놓거나 또는 지면에서 높게 하기 위해 페그나 기타 다른 것 위에 놓아도 된다."고 되어 있다.

threesome(스리섬) 1인 대 2인의 매치 플레이. 쌍방 다같이 볼을 1개, 2인조 경우는 하나의 볼을 서로 번갈아 친다.

through the green(스루 더 그린) 티 그라운드와 해저드 및 그린을 제외한 나머지의 전 지역, 즉 페어웨이나 숲을 말한다.

timing(타이밍) 스윙에서의 템포, 또는 리듬을 말한다.

tip in(팁 인) 팁 샷한 볼이 컵에 들어가는 것.

tip shot(팁 샷) 속칭 러닝 어프로치를 말한다. 즉 볼을 멀리 굴려서 홀에 접근시키는 것으로 로프트가 적은 클럽을 사용하면 좋다.

top(톱) ① 볼의 머리(윗부위)를 두들기는 것. ② 제1위를 말함.

top of swing(톱 오브 스윙) 백 스윙의 정점(頂點).

triple boggy(트리플 보기) 그 홀의 표준 타수(파)보다 3타 많은 타수로 홀 아웃하는 것.

turf(터프) 잔디.

two ball foursome(투 볼 포섬) 4인이 2조로 나누고 나서 각조가 1개씩의 볼을 사용하여 번갈아 쳐나가는 경기 방법으로,| 2인 대 2인의 매치 플레이이다.

▶ U ◀

under par(언더 파) 타수가 표준 타수보다 적은 스코어.

under repair(언더 리페어) 코스 인의 수리지역.

undulation(언쥬레이션) 페어웨이나 그린 위에 있는 땅바닥의 여러 가지 기복이나 경사.

unplayable(언플레이어블) 친 공이 플레이할 수 없는 지역에 들어갔을 경우. 언플레이어블의 결정은 그 볼의 소유주가 한다.

up(업) 매치 플레이에서 현재 이기고 있는 홀의 수, 또는 타수.

up and down(업 앤드 다운) 구릉(언덕) 지대에 코스에서 오르막과 내리막이 연속되어 있는 지형.

uphill lie(업힐 라이) 그린을 향해 오르막 비탈에 공이 멈추어 있는 것.

upper blow(어퍼 블로) 클럽헤드가 스윙의 제일 낮은 지점을 지나서 볼을 때리는 타법.

upright swing(업라이트 스윙) 스윙할 때 클럽헤드의 궤도가 수직에 가까운 타법.

▶ V ◀

visitor(비지터) 회원제의 골프장에서 회원은 아니지만 회원의 소개 등으로 코스에서 플레이하는 것이 허용된 플레이어.

visitor fee(비지터 피) 비지터가 지불하는 코스의 사용 요금.

V shape(비 세이프) 그립을 쥐었을 때 인지와 엄지에 의해 생기는 V자형.

▶ W ◀

waggle(왜글) 스윙의 느낌을 파악하기 위해 백스윙으로 시작하기 전에 클럽헤드를 좌우로 조금 흔드는 예비 동작.

water hazard(워터 해저드) 코스 안에 개울, 연못, 늪, 고랑 등의 장해물이 있는 수역.

wedge(웨지) 아이언 클럽의 일종. 헤드가 무겁고 로프트(loft : 클럽페이스의 각도)가 큰 클럽. 피칭 웨지, 샌드 웨지 등이 있다.

weigh shift(웨이트 시프트) 스윙의 과정에서 체중의 이동을 말한다.

weight(웨이트) 체중 · 중량.

wooden club(우든 클럽) 클럽헤드가 나무로 된 것.

wrist(리스트) 손목.

▶ Y ◀

yard(야드) 거리의 측정 단위. yd라 약기한다. 1야드는 약 91.4㎝.

yardage(야데이지) 야드로 측정한 거리. 스코어가 1이 되므로 '에이스(ace)'라고도 부른다.

찾아보기(INDEX)